中国教育学会“十一五”科研规划课题
高等职业院校毕业生就业与职业生涯规划研究

高职生就业指导与职业生涯规划

（第2版）

主　编　王武宁　姚祖军　冷　涛
副主编　向亚卿　明志新　桂剑萍　祝　敏
　　　　鲁葵荣　董　伟　彭建波
主　审　彭　锋

黄河水利出版社
·郑州·

图书在版编目(CIP)数据

高职生就业指导与职业生涯规划/王武宁,姚祖军,冷涛主编.—2版.—郑州:黄河水利出版社,2015.9
ISBN 978-7-5509-1215-1

Ⅰ.①高… Ⅱ.①王… ②姚… ③冷… Ⅲ.①高等职业教育-毕业生-职业选择-教材 Ⅳ.①G717.38

中国版本图书馆CIP数据核字(2015)第205378号

策划组稿:简群 电话:0371-66026749 E-mail:931945687@qq.com

出 版 社:黄河水利出版社

地址:河南省郑州市顺河路黄委会综合楼14层 邮政编码:450003

发行单位:黄河水利出版社

发行部电话:0371-66026940、66020550、66028024、66022620(传真)

E-mail:hhslcbs@126.com

承印单位:河南承创印务有限公司

开本:787 mm×1 092 mm 1/16

印张:14.25

字数:350千字 印数:1—2 400

版次:2014年9月第1版 印次:2015年9月第1次印刷

2015年9月第2版

定价:26.00元

前 言

根据“以就业为导向，以服务为宗旨”的高职办学方针，高职院校高度重视就业问题并积极开辟了多种就业渠道。

编写组通过深入企业调研，从用人单位反馈信息入手，发现高职生在就业过程中主要存在如下问题：①无职业生涯规划，就业方向盲目；②定位不准，高不成低不就；③缺乏诚信，随意毁约，跳槽过于频繁；④毕业生创新能力和开拓精神欠缺；⑤对创业政策和程序了解不够。上述现象均不利于学生职业发展。

编写一本优秀的职业生涯规划教材，为广大学生职业发展及就业提供良好的指导与服务，是我们孜孜以求的目标。在目前严峻的就业形势下，把职业生涯规划与就业指导、创业教育贯穿于高职阶段的始终，将有益于学生顺利就业和职业发展。本教材针对毕业生就业实践中出现的误区，借鉴和吸收了国内外大学生就业指导的成功经验和研究成果。全书共分“就业指导篇”、“职业生涯发展规划篇”、“自主创业篇”三大部分，分别阐述了高职生活与职业生涯发展、就业前的准备、求职择业的方法和技巧、就业政策及就业权益保护、适应从学生到职业人的转换、职业发展规划的设计与实施、自主创业者必须具备的素质与能力和自主创业实务等。本教材结构体系完整、内容丰富。

本教材由湖北水利水电职业技术学院王武宁、姚祖军、冷涛担任主编。参与编写人员分工如下：王武宁编写第一章及附录1，冷涛编写第二章，姚祖军编写第三章，向亚卿编写第四章，明志新编写第五章，桂剑萍编写第六章，祝敏编写第七章，董伟编写第八章，鲁葵荣、彭建波编写附录2～附录6。本教材由湖北水利水电职业技术学院彭锋担任主审。

本教材的编写结合最新就业形势和政策，突出高职的特点，具有很强的实用性、针对性和可操作性，可作为同类高职院校学生的教材及职业生涯辅导书。

编写组

2015年7月于武汉

目 录

自主创业篇

就业指导篇

第一章 高职生活与职业生涯发展

1 解析高等职业教育

高等职业教育究竟是什么呢？可以用三句话来概括：它是高等教育，它是职业教育，它是职业教育的高等阶段。高等职业教育是国民教育体系中高等教育的一种类型和层次，是和高等本科教育不同类型、不同层次的高等教育。和本科教育强调学科性不同，它按照职业分类，根据一定职业岗位（群）实际业务活动范围的要求，培养生产、建设、管理与社会服务第一线高素质技能型人才。这种教育更强调对职业的针对性和职业技能能力的培养，是以社会人才市场需求为导向的就业教育。

1.1 高等职业教育与普通高等教育的关系

1.1.1 高等职业教育与普通高等教育的共同点

(1)共同遵循的基本原则。培养德、智、体全面发展的社会主义建设者和接班人。要依据我国高等教育的普遍要求，培养具有独立工作能力的高级专业技术人才和管理人才，同时还要遵循学生的身心发展规律施行教育。

(2)培养目标的共同性。都是培养社会主义建设者，培养德、智、体全面发展的专业人才。具体地讲，培养目标包括基本规格和专业业务规格两部分。培养目标中的基本规格是共同的，它包括坚持四项基本原则，掌握中国特色社会主义理论，保持健康的身心等，这些也称为综合素质。综合素质还包括一些现代科技的基本知识和基本能力，如常说的学习能力、外语水平、计算机知识及应用能力等。这些要求是由我国的教育目的和高等教育的性质决定的，是我国高等教育的基本要求。但在专业业务规格上二者是有明显区别的。

(3)管理上的共同性。从宏观的管理体制上讲，都在遵循着政策宏观调控与高校自主办学积极性相结合的原则，保证教育质量、保证培养的人才符合社会要求。这是各类学校管理的基本职能。

(4)衡量教育质量有一个共同标准。就是具备合格的高中毕业文化水平以后，接受一定的大学文化教育，达到一定的综合素质要求和专业业务规格。高等职业教育并不意味着降低了“大学水平”。国外的经验证明,高等职业教育不仅有专科层次,还可以有本科和研究生层次。所以,它与普通高等教育必然存在一部分内容交叉的一个共同质量标准。

1.1.2　高等职业教育与普通高等教育的区别

(1)教育类型上的区别。普通高等教育基本上是学科教育,按学科设专业,以该学科的理论体系为框架设置课程、组织教学,强调的是理论知识的系统性和完善性,要求培养学生须有“后劲”,对工作有较宽的适应性。高等职业教育则基本上是职业岗位教育,按社会职业岗位(或岗位群)设专业,以该岗位所必须具备的知识和能力为依据来设置课程。由于一个职业岗位的学习内容常常涉及几个学科,自然不可能全面掌握这些学科的理论体系,而是围绕以培养岗位能力为中心来决定取舍,强调所学知识的针对性、实用性。要求培养的学生具有直接适应某一岗位工作的能力,毕业后能马上顶岗工作。

(2)培养目标上的区别。普通大学要培养的是研究型、探索型人才以及设计型人才,但是,将工程图纸转化为实物的任务过去是由中等职业技术教育或劳动部门所培养的人才来承担的,随着高新技术的发展及产品技术含量的增加,上述的人才格局已经满足不了要求了。高等职业教育的出现,正好解决了这一问题。高等职业教育就是既具有大学程度的专业知识,又具有高级技艺、善于将工程图纸转化为物质实体,并能在现场进行技术指导和管理的技术人才和管理人才。或者说,高等职业技术教育培养的是技艺型、操作型、具有大学文化层次的高级技术人才。学生毕业之后即能直接上岗,中间没有也不应该有一个所谓的过渡期或适应期。同普通高校的学生相比,他们出校门之时就有某种相当的技艺或技能。

(3)专业设置及课程设置上的区别。在课程的设计上,普通高校是根据学科知识结构的内部逻辑来展开的,据此将课程划分为基础课、专业基础课和专业课。强调基础要扎实宽厚,知识面要非常广,以便适应将来学科发展的需求以及就业后个体发展的需要。而高职院校的课程设计是以岗位、职业所需要的能力或能力要素为核心来展开的,或者说是以能力培养为中心来展开的。它通过对工作岗位的分析,确定所需的能力或者素质体系,根据这一能力体系再确定与之相对应的课程体系。在专业教学中,不再单纯地强调专业知识或专业理论的系列性、完整性,而是强调知识的针对性及实用性,岗位或职业技术需要什么知识与能力,就上什么课、进行什么技能训练。

(4)人才培养方式上的区别。普通高等教育以课堂教学为主,也有实验、实习等联系实际的环节,但联系实际的目的是更好地学习、掌握理论知识,着眼于理论知识的传授;高等职业教育则着眼于培养岗位工作能力,将技能强化训练放在极其重要的地位上,强调理论与实践并重,教育与训练结合,常常是边教边干、边干边学,教学与实践的比重往往达1∶1左右。

(5)办学体制上的区别。高职更强调办学的开放性,办学体制上更加灵活,强调社会参与培养人才。教学计划由系和行业(企业)共同制定,确定高级技术型人才的“应知、应会”要求;教师和学生定时、定点到行业或企业实习,行业中有经验的工程技术人员定期到学院讲授,以实行“双向交流”;在办学设备上,要尽量利用行业或企业的现有条件,建立学生的实习基地;在技能考核上要与行业、企业有实践经验的人员共同进行,实施由社会行业或企业公认的职业资格证书制度。

(6)师资队伍建设上的区别。高等职业教育的教师无论是在结构上,还是在业务要求上,都与普通大学的教师有显著的区别。主要表现在:在结构上,强调专任教师和兼职教师相结合,要求教师努力向"双师型"的方向发展,既有较高的专业理论知识,又有较强的技能,要求教师对企业有深入的了解,或有在企业工作的经历。同时,要引进一部分确有专长的高级工、技师来充当技能训练的教师。

相关链接

高职教育的特色

职业教育的特点:职业性、社会性,大众性。

高职特色:培养高素质技能型人才,培养和谐发展的人才。

高职培养目标:《面向21世纪教育振兴行动计划》指出,高等职业教育必须面向地区经济建设和社会发展,适应就业市场的实际需要,培养生产、服务、管理第一线需要的实用人才。

人才层次上定位:高等。

人才类别上定位:高素质技能型人才。

服务范围上定位:企业和地方经济。

服务层面上定位:本行业第一线与基层。

毕业生水平上定位:能运用本行业现有技术。

工作任务职责上定位:操作、运行、实施、改造。

特色上定位:除具有较强的操作能力外,还要在一两个方面具有较高的技术应用能力。

中国高职教育的发展现状和走向

1. 高职教育得到高度重视

2004年开始,全国范围内开展高职高专院校人才培养水平评估工作,增强了各级政府和社会各界对高等职业教育的关注和重视;2005年下半年,召开全国职业教育工作会议,温家宝总理作重要讲话,提出要大力发展职业教育,提高高等职业教育质量;2006年下半年,教育部、财政部启动100所示范性职业院校建设计划,中央财政为此投入20亿元资金;2006年,教育部下发了关于提高高等职业教育质量的意见,对提高高职院校办学质量指明了方向。

2. 高职院校队伍不断壮大

截至2005年底,全国独立设置高职(专科)院校1 091所,是1998年的2.5倍,占普通高等学校总数的60.9%。在学校数和招生人数不断壮大的同时,高职(专科)院校的校均学生规模也相应扩大,2002年校均学生规模为2 523人,至2005年增加到3 909人。

3. 高职在校生规模不断扩大

招生情况:2005年全国高职(专科)招生人数达268.1万人,是1998年的5.6倍。高职(专科)学生招生占全国普通高校本、专科招生数的比例由1998年的39.8%提高到2005年的53.1%,年均递增1.9个百分点。

在校生规模:2005年全国高职(专科)在校生人数为713万人,占本、专科在校生总数的45.7%,比1998年提高11.3个百分点。

4.高职院校就业率不断提高

近年来,由于高职院校不断适应人才市场需要,提高人才培养质量,高职毕业生就业率不断攀升,1998年高职毕业生就业率仅为42%,2003年上升到55%,2004年在全国增加32万高职毕业生的情况下,就业率较上年提高了6个百分点,达到61%。2005年高职毕业生达到160余万人,较上一年增加20余万人,而就业率又比上一年提高了1个百分点,达到62%。

5.企业和社会对高职毕业生的认可度越来越高

随着高职院校教育教学改革的深入,高职院校培养的人才以其适应性、针对性强,扎根一线等优势,得到了社会和企业的广泛认可,就业优势明显,一些高校毕业生回头读高职,已经不是什么新闻。

1.2 高等职业教育与专科的关系

我国目前的高等职业教育一般仅限于专科学历层次,但就发展趋势看,高等职业教育应同普通高等教育一样根据不同的学习年限而有多个学历层次,至少应包括本科和专科两个层次在内,而不是仅仅局限于单一的专科层次,更不是比普通专科再低一层的补充学制。

1.3 高职的培养目标与人才培养模式

高职教育人才培养目标是国家、社会、学校对高职教育培养人才的要求,随着全球经济的发展,高职教育与经济的关系紧密、相互影响迅速,高职教育的培养目标必定产生相应的变化。社会的发展对高职人才素质提出新的要求,高职人才培养目标要充分联系建设中国特色社会主义市场经济的社会实际,充分考虑经济与社会的发展变化,明确高职人才培养目标的重要意义。

改革开放以来,我国高职教育事业的发展取得了重大进步,但依然存在着一系列不容忽视的问题,与发达国家相比还有很大差距。高职是科技进步、经济发展的产物,在当前全球发展的过程中,经济、社会发展对“全新”高职人才的培养提出了迫切的需求。

1.4 高职人才培养目标的基本理论

1.4.1 高职人才培养目标的含义

1996年全国职业教育会议提出:高职人才的培养目标是培养“实用型、技能型人才,优先满足第一线和农村地区对高等应用型人才的需要”。教育部[2000]2号文《关于加强高等职业教育人才培养工作的意见》提出:高等职业教育要培养“拥护党的基本路线,适应生产、建设、管理、服务第一线需要的,德、智、体、美等方面全面发展的高等技术应用性专业人才。学生应在具有必备的基础知识和专业知识的基础上重点掌握从事本专业领域实际工作的基本能力和基本技能,具有良好的职业道德和敬业精神”。

1.4.2 高职人才培养目标的内容

1.4.2.1 培养方向

培养方向是由职业教育的性质和任务决定的。高职教育培养的人才是直接从事生产、建设、管理、服务第一线工作的应用型高等专门人才,必须比其他类型人才具有更宽的知识面,具备更强的技术转化与技术创新能力、群体合作能力与吃苦精神、社会交往与社会服务能力、组织管理能力。高职教育的培养方向就是由以上对人才类型、人才层次或者说人才结构的需求来确定的。

1.4.2.2 知识结构

知识结构就是人类知识内化到个体头脑中所形成的类别、数量、质量及相互联系。合理的知识结构应该满足现代社会对人才的需要,体现高职教育的特点。这个结构主要是由科学文化知识、专业技术知识合理结合而形成的。其中,专业知识主要是指为适应某类职业岗位群的职业能力的要求而必须具备的专门知识。其职业针对性强,与专业服务方向密切相关。

知识扎实:当前很多人认为职业教育不必上文化课,要充分强调技术的培养,实现零距离上岗。实际上,对于高职人才来说,具备中高级专门人才必备的基础理论知识和专业知识也是非常重要的,这不仅是胜任当前技术密集型岗位的需要,也是实现知识迁移、进一步学习和将来岗位转换的需要。随着科学技术的进步和发展,不同领域的科技知识出现了更多的渗透与融合,社会上出现了许多跨学科的职业岗位,这就要求高职人才必须具备与专业相关的多学科基本理论知识和知识迁移能力,为将来转换岗位做准备。

1.4.2.3 能力结构

合理的能力结构是从事职业、适应社会、寻求发展的基本而关键的条件。因此,按照高职培养目标培养出来的合格学生应当具有与从事职业相匹配的专业能力、方法能力和社会能力。

能力全面:高职的人才培养模式不同于普通高等教育“以学科为中心”的培养模式.高职院校必须坚持“以能力为中心”培养学生,这里讲的“能力”不仅仅是操作技能(Ability),而是一种职业能力(Competence),它不仅包括动手操作能力,还包括任何行业都必需的基本能力——知识、技能、经验、情感、态度、价值观等完成职业任务所需的综合素质。

1.4.2.4 素质结构

素质结构一般包括科学文化素质、专业素质、思想品德素质和身心素质。

素质过硬:思想道德素质是所有素质中最重要的,首先必须加强诚信教育,使高职学生具有良好的职业道德和爱岗敬业精神,具有强烈的事业心和责任感;加强学生人文素质的培养,使其具有与他人合作的意识与合作能力,学会做人、学会合作;加强学生创新素质的培养;高职不能培养“工具化”的人,盲目追求工厂的“模具”效应,这样不仅压抑学生的创造性与智能发展,而且也将造成社会生机与活力的缺乏、经济活动竞争力的丧失。

1.4.3 高职人才培养目标的意义

高职能否紧跟时代的步伐,集中反映在所制订的培养目标是否准确、合理。高职培养目标及规格确立得正确与否，直接关系到人才培养的质量。若确定的高职培养目标偏颇、狭隘，脱离经济发展和社会进步的需要，也必然导致高职教育内容、途径、手段和方法的片面与失误。科学、明确、具体地确定符合社会需要的高职培养目标，是一件关系到高等职业技术教育方向、质量、效果的大事。

2 高职生活与职业发展

2.1 高职阶段是高职生职业生涯发展的准备期

从个人职业发展的角度来看，高职阶段往往是多数人进入职场前的最后阶段，其接受高职教育的直接出路就是求得职业、参加工作，因此我们说，高职阶段是高职生职业生涯发展的准备阶段。

从职业的发生角度我们应该承认，高职生并没有正式的职业身份，学习还是其本阶段的主要任务，经济上并不独立，还需要得到家庭资助。因此，高职阶段对于高职生来讲是导向职业发展的时期，是发现探索职业方向、发现职业目标和培养职业兴趣的阶段，也是为职业的发生积累资源和条件的阶段。在这样一个阶段里，对职业表现出不理解甚至抵触，对职业方向的选择摇摆不定或彷徨迷茫，甚至做出一些有害于职业发展的事情也均属正常。联系大学生的日常生活来看，一部分人在摆脱了升学压力之后，迫切地渴望休息放松，懒散放纵；一部分人在失去了家长和教师的督促以后，则显得盲目失措，生活杂乱无序；还有一部分人面对今后的出路会表现得消极义愤。正面分析，这些现象都是有原因和有道理的，需要借助教育疏导加以帮助；反面分析，这些观念和做法都是不良的，必须及时制止和防范其蔓延扩大。

如果一个学生从小就对未来的职业发展目标明确、态度端正、安排得当，那么还要教育和教师干什么？所以，这一阶段也往往是学生对于职业和其他人生问题充满困惑、犹豫不决的时候。允许徘徊迷茫、允许犯错误是教育者和被教育者都应该具有的一个解决问题的基本共识。但是允许绝不是提倡和鼓励，相反，允许是在是非判断之后对现实情况的一种承认，也是寻求解决的前提。

既然是准备期，接下来要做的事情，首先是明确是非、确立目标。在无所事事或屡屡碰壁之后，明智的学生就会思考解决的办法，会通过了解、学习、改善来逐步走上正确的发展道路。因此，犯错误并不一定是坏事，有时它能激发人解决问题的主动性和欲望，反而促成了问题的解决。其次是要在知识上有所准备，了解自己的专业、了解自己今后可能从事的职业，了解学校、改善学习，这些都是逐渐的进步使然。随着准备的充分、问题认识的透彻，学习和生活的目的也会逐步明确，生活也会变得稳定规律，职业发展也就自然会被及时地提及和解决。从自然主义的角度来看，这也是一种发展模式。

相比而言，通过与职业发展相关课程的开设，通过个人对职业问题由困惑到探索的改变，通过自己对专业发展前途的分析与决策，职业发展问题和日常生活问题也能够得到解决。而这样一种解决，相比于前一种，耗时更短、效率更高，效果也自然更好。所以，在职业的准备期，利用一切有效的学习资源尽快为职业生涯的发展选定目标方向，才是重之又重的关键任务。

在这一时期,学习和生活有了明确的职业导向,对未来的职业发展必然会积累许多积极的条件,这也是大学生活价值体现的一个方面。

2.2　高职阶段是高职生职业生涯发展的起步期

人生是一个连续的过程,职业发展也一样是一个持续的流程,因此高职阶段对于高职生的职业生涯发展来讲完全可以看作是其起步期。

高职阶段所学习的专业是为今后的社会职业发展准备条件、奠定基础的。对于大多数人来讲,专业发展为今后的职业是必然的方向和明智的选择。高职阶段在专业学习的每一次提高,都是今后职业发展的有益资本。能够把高职期间的专业学习作为个人职业生涯发展的一部分来看待,也就意味着高职阶段的努力被有意识地和职业发展本身衔接了起来,成为了个人职业生涯发展的一个前期阶段和有机组成部分。这样做有利于自己对职业生涯的发展做出整体的安排,能够将个人聪明才智和主要精力投入到长期而重要的职业发展上来,不仅能够促成个人职业发展的业绩取得,而且能够从更加广阔的视角上来看待职业问题和职业发展的前景,对职业本身的发展也是大有好处的。

如果割裂二者的联系,单纯以学习的眼光看待大学生活,那么,一方面高职阶段的学习目标会游离于人的整个发展方向,成为"为学习而学习",很难搞清楚学习的真正价值;另一方面也会使自己从学生过渡到从业者的时候再次面临角色的重大调整,调整的代价不只是心态的转换,更多的是要付出大量的时间和精力来适应这种变化。与其多次解决同一个问题。为什么不把几个问题放在一起一次性地解决掉呢?

把高职阶段作为自己职业生涯的起步阶段应该是可能的,不过这样做的同时,付出一些时间和精力了解一些目标职业的工作现状,也是高职阶段的一项必须完成的任务。

2.3　高职阶段是高职生职业生涯发展规划的黄金期

高职阶段还没有真正从事职业工作,作为准备期和职业起步期,高职阶段应该是着手制定个人的职业生涯发展规划的黄金期。

作为高职生,进入高职以后就会发现,个人日常学习的课业并不繁重,应该有足够的精力处理许多其他的事务,包括料理自己的日常生活和从事自己喜好的娱乐活动。这时候的学生年轻,充满朝气与活力,思维敏捷,对新鲜事物保持着浓厚的兴趣,有知识、有文化,占有众多的学习资源。把这些优势集中用于解决个人职业生涯的发展规划问题,其明显的好处在于从容、个性鲜明而突出、富有创意,往往是已经从业的人所不具备的。同时,这样的规划还为规划者赢得了更多的发展时间和更多的发展机会。所以说,高职阶段是个人职业生涯发展规划的黄金期。

但是,这一阶段的学生所做出的个人职业生涯规划会有一个突出的、共性的问题,即对职业岗位的陌生所导致的认识偏差。这一缺陷是有可能弥补的。比如可以到一些职业的实际工作环境中去作一番实地考察,可以通过访谈、体验等形式进一步验证自己对职业的理解,甚至可以利用假期寻找一份临时的工作来实地检验一下自己的能力等,这些都有助于规划的科学合理。不做闭门造车式的规划,高职生所做的职业生涯发展规划还是能够基本符合社会实际的,也能够有针对性地指导自己的职业发展。

认识到高职阶段对个人职业生涯发展的重要性,能够积极主动地调动一切因素促成一份科学合理的个人职业生涯发展规划的诞生,这些努力可谓价值连城。即使有所失误,也是瑕不掩瑜的。

第二章 就业前的准备

1 思想准备

1.1 解放思想,转变观念

机遇总是垂青有准备的人,毕业生为使自己成功踏入职场,应该做好求职准备。顺利踏入职场需要周密策划,从思想、心理、能力、信息、资料、笔试、面试等方面进行精心准备,这是确保成功踏入职场的基础性工作。下面介绍踏入职场前的思想准备。

要做好求职择业的思想准备,首先要解放思想,转变观念。目前,毕业生中常见的择业思想误区有以下几种。

(1)主次不分。有的人以选择一个好地方为目的,择业以地域为主,而非以事业为主。

(2)无自知之明。有的人不知道自己属于哪种类型,不知道自己适合什么职位,缺乏必要的自我分析能力。有的人觉得自己能胜任任何工作,甚至连市长、县长都能当,却不知道这些职业应具备些什么样的知识和能力。

(3)鼠目寸光。有的人只顾眼前利益,忽略职业的发展前景。

(4)物质至上。有的人信奉"钱不是万能的,但没有钱却万万不能"的信条,求职择业以金钱为主要衡量标准。

(5)树下乘凉。有的人想依靠父母的关系网得到工作和生活上的照顾,忽视自身素质的锻炼和提高。

毕业生必须纠正上述这些不正确的思想,适应新的就业形势需要,找到与自己实际相符合的理想职业。

1.2 树立高尚的职业理想

职业理想是指学生对未来职业的一种强烈的追求和向往,是指对未来职业的规划和构思。这是决定学生选择职业类型和原因的决定性因素,求职择业的一切都以此为基本出发点。

1.3 树立市场观念

在社会主义市场经济体制下,高职学生的就业在国家政策指导下实行自主择业的方式。在这种与过去统包统分就业制度完全不同的就业方式中,学生本身的思想观念至关重要。在社会主义市场经济环境中,每一个学生都可以问一问自己:自己的思想观念、思维方式适应市场经济环境的需要吗?经济体制发生了巨大转变,不管学生是否喜欢和愿意,一切都要进入市场。企业进入了市场,商品进入了市场,人才也要进入市场。如果不想被历史的列车无情地抛下,就必须努力去认识市场,适应市场,树立市场观念。

1.4 树立良好的敬业精神

对于即将进入社会的毕业生来说,树立敬业精神是准备进入社会的思想成熟的标志之一。毕业生是否具有敬业精神关系到其今后的职业生涯能否顺利,自已能否成才、事业能否发展的一系列问题。在高校毕业生就业制度已经发生重大变革的形势下,具有敬业精神已成为社会对高校毕业生素质的新要求。因此,学生要树立良好的敬业精神,把良好的敬业精神作为准备就业的必要条件。

1.5 树立艰苦创业的思想

准备求职择业,还必须面向基层,做好艰苦创业的思想准备。冷静地分析当前的就业形势与趋势,我们会发现,现在大城市和各大型企事业单位的科技人才已相对饱和,已经形成了一个比较完整的人才系统。它所需要的只是进一步的调整和提高,在招聘人才时往往只对硕士、博士或具有丰富实践经验的高级人才感兴趣,如广州、深圳、珠海等地就是如此。假如只把眼光往这些地方看,必然要造成高职学生“就业难,难于上青天”的假象。

但是,广大的乡镇和生产第一线却多年来未能接收到较大数量的高职学生,很多非国有企业还缺乏大量的高层次的专业技术人才和管理人才。这些地方的人才还形不成气候,各种科技文化人才比较缺乏,急需大批有才能的学生去开拓、去创业。所以,可以说高职学生建功立业的机会在基层,在第一线。因此,国家在政策上鼓励学生到基层去,到国家重点建设单位去,到生产第一线去。当然,由于基层工作比较艰苦,生活条件、工作环境相对较差一些。正是因为这一点,很多学生在求职择业时顾虑重重,望而却步。

其实,当今学生要做一番事业,到基层去大有用武之地,这些地方不但是当今国家最需要人才的地方,也是学生最容易显示特长、做出成绩的地方。近年来,一些高校毕业生成才情况的追踪调查报告显示,工作出色、成绩显著的毕业生大多出自基层,大多是从基层艰苦奋斗成长起来的,可以说,基层是毕业生成才的沃土。诚然,在基层创业是比较艰苦的,总是要付出更多的努力。但是,宝剑锋从磨砺出,梅花香自苦寒来。没有艰苦的锻炼,没有工作经验和能力的逐渐积累,又怎么能做出前所未有的成就和担当重要的责任呢?而且,前人不种树,后人难乘凉,今天的学生也是乘凉者,只要真正深入到基层当中,扎扎实实地工作,肯定会大有收获。

相关案例

期望值过高

家在湖北恩施的刘思毕业于机电一体化专业,半年多还未落实工作单位。学校就业办的老师带着他的应聘材料帮他联系就业单位。刚好有一家恩施的企业要他,专业对口,也在家乡,然而他本人的择业意向却是:单位地点必须在深圳,至于到什么单位、具体做什么工作都无关紧要,除此以外,什么单位都不考虑。在这种心态下,结果自然难以如愿。

点评:刘思的思想在当前毕业生的择业过程中具有一定的代表性。不少毕业生过于向往经济发达地区,尤其是沿海地区的中心城市,最低的期望也是回自己家乡所在地的中心城市。他们只注重经济文化发达、工作环境优越的一面,而忽视了人才济济、相对过剩的一面,择业期望值居高不下,甚至还有逐年上升的趋势,从而导致主观愿望与现实需求之间的巨大落差。

自负而失败

毕业生小王口才不错,在与用人单位代表面谈时自我感觉良好。一番海阔天空的高谈阔论以后,当对方问他的个人爱好是什么时,他竟得意洋洋地宣称是"游山玩水",结果被用人单位毫不犹豫地拒之门外。

点评:小王的失败是典型的自负心理造成的。自负在心理学上指过高地估计个人的能力,从而失去自知之明。在这种心理的支配下,不少毕业生在求职择业过程中,总是自以为是,自负自傲,以为自己什么都懂,什么都会,夸夸其谈,胡吹海侃,结果留给用人单位的是浮躁、不踏实的印象。试想,有哪家单位肯要一个不知天高地厚、自命不凡、眼高手低的毕业生呢?

追求享受要不得

倩倩是某职业学院热门专业的毕业生,相貌出众,谈吐不俗:她在招聘会上转了几圈,才看中一家信息产业有限公司的公关经理一职。应聘时,倩倩各方面与企业都谈得比较好,但她对企业提出的住房条件、电话补助、交通补助等生活方面的要求过多,使企业最终决定放弃她。

点评:对于毕业生而言,谁都愿意到一家待遇好、工作好并且有前景的企业,不过由于职业院校毕业生的特殊性,并且由于目前我国大学毕业生供大于求,大学生就业存在很大的困难,因此在目前各方面条件下,要找到这样的工作存在一定困难;我们应该树立一种"先就业,再择业"的观念,不要过多考虑当前的物质条件,只要对自己的长远有利,就先工作再说。

不要放弃任何一次机会

某毕业生赶到人才市场时,已是下午3点多。此时,许多单位已录满人员撤摊而去,剩下的单位也在整理材料考虑收场,他抱着试试看的心态向自己感兴趣的某单位递了一份材料,并诚恳地说明了自己晚来的原因。谁知刚过两天他就收到了该单位面试通知书,一周之后便签订了正式协议,真是山重水复疑无路,柳暗花明又一村。

点评:外出参加人才招聘,一般来说应赶早不宜迟,但有些客观因素是无法预测的,在这种情况下要随机应变,要沉着、有耐心。有时,耐心等到最后,相信好戏就在后头。总之,要么赶早,给对方留下深刻的第一印象,要么耐心等到最后压轴,同样也会给单位留下深刻的印象。

2 心理准备

21 世纪是一个机遇与竞争并存的时代,人类面临着许多方面的挑战,其中最大的挑战是对自身素质的挑战。大学生择业的基本素质包括思想与道德素质、知识与能力素质和身体与心理素质,而人的心理素质是其他素质形成与发展的内因,是一种核心素质、基础素质。作为高职院校的大学生,在校期间除对知识、专业技能、求职择业思想、求职资料进行准备外,还应进行求职择业心理准备,结合自己的实际对择业中的心理问题进行自我调适。因此,学习心理健康知识,掌握必要的自我心理调适的方法,培养良好的心理素质,对大学生求职择业及今后人生的发展具有十分重要的意义。

心理素质包括人在认知、情绪情感、意志、性格、自我意识、价值观念以及社会交往与适应能力等方面的素质。它是个体在遗传素质的基础上,通过自身努力和外界环境与教育的作用,所形成的比较稳定的心理特征、品质和能力等因素的总和。

2.1 培养大学生良好的择业心理素质

2.1.1 开发智力

正常的智力活动是人从事一切活动的最基本的心理条件。智力和知识密不可分。知识是人类在社会实践中积累起来的经验,是前人与他人运用他们的智力认识世界的成果,也是后人开发智力的养料。掌握知识,用社会需要的知识丰富自己,才能见多识广、高瞻远瞩,从而必然有利于提高心理素质。智力是通过学习活动在掌握知识技能的基础上发展起来的,且反过来影响知识技能的掌握。智力的一个主要表现就是学习知识、运用知识的能力,不学习知识,就不可能有智力的发展。人的智力就是通过对知识的加工表现出来的,也是在加工的过程中发展完善的。

大学是人生最宝贵的求知阶段,作为一个高职生来说,要培养良好的择业心理素质,必须用丰富的、全面的、先进的知识武装自己,积极开发自己的智力。首先要搞好专业知识与技能的学习,把自己培养成社会需要的专门人才;其次要加强自己动手能力的锻炼,具有上岗适应快、动手能力强,有别于其他大学生的优势;再次要加强系统、综合知识的学习,特别要注重人文知识、外语知识、计算机知识的学习,拓宽自己的知识面,使自己能够适应 21 世纪世界科学技术的发展。同时,还要加强社会实践,在实践中吸取营养,将自己学到的知识和能力在实践中得到检验和运用。

2.1.2 保持良好的情绪和情感

情绪和情感是人的感情活动,是人对客观事物是否满足自己的需要的主观体验。即将毕业的高职生面对社会的选择,感情活动复杂,大多数毕业生会表现出激动、兴奋、满意的积极情绪,但也有的毕业生表现出消极悲观的情绪。为了能成功择业、顺利就业,高职生保持良好的情绪和情感是非常重要的。实际上,高职学业即将结束,许多人将踏上工作岗位,体验自己十几年的学习所得,发挥自己的潜力、特长、优势,一展青春风采,无论回顾往事,还是审视今天,或者展望未来,高职生都应该感到幸福、振奋。因而,对未来应该充满希望,要期盼自己早日走入社会,得到社会的认可。

2.1.3 构建合理的生活秩序

许多进入高职院校学习的学生,是第一次过独立自主的生活,开始时往往觉得时间多得不知怎样利用。因此,必须尽快构建合理的生活秩序。要掌握一定的适应高职院校学习的方法,合理地安排学习时间,劳逸结合,确立合理的生活节奏。有张有弛,科学用脑,提高学习效率,增添生活情趣,使自己达到最佳适应与发展状态。

学生的主要任务是学习。在紧张的学习中,要特别注意科学用脑,改进学习方法,提倡"积极性休息"。所谓"积极性休息",就是采取合理措施,让大脑的各种神经细胞依次轮替,大脑皮层的兴奋和抑制过程重新分配的休息方法。青年学生实行"积极性休息",可以使大脑皮层活动消耗量减少,不易疲劳,兴趣专注,提高学习效率。合理的生活秩序可以养成良好的生活习惯、卫生习惯、健康意识,为就业打下良好的基础。用人单位需要有良好生活习惯的人,这样的人才具有良好的时间观念,可以在平凡的岗位上为企业的发展兢兢业业地工作。

2.1.4 建立良好的人际关系

国际21世纪教育委员会郑重提出,21世纪教育的四大支柱是学会求知、学会做事、学会做人、学会共处。个体的生存和发展是离不开纷繁复杂的人际关系的。学生在学校期间主要的目的就是做人、求知、健体。而做人除自我道德修养的提高外,和谐的人际关系、与人交往的能力是很重要的。每个学生都有社交的需要,与同学、老师、亲属、朋友交往能使其在心理上得到充实感和安全感。交往可使人多知,友情可使人欢悦。因为当你忧伤苦闷之时,可以到同学朋友那里去倾诉,能从中得到安慰、鼓励和帮助,增添学习劲头和信心。在人际交往中,广大同学要学会谅解人、尊重人,严于律己、宽以待人,与人为善,以诚待人。可以说,学会做人、学会做事、学会去爱,与良好的人际关系(学会共处)的建立是相辅相成的,是每个人毕生学习的课程,它们对于一个人心理的健康成长与养护有着举足轻重的作用。

2.1.5 正视现实

正视现实是大学生择业必备的良好素质。正视现实包括两个方面:一是正视社会。人是社会的人,是现实的人,无论正视与否,都是客观存在的。正确的态度就是正视社会,适应社会。随着我国经济社会的发展,社会将尽可能地为大学生求职择业提供良好的条件和环境,但我国人口多、就业压力大,社会为大学生提供的就业岗位不可能让人人都满意。有的地方、有的专业供需不平衡,如边远地区、艰苦行业、基层和第一线急需人才;而城市环境好、工作待遇高的理想单位的接纳量总是有限的。所以,大学生应该面对现实,从实际出发,正确处理好理想和现实的关系。二是正视自己。"知人者智,自知者明",正视自己,就是要客观、全面地看待自己,实事求是地评价自己,要对自己的思想政治表现、学业成绩、知识结构、专业技能、一般能力、特殊才能、身体状况、兴趣、特长、情感、意志、性格、气质、社交等方面进行客观、公正的评价,选择适合自己及今后发展的具有竞争实力的职业和单位,走出盲目从众、单凭主观愿望选择单位的择业误区。同时,要正视自己的不足,自觉地排除各种不利于认识自我的干扰,力争在竞争中居于主动地位。

2.1.6 正确对待挫折

大学生在求职择业中遇到挫折是正常的,认识生活中的挫折是造就强者的必由之路,挫折是锻炼意志、增强能力的好机会。遭遇挫折时，不应惊慌失措，切不可因此而自卑，更不能偃旗息鼓，而要认真分析、仔细寻找失利的原因，搞清楚是自己主观努力不够还是客观要求太高，是客观条件苛刻还是主观条件不具备。只有认真分析，才能心中有数，才能更好地调节心理。遇到挫折，要保持健康的心理，不能乱了方寸；遇到挫折，应采取积极的态度，放下心理包袱，调整好目标，脚踏实地地前进，争取新的机会。当然，一个人战胜挫折的能力不是一时的努力就能形成的，而有赖于平时加强挫折心理承受能力的训练。

2.1.7 敢于竞争、善于竞争

当今的时代，竞争机制已经渗入社会的各个领域以及我们人生的每一个阶段。因此，在求职阶段，迎接新的挑战、强化竞争意识已成为高校毕业生应具备的最基本的心理素质。因此，高校毕业生要在正确自我评价的基础上，充分相信自己的实力，敢于通过竞争去达到理想目标。此外，还必须在心理上准备同“铁饭碗”、“大锅饭”的传统告别，必须从社会进步和深化改革的角度来加深对竞争机制的认识，强化自身的竞争意识，自觉地正视社会现实，转变观念，做好参加竞争的心理准备。

要想在求职与择业中取得成功，仅仅敢于竞争还不够，还必须善于竞争。善于竞争体现为具备良好的心理素质、较强的实力和良好的竞技状态。在求职面试时，情绪一定要轻松自如，要有信心和表现欲，善于推销自己；在表现自己时，既不要过分吹嘘自己，也不要低估自己，应基于自身的客观情况，积极、客观地表露自己，力争恰到好处。此外，还要注意扬长避短，展示自己精彩的一面，以在竞争中获胜。

2.1.8 树立自主创业意识，拓宽就业门路

随着教育体制改革的深入和素质教育的推进，受社会鼓励大学生艰苦创业的影响，有一部分创业意识较强的大学生毕业时利用自身掌握的专业知识和技能优势，或通过网络提供的便捷条件，或通过社会融资，或通过与投资商合作，自立门户，办起公司，进行艰苦创业。这样不仅能发挥出大学毕业生的创业能力，还可为社会创造更多的就业机会。

这种自主创业意识非常适合当今社会的期望。受过高等教育的大学生毕业后进行自主创业，有利于大学生自身成长成才，在更广阔的舞台上实现人生价值。

2.2 择业心理障碍和心态

2.2.1 择业中常见的心理问题

2.2.1.1 焦虑心理

高职学生在择业竞争的压力下会产生不踏实感、失落感、危机感和迷惘感等焦虑心理。它是由心理冲突引起的一种复杂的情绪反映，往往表现为焦躁、烦恼、忧虑、恐慌和紧张。产生这种心理焦虑现象的原因是缺乏应有的心理承受能力，不知道应如何面对激烈的竞争。

2.2.1.2 急躁心理

在职业未确定以前，毕业生都希望尽早确定去向，因此会表现出急躁情绪，尤其是在政策规定的期限内未落实单位的毕业生，更为急躁，总希望马上找到一个合适的单位。有的同学存在先随便找一个单位以后再跳槽的想法，只要单位能接收，至于单位性质、专业对口都不过多考虑，结果匆匆签约，到时后悔莫及。

2.2.1.3 自卑心理

自卑心理表现为对自身的能力和素质评价过低,一些大学生对自己缺乏信心,觉得自己处处不如他人,在求职中,不能充分展示自我,缺乏大胆尝试、积极参与竞争的勇气,从而错失就业良机。过度的自卑,还会产生精神不振、心理扭曲、沮丧、孤寂、脆弱等心理现象,久而久之还可能会导致自卑型人格的形成。总之,自卑是一种消极的失去心理平衡的心理状态,对人的思维活动有明显的抑制作用。

2.2.1.4 怯懦心理

怯懦是一种胆小怕事的表现,大学生在择业求职过程中过于怯懦,就会在用人单位面前面红耳赤,说话语无伦次、支支吾吾、答非所问,事先准备好的内容一急之下,忘得一干二净。怯懦心理使毕业生不能充分发挥自己的特长,在推销自己的过程中败下阵来,影响择业效果。

2.2.1.5 挫折心理

挫折心理是指个人从事有目的的活动遇到障碍时所表现出来的情绪反应,如陷入苦闷、焦虑、失望、悔恨、愤怒等消极的心理状态。一般来讲,求职者在择业过程中都有投出简历没回音、面试被拒绝的挫折经历。高职学生在求职过程中,应通过自我分析,自觉地调整自己的需要、动机、目的、情绪,以积极的心态克服挫折心理。

2.2.1.6 嫉妒心理

人总有一种要求成功的欲望,有一种超过别人的冲动,这本是正常的,但是有些人在成功不了和超过不了别人的时候,会产生一种由羞愧、愤怒、怨恨等组成的复杂情感,这就是嫉妒。嫉妒心理出现以后,就会产生嫉妒行为。例如,中伤别人,怨恨别人,诋毁别人,想方设法贬低别人,无端讽刺、挖苦等。嫉妒是一种有害的心理,应当克服它、摆脱它。

2.2.1.7 从众心理

在社会压力或群体的影响下,个人会产生放弃自己的意向而采取顺从他人行为的心理。高职生在择业问题上的从众心理往往表现在愿意到大城市、大机关、大企业或外企去工作。其实这些岗位工作并不一定是最佳的职业选择。要想真正发挥高职毕业生的优势,必须摆脱从众心理,培养自己独立分析、思考、解决问题的能力。

2.2.1.8 攀比心理

攀比心理是指不从自身实际出发,盲目地与他人比高低的心理。在求职活动中总想谋求一个比别人理想的职业岗位,注意力过多地集中到他人的就业去向上。持有这种心理的人,在求职过程中容易攀比嫉妒、不从自身实际出发而延误就业时机。

2.2.1.9 虚荣心理

在求职择业的过程中,虚荣心理表现为把“要面子”放在首位,选择职业是为了让别人羡慕,注意力集中在社会知名度高、经济上优越的就业岗位上,不考虑自己的竞争力、专业特长和爱好的心理状态。有的人受虚荣心理的驱使,一旦发现能够满足自己“虚荣心”的职业岗位,便不顾所学专业的特点和用人单位的需求,甚至编造自荐材料,误认为招聘人员不可能认真考察,能签约就行,结果可能一时得逞,但最终会被用人单位发现。

2.2.1.10 依赖心理

一些惧怕竞争、缺乏自信心的高职学生往往把希望寄托在学校、家长、亲戚、朋友等身上,有“等现成”、“靠别人”的心理,这种心理实际上是缺乏自主意识和自主能力的表现。

2.2.1.11 急功近利心理

有的学生在选择就业单位时过分强调金钱实惠,以工资高、效益好作为择业标准,很少就个人的职业理想、职业规划进行考虑,只顾眼前利益,放弃长远利益。其实任何事情都有利弊两个方面,如大的国有企业待遇高,却人才济济,提升很难;创业之初的企业条件差,但如努力工作职位提升是很快的,相应地,待遇也会有很大提高。

2.2.1.12 盲目求高心理

许多学生严格按自己的择业标准,要求用人单位十全十美,工资、福利、住房、地理位置、工作环境,无不在其考虑之中,却不考虑用人单位的用人标准。有些毕业生总想留在北京、上海、深圳、广州等大城市,宁可在大城市的小企业、小公司干,也不愿到周边地区的大企业发展,只与在大城市发展较好的人比较,而没有看到自己发展的机遇。这种盲目求高的心理最终导致不少学生与适合自己的用人单位失之交臂。

2.2.1.13 自负心理

与自卑心理相反,部分毕业生因所学专业紧俏,或因就读名校,或因自己无论是专业知识还是综合素质都高人一筹,或因被不少用人单位看好,就产生了高人一等的自负心理。在这种心理支配下,往往由于高估自己的能力而在求职择业中失败。

2.2.1.14 一次性就业心理

有的学生受传统就业观念影响,仍抱着一次性就业终身就业的想法,看不到人才流动制度的改革及新的择业观念的兴起所带来的更多、更好的就业机会,从而延迟了就业时间,错过事业发展的大好时机。

2.2.1.15 躯体化症状

躯体化症状是由于心理压力和生活方式而导致的异常的生理反应。处于毕业前期的学生,由于心理应激过度、心理冲突强度加大、挫折体验突然增多,加之一部分学生性格上本来不十分健全,因此容易导致某些躯体化症状,如头痛、头昏、口干、心慌、背痛、尿频、血压不正常、消化紊乱、肌肉酸痛、饮食障碍或睡眠障碍等。这些症状若不及时排除,则会危害学生的身心健康。

2.2.2 择业心态

2.2.2.1 理想与现实的矛盾

当前,大学生在择业上的追求更为突出,几年大学生涯使大学生知识的羽翼日渐丰满,雄心勃勃,准备干一番事业。然而,由于涉世尚浅,与社会接触机会少,理想往往脱离现实,想干点大事,有诸多艰难,想使工作尽快有点起色,又不那么容易。大学时的热门专业,到毕业时变冷了,原来的“短线”专业变成了“长线”专业。

2.2.2.2 自我意识与自我驾驭的矛盾

大学生的自我意识随着年龄的增长、知识的积累而不断增长,在择业中,容易强调自我意识。由于大学生人生经历简单而且顺利,往往不能客观地分析和评价自我,多数大学生对自己的评价偏高,择业时,清高自傲,期望值过高,不能把握自我。少数学生自我评价过低,择业时妄自菲薄,缺乏自我驾驭的能力。

2.2.2.3 渴望竞争,但缺乏竞争的勇气

就业制度的改革,为大学生择业提供了公开、平等的竞争环境,大多数毕业生希望凭借自己的能力迈向社会,迎接新的挑战。竞争给大学生提供了新的机遇,许多学生也想在这个充满竞争的时代展示自己的才华,但到竞争机会来临时,又有相当多的大学生顾虑重重,缺乏竞争的勇气,虽有强烈参与竞争的意识,但对竞争却缺乏信心。

2.2.2.4 只图实惠,忽略其他因素

有的大学生在择业时,首先考虑的是经济利益。例如,工资多少,奖金如何,有无住房,至于这个单位是否与自己专业对口,自己的能力、兴趣、性格是否符合岗位的要求则排在其后,认为择业的关键是能否赚钱。这种功利化的择业标准使相当多的大学生败下职场。

2.2.3 调适就业心理问题的常用方法

2.2.3.1 认识和评价自我的方法

(1)自我静思。自我静思也叫自我反省,就是面对各种矛盾和冲突,能冷静地、理智地思考自我、认识自我、评价自我,找到自我的确切位置。面对择业,大学生除要客观地分析就业环境外,最主要的是,要正确地认识自我和评价自我,应当明确自己的专业发展方向、爱好特点、性格气质、优势和劣势等。只有通过理智、冷静的自我思考,才能对自己有一个客观正确的评价,使自己在择业过程中处于主动的位置。

(2)社会比较。大学生要正确地认识和评价自我,首先可以将自己与社会上其他人做横向比较,特别是要通过与自己条件、地位相类似的人的比较来认识自己;其次要通过社会上其他人对自己的态度来认识自己,通过对自己参加的社会活动的结果的分析来评价和认识自己,即在客观上寻找评价的参照尺度来认识自己。如果一个人对自己的评价与他所获得的各种比较信息基本一致,那就基本上可以认为他的自我认识发展比较好,比较客观;反之,差距太大甚至相反,那就表明他的自我认识发展不好,不够客观,缺乏自知之明。

(3)心理测验。心理测验是心理测量的一种工具和手段,是根据一定的法则对人的行为用数字或图线加以确定的方法。心理测验的方法很多,主要包括四个方面:智力测验、人格测验、神经心理测验和能力测验。有关的心理学著作对之都有详细的介绍,大学生可以根据自己的需要选择使用,通过测量找到心理方面的主要问题,然后有针对性地去纠正和调试,但心理测量最好能在有关专家指导下进行。健康的心理状态对大学生就业是有帮助的。

2.2.3.2 自我调适的方法

(1)中心转换。按照条件反射学说,人在发怒时,会在大脑皮层上出现一个强烈的兴奋中心,这时如果出现一个新的兴奋中心,便可以抵消或者冲淡原来的兴奋中心。有些时候,不良情绪是不易控制的,这时,可以采取迂回的办法,把自己的情感和精力转移到其他的活动中去,如学习一种新的知识、技能,参加有兴趣的活动,利用假日郊游,接受大自然的熏陶等。就业失败可以用进行新的求职准备工作来冲淡失败的烦恼,使自己没有时间和可能沉浸在不良情绪中,以得到心理平衡,保护自己。

(2)适度宣泄。因挫折造成焦虑和紧张时,消除不良情绪最简单的办法莫过于适度

宣泄。切忌把不良情绪压于心底。忧虑隐藏得越久,受到的伤害就越大。较妥善的办法是向朋友、老师倾诉,一吐为快,甚至也可以在亲友面前痛哭一场,求得安慰、疏导和同情,因为哭也是平衡机体的一种方式。此外,还可以去打球、爬山,参加大运动量的活动,宣泄情绪。但是,宣泄一定要注意场合、身份、气氛,注意适度,应是无破坏性的。

(3)自我慰藉。就是自我安慰法,实质是自我辩解。人不可能事事皆顺心、处处是英雄。择业中遇到困难和挫折,如果自己已尽了最大的努力仍无法克服,可说服自己适当让步,找一个自己可以接受的理由说服自己,让自己保持内心安宁,承认并接受现实,以求得解脱。

(4)松弛练习。松弛练习也叫作放松练习,是一种通过练习学会在心理上和躯体上放松的办法,放松练习可帮助人们减轻和消除各种不良的身心反应,如焦虑、恐惧、紧张、心理冲突、入睡困难、血压增高、头痛等症状,且见效迅速。大学生择业中如遇类似心理反应,可以在有关人员指导下尝试进行放松练习。

(5)理性情绪。人有理性与非理性两种信念。人的不良情绪产生于人的非理性观念。要消除人的不良情绪,就要设法将人们的非理性观念转化为理性观念。例如,有的学生在择业中受了挫折便消沉苦闷或怨天尤人,其原因在于他原本认为"大学生就业应当是顺利的",正是这一观念作怪才导致或加剧了他在认知失败时的情绪障碍。如果能使这类想法得以纠正,不良情绪必然会得到一定的缓解。大学生在运用该法时,应首先分析自己有哪些消极情绪,从中分析、综合、抽象、概括出自己相应的非理性观念,并对其进行质疑和分析,同时对比这两种观念状态下个人的内心感受,鼓励自己向理性观念方面转化,从而排除不良情绪。

(6)同情。任何事物都有它的两面性。愤怒、忧愁、惧怕等情绪是弊多利少的有害情绪,而喜爱、欢快则有益于身心健康,尽力地发挥自己爱的情绪或同情心,就可以起到消融消极情绪、化干戈为玉帛的效果。例如,当别人使你不高兴的时候,如果你能体谅他的处境,觉得事出有因、情有可原,这种同情心就可以消除或降低你的消极情绪。受了委屈却又能理解别人、同情别人,这在某种程度上不仅反映着一个人的修养层次,同时也能使自己心平气和。

(7)幽默。研究表明,幽默可以起到缓解人与人之间紧张关系的作用。它可以冰释误会,活跃气氛,和缓难堪,减轻焦躁,可以使陌生者变得相近,怀疑者消除疑虑,戒备者彼此信任,可以使生活充满乐趣,可以使大家共同受益。

当然,自我调适的方法还有很多,如环境调节、广交朋友、自我安适等。这些都是应变的一些方法,但最主要的还是要树立远大理想,树立正确的人生观、价值观,平时就注意培养良好的品质,磨炼坚强的意志,开放各种感官接触社会,多方面体验生活,培养乐观豁达的生活态度。只有这样,才能在择业的重要关头,始终保持积极向上的精神状态和健康的心理。

相关案例

克服求职恐惧症

欣欣毕业1年多后仍待业在家,2009年的招聘会陆续开始后,她听了不仅没有多大的兴奋，反而十分恐惧。她从2006年开始经过几次面试失败后，就一直不敢找工作了，很害怕招聘者那挑剔的眼光。

点评：社会上每一个人都是从"没有工作经验"起步的，而且不要误以为用人单位只想用"最优秀的人"，实际上用人单位想用"最适合的人"。另外，刚毕业的学生在求职上也有天然的优势：可塑性强、薪酬要求低、谦虚好学、有活力等特点，因此求职时千万不要妄自菲薄，更不必恐惧。

信心不足，缺乏主动

毕业生小杰学习成绩和其他方面条件都不错，在就业的初期满怀信心。但由于专业就业面窄、就业竞争力大等原因，找过几家单位都碰了壁，结果产生了自卑感，在后来的择业过程中表现越来越差，陷入恶性循环而不能自拔，以至于到了新的用人单位那里，只能被动地问人家："某某专业还需要不需要人？"其他什么话都不敢讲，最终未能落实就业单位。

点评：小杰的失败是由于自卑心理在作怪。在择业遭受挫折后，一蹶不振，对自己评价过低，丧失了应有的自信心，因此择业时缺乏主动争取和利用机遇的心理准备，不敢主动、大胆地与用人单位交谈，也就不能很好地表达自己。越是躲躲闪闪、胆小、畏缩，越不容易获得用人单位的好感。这种心理严重妨碍了一部分毕业生正常的就业竞争，使得那些原本在某些方面比较出色的毕业生也陷入"不战自败"的困境。

求"大"、求"热"心理要不得

小林自恃是某职业学院热门专业的毕业生，一定要找一家与自己"身份"相符的企业工作。他先应聘TCL电气销售有限公司的高级程序员，无奈应聘者太多，他觉得自己的机会很小，便连求职表都没递，就去下一家企业寻找机会。他又应聘清华同方人工环境有限公司的技术工程师，可他们不招应届毕业生。如此在会场转了3个多小时，到8家大型企业面试过，结果不是小林觉得企业不好，就是企业认为他条件不够。走出会场，他仍不死心，说不搞定一家大型企业决不罢休。

点评：大企业、机关、事业单位对国人来说具有很大的吸引力。但是，由于当前就业形势严峻，竞争日益激烈，大企业、机关、事业单位成了竞争者的热门选择。这样从统计的角度讲，成功率就小了。而且现今社会的流动性之大是前所未有的，第一份工作并不一定是终身工作，因此对于应届毕业生而言，不应只把目光锁定在大企业上。

找工作靠自己

王某是某职业学院计算机专业的毕业生，出身干部家庭，自恃家庭背景关系，不主动参与到学校组织的就业活动中去，认为家长会给自己安排一个合适的工作，并且肯定比其他同学好。后来，其家人通过各方面关系将其安排在某县客运中心。一年后，客运中心改制，王某被迫下岗。

点评：关系是一个很时兴的但又古老的现象。任何人都不可能脱离关系而独立生存。但是在现今竞争社会中，关系带来的负面影响日益突出。上例中的王某既是关系的受益者,又是关系的受害者。

在竞争中保持心理健康

来自西部农村贫困家庭的一个22岁机械专业的应届毕业生,因在求职中遇到了暂时的挫折,未找到理想工作岗位,心理压力过大,趁晚上同学们到教室里上课之际,在宿舍的暖气管线上自缢身亡,结束了自己年轻的生命,令人惋惜不已。还曾有一名毕业生,在考公务员时,通过了笔试和面试,但因身体条件受限,最终没能被录取,他心理极不平衡,恼羞成怒,从商场买来一把水果刀,把招聘工作人员刺死、刺伤各一人。在就业形势不容乐观的今天,大学毕业生因求职不顺利,而使精神受到刺激,导致神经衰弱或者精神失常的事件时有发生。

点评:学习、成才、求职是在校大学生面临的三大人生课题,而求职就业不仅是对他们能力综合素质的考察,也是对大学生心理素质的一大考验。我们要采取积极措施,强化求职者的心理承受能力,化解求职的心理压力,无论对大学毕业生本人的身心健康,还是对人生价值的实现,都具有十分重要的现实意义。

早就业早获经验

洪亮毕业后,由于没有找到理想的工作,便向学校申请了暂缓就业。虽然就业指导部门老师劝他尽快就业,但他决心已定。8月和9月,他到全国各地旅游了一圈,说是为了散散心。10月起报读了个英语班,考了一个商务英语资格证书。现在新一轮招聘会开始,他到现场却发现自己并不太受欢迎,招聘单位常常会问他为什么之前没就业。

点评:对于大学生而言,应该尽快就业上岗,早上岗早获经验,哪怕是与专业无关的工作,起码积累了社会经验,先上岗再调整心态、先上岗再继续充电。工作经验比几张证书是更好的筹码。

了解自己,规划未来

某职业学院工商管理系的强强说:"我原来就知道努力读书,考试考个高分,现在好像忽然就要毕业了,我们管理专业是'万金油'专业,好像去哪个单位都可以,但自己真不知道该去干什么!"

点评:像强强这样对前途不知所措的毕业生不是少数。毕业生们首先要了解自己,认真地发掘一下自己的真正兴趣和特长,清楚自己最希望从事哪些工作,然后在求职时才会更有目的性,而不至于像无头苍蝇一样乱跑乱撞。毕业生最好还是接受一次人才测评,让专家分析一下自己的专长,指出最适合的就业范围并给予一个职业生涯规划建议,在透彻了解后,对未来也就有一个发展的方向。

3　知识准备

人的知识水平是就业的主要条件。随着时代和社会的进步,对于大学生来说,在科学技术日新月异、各门类学科交叉渗透、各种知识浩如烟海的今天,想要百科皆通、全面掌握各方面的知识是根本不可能的，这就要求大学生合理安排学习时间，根据自身实际和社会对职业的要求，建立合理、完善的知识结构，为就业做好充分的知识储备。

随着社会的快速发展，分工越来越细，职业的种类越来越多，各种现代职业对就业者的知识和能力的要求也越来越高、越来越具体。大学生应根据社会需要，结合个人专长，充分了解各种类型的职业对求职者知识结构的要求，在就业准备期间积极、主动地储备知识，建立和调整自己的知识结构，并使之日趋合理、日臻完善，为就业奠定坚实的基础。

虽然现代职业种类繁多，但对就业者的知识却有许多共同的要求，即：要具有宽厚扎实的基础知识、精深的专业知识和大量动态易变的新知识，而基础知识、专业知识和新知识恰好是构成大学生知识结构基本框架不可或缺的三个要素。当然，除这些共同的要求外，各类型的职业对就业者还有着各自不同的特殊要求，例如，管理类职业要求必须掌握党的方针政策和基本的法律法规，以及了解税务、工商、外贸等管理知识；工程类职业要求熟练地掌握并能应用于实际工作中的应用技术知识及一定的管理知识等。因此，一般来说，大学生可以从基础知识、专业知识和新知识三个方面进行就业的知识储备。

3.1　基础知识的储备

基础知识是人们生活和工作所需要的最基本知识，是知识结构的根基，是每个大学生的就业之本。大学生将来无论选择何种职业，也不管要向哪个专业方向发展，都少不了牢固宽厚的基础知识，因为相对于对学科体系的高度关注和科研开发能力而言，对基础知识的牢固掌握和灵活应用在能力培养过程中处于特别突出的地位。随着社会的高速发展，行业、职业结构调整速度的加快，大学生无论是选择职业，还是确定方向，或是适应工作性质的变动，都离不开宽厚扎实的基础知识的储备。这不仅关系到是否能进一步发展，是否在专业上有所建树，而且关系到将来走向工作岗位之后能否尽快适应、胜任工作。同时，基础理论的学习，还有助于科学思维方法和良好心理素质的培养，而这又是工作中必备的优秀品质。

我国高等教育培养大学生的根本一点，就是要扩大学生的知识面，把基础知识面拓得尽可能宽。所以，大学生在大学阶段要认真、系统地学习基础知识，扎实地掌握基础理论，特别是有关专业最基础、已被普遍运用的理论，决不能为了培养其他方面的能力，而忽视了基础知识的学习。大学生要具备宽厚扎实的基础知识，应该从以下几个方面努力做好基础知识的储备。

3.1.1　了解大学学习的特点

了解大学学习的特点，是大学生进行大学学习、储备知识的开始。大学的学习无论是在教学目的、教学要求、教学内容、教学方法、评价方法，还是在学生的学习方式、学习方法等方面，都与中小学学习有天壤之别。大学学习主要特点集中表现为：学习内容广，课程多；学习方式多种多样，自学时间大量增加；考核方式灵活多样等。

3.1.2　熟悉专业要求

并不是每一名学生在进入大学前都对将要学习的专业有很深入的了解，特别是那些经过专业调剂的学生，他们对自己将要就读的专业可能是完全陌生的。因此，进入大学以后，首先就要对本专业有一定的熟悉，通过仔细阅读学校有关专业的介绍，了解本专业培养目标、培养计划和获得学位证书、毕业证书的必要条件,从而对专业要求了然于胸。熟悉专业要求的目的在于知道哪些是基础知识,哪些是专业知识;知道哪些知识需要学得扎实、系统、全面;知道哪些知识是需要掌握的,哪些知识是需要了解的。

3.1.3 明确课程开设情况

大学里所开设的课程分公共课、基础课、专业基础课、专业课四个层次,每一个层次又由许多门课程综合而成。一般说来,大学需要学习的课程在50门以上(专科在30门以上),每一个学期学习的课程都不相同,内容多,信息量大,因而学习任务远比中学繁重。大学一、二年级主要学习公共课程、基础课程,大学三年级以后主要学习专业基础课和部分专业课,大学四年级重点学习专业课和进行毕业设计、做毕业论文;由于高职院校学制短一些,大学二年级就开设专业基础课和部分专业课,大学三年级就重点学习专业课和进行毕业实习等课程了。

大学的课程还有必修课、选修课之分。必修课是指学生完成本专业学习任务,取得本专业学位证、毕业证书所必须学习的课程。必修课包含公共课,如大学英语、数学、高校思想政治理论课等;必修课还包含学科基础课和专业课,是根据不同专业的人才培养方案而确定的。选修课包括各类限定选修课、专业选修课、公共选修课,前者是针对本专业学生,而后者则是面向全校学生。大学里开设的公共课、基础课、专业基础课等都属于学习基础知识的课程。学科和专业不同,其所要求具备的基础知识也不同。一般来说,数学、语文、外语三门学科对所有专业都是必不可少的基础性学科,是每个大学生必须具备的最基本的知识。

3.1.4 掌握学习方法

态度决定一切,掌握学习方法首先要端正学习态度,这是大学生学习和掌握知识的根本要求。正确的学习态度包括:学习认真、扎实,勤奋好学,刻苦努力,上课精力集中、认真听讲,努力做到融会贯通、举一反三,课后按时完成作业、力求正确无误,在各门课程的学习上一丝不苟、求真务实,力求全面发展等。

一般来说,大学的学习方法主要包括这几个环节:首先,要做到主动预习,通过预习,发现课程重点和难点,了解课程的前后关系及内在联系;其次,要认真听课,努力提高听课质量,紧跟老师的思路,适时做好笔记;再次是要善于提问,勤于思考,深入讨论,相互启发,学会课前、课后与教师、同学的互动交流和广泛探讨;最后,要做到自觉复习,及时消化课堂繁重的教学内容。

对大学生来说,特别要学会创新学习。创新学习是全面、深入掌握和理解基础知识、专业知识和新知识,提高自己能力的必由之路。创新的学习方法一般包括自主学习法、问题学习法、开放学习法、案例学习法、课题学习法、反思学习法、发现学习法等。

3.1.5 既博览群书,又有目标地储备知识

博览群书可以使人视野开阔,思维灵活,基础厚实,特别是对于大学生来说,掌握广博的基础知识尤其重要,因此必须博览群书,应利用学习的空余时间,多读一些社会科学、管理科学方面的书籍,拓宽知识面,开阔视野,从而提高竞争力。同时,要有目标地储备基础知识。在知识的积累过程中,唯有按主攻目标积累的知识才是在实践中最有效的。这是因为,有了主攻目标才能制订计划去做工作,才能明确积累什么样的知识,才能判断知识

的相对价值,才会使积累的知识最有效,才会最大限度地发挥知识结构的作用。

3.2 专业知识的储备

专业知识是从事专业工作的各种知识,是进行岗位工作最直接的知识。不同专业所需要的专业知识是不同的。大学毕业生是高校培养的将要从事专业性较强的工作的高级专业人才,专业知识是大学生整个知识结构的核心部分,也是每一类人才知识结构的特色所在。无专业特色,也就不能成为某一行业的专门人才。专博相济,专深博广,已成为当前人才素质的重要要求,这就要求大学生必须具有精深的专业知识。精深的专业知识是大学生择业成功的基础,大学生经过几年的大学学习,应该具备完备、系统的知识体系,而其中专业知识、专业特长是大学生未来发展最为宝贵的个人资源,也是他们今后就业、创业、参与社会竞争的突出优势。在科学技术飞速发展的时代,大学生要在就业竞争中取胜并谋求发展,就必须具备精深的专业知识。

大学生要具备精深的专业知识,就必须从以下几个方面做好专业知识的储备。

(1)从所学专业的学科特点出发,对本专业知识的概念体系、理论体系、学科历史、研究方法、学科前沿知识以及相邻专业领域知识、本专业国内外的最新动态等七个方面的内容有比较清楚的了解和认识。

(2)从所学专业的结构内容出发,建立合理的专业知识结构。所谓合理的专业知识结构,是指从事某类具体的职业岗位所需专业知识体系的构成情况与结合方式,即专业知识体系的具体组合。具有了合理的专业知识结构,就可以直接将自己所学的专业知识转化为相应职业岗位的工作能力,这种能力就胜任本类岗位工作而言有着较强的持续性,从而表现出就业者具有适应某类工作岗位所具备的基础和潜力。系统的、合理的专业知识组合,才能接受职业岗位的检验,在实际工作中发挥作用。

专业知识的结构一般可分为三个层次:一是基础层,即专业基础知识,包括本专业相关的基础理论和基本技能知识;二是中间层,是指专业知识,包括专业理论和专业技术知识;三是前沿层,是专业学科前沿知识,主要包括专业的边缘、前沿学科知识和最新专业学科信息动态等。

(3)从所学专业的专业课内容出发,认真学好专业课。专业课是根据每个专业的不同特点、按照4~5年的学习时间(专科为3年)而设计的教学计划所要求的课程,一般都在20~40门。完成所有课程的学习,并顺利达到教学计划的要求,才能算是从该专业毕业。

(4)从所学专业的量化内容出发,获取所学专业课程的优异成绩。学业成绩成为毕业生展示自身素质的窗口,也是反映毕业生知识程度和能力水平的重要标志。因为学业成绩是学校对学生在校期间学习专业知识情况的真实记录,是学生掌握专业能力和知识水平的一种量化反映。尽管学业成绩不能完全反映一个大学生在校期间掌握知识的宽厚扎实程度,特别是不能反映一个大学生的能力,但在目前的考核体制下,还没有更科学的方法使用人单位在短时间内比较全面地了解一个大学毕业生的专业知识掌握程度,因而学业成绩就成为衡量学生专业素质的极为重要的依据,并具有相当的权威性,自然就成了用人单位录用与否的主要依据,这种现象在实际招聘过程中是非常普遍的。尤其是一些带有研究开发性质的单位,就更加看重学业成绩。

学业成绩主要包括学生在校期间所学课程的考试及考查成绩、实验实习成绩、学位论文成绩三个方面。对这些学业成绩进行有效的组合,是展示毕业生知识准备状况的重要部分,应加以重视。

3.3　新知识的储备

掌握最新知识是时代的要求。所谓新知识,是指由于社会进步、科学技术发展而新产生的知识,其典型特点是突出一个"新"字。人类进入20世纪以来,科学技术一方面继续高度分化,另一方面又高度综合,产生了大量的新学科,如边缘学科、综合学科和大量的新知识。其特点表现为:

(1)人类知识总量正以几何级数剧增。据统计,16世纪各种新发现、新发明不过26项,17世纪达106项,18世纪156项,19世纪546项,而20世纪前半叶就达到961项,20世纪60~70年代短短10年的新发现和新发明就已超过了过去2000年的总和。

(2)科学技术转化为现实生产力的速度大大加快。从1727年照相术理论的提出到1839年的首次应用,其间经历了112年,电话从1820年理论的提出到1876年首次应用经历了56年,电视从1923年理论的提出到1934年首次应用则经历了11年。到了20世纪50年代,太阳能电池从1953年理论的提出到1955年首次应用只用了2年时间。

(3)科学杂志的数量按指数规律激增。从1665年第一本科学杂志《伦敦皇家学会哲学学报》出版以后,到1750年科学杂志仅有10种,19世纪初科学杂志为100种,1900年达1万种。到了20世纪70年代多达10万多种,现今已达到35万种。

(4)学科数目发展迅速。最初的学科只有很少的几门,后来向专业化、具体化发展,出现了物理学、化学、生物学、地质学等学科。随着实验科学的不断深入,传统学科开始分化,到19世纪上半叶发展到很细的程度。20世纪30年代以后,学科之间相互交叉和渗透,出现了一些综合学科、边缘学科。据统计,现在的学科已达4 000多门。现代科学高度分化与高度综合相结合的特点,使科学发展出现了一体化的态势。

以上特点充分说明,当今时代科学发展之迅速,知识更新之快,用"知识爆炸"来形容毫不过分。与此同时,现代各类职业又要求从业者的知识要"程度高、内容新、实用性强"。程度高是指知识量大而宽,内容新是指从业者的知识结构中应以反映当今科学技术发展状况的新知识、新信息为主,实用性强是指从业者的知识在生产、工作中有很强的实用价值。

面对日新月异的知识和现代职业的新要求,大学生加强新知识的储备尤为重要,美国福特汽车公司首席专家路易斯·罗斯说过:"在知识经济时代,对你的职业生涯而言,知识就像鲜奶,纸盒上贴着有效日期。"一方面,大学生在校期间学习的知识有不少很快就会过时,而且新的知识又不断涌现出来,要想保持自己的优势,就必须注意知识的更新,增加新的知识和信息;另一方面,在竞争激烈的社会主义市场经济条件下,谁先学习了新知识、获取先进的科技信息、掌握了新技术并用于生产,谁的产品就会在市场上引领风骚,取得主动,否则就会落后于时代,失去市场,遭到淘汰。因此,大学生除学习掌握基础知识和专业知识,进行充分的知识积累外,更重要的是,要增强获取新知识的能力,为以后的就业和发展储备更多的新知识，如熟练地掌握计算机、外语、书法、绘画、驾驶、公共关系、文献检索等技能。

在现代科学技术发展如此迅猛的今天，大学生为了储备新知识而同时学多种学科、多种专业是不现实的，但是除精通自己专业范围内的知识，并能在实际中有效运用外，再掌握或了解与专业相关的专业范围内新知识和新技术确实是可以做得到的，大学生可以从以下几个方面进行新知识的储备：

（1）广泛阅读一些最新的相关科学报刊、评论和文摘，以掌握有关专业的国内外研究的新动向、新成果。

（2）掌握专业知识的精湛性、先进性，在宽厚的知识基础和广博的知识面上，对专业知识和技能精益求精，注意自己专业的“前沿阵地”，利用“时间差”追踪国际上的先进技术，尽量少走弯路。

（3）掌握获取新知识的方法。掌握获取新知识的方法比学会有限的知识更有意义，只有具备较强的获取新知识的能力，才能更好地适应科技飞速发展的形势对人才的要求。对毕业生而言，知识的学习和更新在就业后显得尤为重要，“继续教育”和“终身教育”势在必行。掌握获取新知识的最好方法是培养自学能力，用人单位很注重毕业生的学习能力，因为学习能力的强弱就意味着毕业生在工作和生活中的接受能力和创新意识的强弱。自学能力是寻求自我发展的一种必需的能力，是适应社会、更新知识结构、掌握技能的重要手段，它具有自主性。“师傅引进门，修行靠个人”，毕业生能否获得更渊博的知识，能否掌握社会需要的个人技能，是否具有发展潜力，是否能被社会承认，关键要看有无较强的自学能力。

总之，大学生要利用在校学习的宝贵时间充实自己，在拓展知识的宽度和深度上下功夫，关注科技发展前沿信息，关注最新行业发展动态，涉猎现代科学知识，使自己具有专业眼光，具有前瞻性和先进性思维方法，为自己的就业拓展广阔的空间。

第三章　求职择业的方法和技巧

1　自荐材料与自荐方式

1.1　自荐材料

自荐材料是关系到毕业生求职择业是否成功的一个重要环节。自荐材料是毕业生踏入社会前制作的展现给用人单位的“名片”。这张“名片”的质量决定你是否可以在芸芸众生中脱颖而出。

自荐材料主要包括自荐信、个人简历、学习成绩单、各种奖励证书、学校的推荐信及毕业生就业推荐表等。自荐信即自我介绍信,其目的在于引起用人单位的兴趣和关注。用人单位首先是通过阅读求职者的自荐材料来决定是否给求职者面试的机会,可见写好自荐信是毕业生能否取得面试机会及能否取得求职择业成功的重要一步。

1.1.1　自荐信

一要掌握自荐信的格式。自荐信的格式主要由开头部分、正文、结尾、落款几部分构成。开头部分是称呼和简单的致谢辞的组合。称呼不应直呼某某同志,而是称其职务、职称或官衔,如称“尊敬的领导、主任、经理”等。致谢辞为如“感谢您在百忙之中关注我的求职材料”之类的话语,表示对招聘者工作的感谢,以拉近彼此间的距离。正文部分说明本人的基本信息和求职意向。结尾写上祝愿的话,并表示真诚希望能有一次面试的机会,同时简单叙述一下对所应聘单位的印象,恰当表达对职位的迫切心情,诚恳地希望用人单位考虑自己的要求,热情期望对方能予以答复和提供面谈的机会,并且再次表示感谢。最后详细写明自己的通信地址、联系电话等。

二要掌握自荐信的主要内容。包括:简单的自我介绍,介绍自己曾经参加过的社会实践活动及取得的成绩,以此证明自己拥有相关方面的才能和富有培养前途;说明求职动机和阐明对未来发展的设想,表明你对未来的规划,起到打动用人单位的目的;说明所学专业的特点及专业适用的岗位和部门,胜任某项工作的优势,自己所掌握的知识、经验和专业技能,以及与工作需求相符合的能力及特长;计算机和外语等级情况及掌握的其他技能。

三要掌握写自荐信时应注意的事项:开篇新颖,介绍巧妙;实事求是,不弄虚作假;态度诚恳,措辞得当;突出优点和优势,针对性强;力求简洁,重点突出;语句顺畅,条理清晰。

1.1.2　个人简历

个人简历一般作为自荐信的附件,呈送给用人单位。一般包括个人基本信息,如姓名、性别、年龄、学校专业、学历、毕业院校、兴趣和特长、求职意向、教育背景、社会实践经历、参加过何种培训及职业兴趣、能力、在校期间的学习和生活经历、学习的课程及学习成绩、曾担任的学生干部职务、参加的社团活动、在校期间获得的各种奖励、适宜从事的工作、通信地址等。

1.1.3　其他材料

其他材料主要包括大学期间的学习成绩单、荣誉证书、技能等级证书、成果证明材料、发表的文章、学校的推荐信及学校统一制作的毕业生就业推荐表等。毕业生在求职时,如果采取上门推荐的方式向用人单位展示自己,那么就尽可能把反映自己能力的材料原件都带上并呈现给用人单位;若采取邮寄自荐材料的方式推荐自己,则根据各用人单位对应聘人员的要求,认真选择最有代表性及说服力的材料复印件,邮寄给用人单位。

1.2　自荐方式

自荐方式有上门自荐、电话自荐、书面自荐、他人推荐、广告自荐、实习自荐、学校和网络推荐。

1.2.1　上门自荐

上门自荐即求职者带上自荐材料亲自到用人单位或参加用人单位组织的现场人才招聘会推荐自己。这种自荐方式可以使毕业生直接与用人单位见面沟通,毕业生可以直接向用人单位展示自己的才华和能力。若毕业生表现的学识和才华令用人单位满意,可能会被当场聘用。

1.2.2　电话自荐

电话作为沟通信息的重要手段,在今天已日益普及。现在许多用人单位常用电话联系来招聘毕业生。电话自荐即是求职者通过电话向符合应聘要求的用人单位推荐自己。

求职者要想在短暂的几分钟向用人单位充分展示自己的优势,那么接听电话的过程中一定保证注意力高度集中,及时捕捉接话人最关注的问题以及兴趣所在,积极思考,运用恰当的语言表达方式给对方留下一个诚实守信、认真肯干、积极向上的印象。同时,要注意控制通话的时间、说话的语音、语调及语速。

电话自荐仅是应聘的第一步,如果招聘方有需求意向,仍需要求职者准备书面简历材料到招聘单位参加面试,接受用人单位的考核。

1.2.3　书面自荐

书面自荐即通过书面材料的形式向用人单位展示及推销自己,自荐材料可以邮寄,也可以当面呈递,还可以让他人捎带给用人单位。适用于有较好文笔和写一手漂亮字的毕业生及没有时间上门自荐、路途遥远而不便于上门自荐的毕业生。这种形式的优点是不受时间和空间的限制,同时又扩大了自荐范围,缺点是反馈率较低。

1.2.4　他人推荐

他人推荐即利用老师、父母、亲友、同学等社会关系的推荐而达到自我推荐目的的推荐方式。一些有学术声望的老师因具有较广泛的社会关系,他们的推荐容易引起用人单位的重视和信任。这种推荐方式可以扩大毕业生择业范围,提高就业成功率。

1.2.5　广告自荐

广告自荐即借助报纸、电视等新闻传播媒介进行推荐的方式,这种形式涉及面宽,时效性强。

1.2.6　实习自荐

实习自荐即通过各种实习、实训、社会实践等形式推荐自己。借助实习机会，努力表现自己，针对用人单位的要求突出能力优势，精心准备问题与领导及有关部门沟通，给用人单位留下良好印象，争取求职择业的成功。

1.2.7　学校推荐

学校推荐是一种间接的自荐方式。学校在向社会输送毕业生的过程中，与用人单位建立起了相互信任的合作关系。因此，学校向用人单位推荐的毕业生容易得到用人单位的重视、信任及认可。

1.2.8　网络推荐

网络推荐是近几年新出现的一种自荐方式，即毕业生把自己的基本信息在网上发布，供用人单位选择。这种自荐方式时效性好、覆盖面广、速度快，而且不受时间、场合和人为因素的影响，是今后自荐发展的方向。

在现实的求职择业过程中，以上几种自荐方法并不是独立存在的，综合应用才能达到自我推荐的目的。个人要根据实际情况选择决定采用哪种自荐方式。

2　成功面试的问题准备

面试是选拔人才的重要环节，面试的成功在一定程度上取决于求职者面试前的精心准备。

2.1　客观、准确地分析自我和企业

分析自我即客观评价自己的优势、劣势、能力、价值观以及自身的特点与目标职位的匹配度；分析企业即从企业地域、发展规模、经营管理特点、目前发展状况、未来发展前景、企业文化及企业的价值观等方面进行了解。

2.2　应聘者回答问题时注意的问题

(1)注意谈话礼貌，要集中精力、全神贯注地聆听对方的讲话，不要打断对方的讲话。要听清和正确理解对方的一字一句，不但要听出其“话中话”，而且要听出其“弦外之音”，及时敏捷地做出反应。回答问题时，口齿清晰，语言流利，文雅得体。

(2)在面试交谈中要随时注意听者的反应，尤其是注意观察对方的非语言信息，根据对方的反应，及时调整和转换语气、语调、音量及谈话内容。除非面试官感兴趣，否则不要谈与面试无关的话题。

(3)面试中对主试人的问题要逐一回答，回答问题要抓住重点，言简意赅，条理清楚，语言表达准确，停顿要分明。一般情况下，回答问题要结论在前，议论在后，先将自己的中心意思表达清楚，然后再论证，切忌长篇大论、主题不明确，让人不得要领，找不到重点。

(4)回答问题时要讲清原委，避免抽象，可进行适当的解释和说明。如对面试官的问题没听清楚，可以询问对方确认问题，切忌答非所问。

(5)回答问题时应有个人独到的见解和与众不同之处。如果遇到自己不知、不懂和

不会的问题时，不要回避，也不要不懂装懂，正确的做法应该是诚恳坦诚地承认自己的不足，虚心地向面试官请教。

（6）语言要通俗易懂。不要为了显示自己而只顾使用华丽、奇特的词藻，这样会很难顾及到语言的逻辑和通顺，反而使人感到你用词不当，逻辑思维能力差。此外，急于显示自己的妙语惊人，反而显得有些张狂。同时，尽量使用普通话，避免使用方言、土语和口头语，否则面试官会难以听懂。

（7）音量、语速及语调适度。声音太大会显得你没有修养，声音太小又会让人听不清；讲话速度太快会显得紧张和急躁，讲话速度太慢又会让人感到吞吞吐吐和思维反应迟钝而不流畅；同时也要注意控制语调，语调是表达人情感的重要元素，可表现出压抑、放松、犹豫、坚定、自卑或自信，也可流露出人的喜怒哀乐等。

2.3 应聘者在面试中常被提问到的问题

2.3.1 简单介绍你自己

用一些简洁的句子直接切入重点。介绍自己个性中的优点及与众不同之处。突出所学知识、具备的能力、锻炼经历、取得的成绩及敬业精神等优势。同时，巧妙地在优势能力与所应聘的工作之间找到结合点，并将其重点强调，即向用人单位暗示自己有能力胜任这份工作。

介绍时，要讲究实事求是，突出长处。可分为：1 分钟介绍，以基本情况为主，包括姓名、学历、专业和家庭状况等，要注意表述清晰；3 分钟介绍，除基本情况外，还可谈谈求职动机、主要优缺点等；5 分钟介绍，还可以谈谈自己的人生观，说些生活趣事，举例说明自己的优点等。

2.3.2 为什么要聘用你？

应聘者最好站在招聘单位的角度来回答此问题。招聘单位一般会录用符合招聘条件、对工作感兴趣及有信心的应聘者。列举与工作相关的技能和经验来证明自己超过其他人，具有满足职位的优势。

如可以回答："根据我对贵公司的了解，我认为我符合贵公司的招聘条件，我具有高度的责任感、认真的工作态度、良好的适应能力、较强的学习能力和专业技能、较好的人际沟通协调能力及丰富的经验。我认为我完全能胜任这份工作，我相信我正是贵公司所找寻的人才。我十分希望能为贵公司服务，如果贵公司给我这个机会，我一定会积极努力，立足本职，踏实而用心地去工作！"

2.3.3 你有哪些缺点？

面试官想通过此问题了解你的缺点是否会影响你所应聘的工作，同时也在考验你是否坦诚、是否有自知之明及对自己的认识是否全面客观。

对这道题的回答不要说自己没有缺点，也不要把那些明显的优点说成缺点，更不要说出严重影响所应聘工作的缺点。可以说一些对应聘工作影响极小的缺点，甚至是从表面上看是缺点，而从工作的角度分析却是优点的缺点。恰当地回答可以用简洁、正面的介绍抵消反面的问题，即说明自己是怎样克服和避免缺点带来的不利影响。如可以回答："我需要培养我的耐心，我是典型的 A 型性格，性格比较急躁，分配给我的工作我会投入所有时间恨不得一下子就完成。”

2.3.4 你期望得到的薪水是多少?

一般来说,正规用人单位都有自己的一套薪酬发放体系。他们问应聘者的目的实质上是想证实他们给出的薪酬标准是否能引起应聘者的兴趣、应聘者对职位的了解程度及应聘者对自己的估价。

如果你对薪酬的要求太低会显得自己能力低;如果你对薪酬的要求太高,又会显得你自我估计太高,公司受用不起。在应聘职位之前,应该全面了解此职位,认真调查所应聘职位的合理薪酬,做到心中有数。如果你对工作感兴趣,而钱又不是你十分关心的问题,那么可以这样回答:“钱不是我唯一关心的事。我想先谈谈如果我成为贵公司的一员后,我在工作岗位上如何发挥我的能力,如何尽我最大努力为公司发展作贡献——如果得到您允许的话。”或者回答:“我对工资没有绝对既定的要求,我相信贵公司会根据我的工作能力及业绩合理给予薪酬的。我比较注重工作能给我带来的学习和发展机会。只要条件公平,我不会计较太多。”

如果你觉得用人单位付给的薪水太少,你可以回答:“谢谢您能给我提供这样的工作机会。我对这个职位很感兴趣,也非常希望能获得这份工作,但是从工作报酬这方面来看,我无法接受这份工作,因为工资水平和我理想中的差距很大。希望您能再重新考虑一下我的工作薪酬问题。”如果用人单位觉得你的能力和职位的匹配性是别人无法取代的,那么你的要求会得到满足;否则,就只能再去别的单位应聘了。

2.3.5 你有什么业余爱好?

面试官通过此问题想了解应聘者的性格是开朗乐观还是孤僻内向、是喜动还是好静、对生活是否充满热忱、心态是否积极及平时关注什么问题等。回答此问题时最好不要说自己没有业余爱好;不要说自己有那些令人感到庸俗的及难以接受的爱好;也不要说自己仅限于看书、听音乐、上网,因为这样的回答可能会让用人单位感觉你性格沉闷及缺乏活力。最好回答那些能表现出对生活充满热情、讲求团队合作精神、充满运动活力、积极健康而向上的爱好,同时谈谈业余爱好对你学习、工作的作用。总之,所列举的兴趣爱好要能“点缀”你的形象,加深用人单位对你的印象。

2.3.6 你是应届毕业生,缺乏经验,如何能胜任这项工作?

面试官提出此问题的目的是想知道应届毕业生对职业的了解、对自己如何工作的规划准备、对工作的自信心及工作适应能力,而并不真的是在意“经验”。对此问题的回答要体现出应聘者的诚恳的态度、不断进取的精神、虚心学习的决心及对未来工作的信心。可以回答:“作为一名应届毕业生,实际工作经验的确有些不足,上学时,我就注意到这个问题,所以在校期间我一直利用各种机会做一些与此职业有关的兼职活动来锻炼自己,以此积累工作经验及提高综合能力。我相信凭着踏实肯干和虚心好学的精神、较强的责任心和事业心、良好的适应能力和学习能力,还有在校所学及兼职的工作经验,我一定能胜任这个职位。”

2.3.7 你为何想进这家公司?

面试官通过此问题想了解应聘者求职的动机、愿望、对此项工作的态度及了解程度。应聘者可以从公司的发展现状、发展前景及成功之处等几方面展开。可以回答:“贵公司的经营理念、企业文化、人才观念、质量意识及工作氛围与我个人的价值观相符合，我觉得在贵公司工作有利于我能力的发挥和发展。另外，我的能力及素质也很符合公司对人才的要求，我相信我一定能做好这份工作。”

2.3.8　如果我们录用你，你将怎样开展工作？

面试官从这个问题中想要了解应聘者对所应聘职位的了解、准备程度及对工作是否有初步规划。如果应聘者对于应聘的职位缺乏足够的了解，最好不要直接说出开展工作的具体办法，可以这样回答“首先我会对所从事工作进行系统的了解、分析，然后制订一份近期的工作计划并请领导批准和指导，最后根据计划开展工作，同时根据实际情况随时评估、调整、修正和改进，将工作开展得更好。”

2.3.9　你的短期和长期目标是什么？

短期目标可以围绕目前想获得这份工作及近期将如何做好两方面回答；长期目标要表达出在此项工作上有所作为的信心和恒心。如“我的短期目标是进入一家有发展潜力的企业，得到一份有挑战性同时能让我充分发挥能力的工作。而我的长期目标是从当前这份工作做起，在工作中不断努力，及时总结、积累工作经验，与公司共同进步，最终进入公司的管理层，成为一名优秀的领导者。”

2.3.10　你有什么问题吗？

面试官的这个问题看上去可有可无，其实很关键。他们不喜欢“没有问题”的人，因为善于提问某种程度上反映了员工的个性和创新能力。但是注意最好不要问个人福利之类的问题。可以问这样的问题：贵公司对新员工是否有培训学习活动？贵公司的晋升机制是什么样的？面试官和企业都很喜欢这样的问题，因为这体现出你乐于学习、对公司的忠诚度以及你的进取心。

2.3.11　你的工作如何与你所属部门以及公司的总体目标关联？

这个问题不仅考察求职者对所属部门及整个公司从事活动的了解程度，而且也在检查求职者在完成工作任务过程中，是否能与他人合作，在集体工作中所起的作用及角色情况。总而言之，不管求职者的答案是什么，为了给出面试官想要的答案，可以这样回答：“作为群体中的一员，我会与公司的其他成员积极合作，一起为公司的发展共同努力。”

2.3.12　你在接受别人指导时，会不会感到难受或受到伤害？

面试官想从这个问题了解：当你的失误被别人指出来之后，或者当你受到上司的批评时，你会做何举动及你是否服从管理。如果你对此的回答是你受到指导、批评时，你会发火或者不高兴，那么你可能就不会被录用或者在公司里不会做得很久。你要认真思考，通过此问题显示你与众不同的观点。可以回答：“我会虚心接受别人的指导和建设性的批评，而不会有抵触情绪。因为我知道，虽然我尽全力地努力工作，但是由于经验不足和能力限制，工作中难免出现失误，需要别人的批评和指正。同时，我也明白，如果我想在公司里有所发展，我必须首先证明自己服从管理。”

2.3.13　你想找一份长期的还是临时性的工作？

面试官想通过这个问题确认应聘者是真心实意地对这份工作感兴趣，是否会长期稳定地专心于此份工作。对此问题不要简单地回答“是”，而要解释清楚你为何选择这份工作。可以回答：“我要找一份长期而稳定的工作，我想在这个领域不断努力，认真学习，提高业务能力,在这个岗位上做出一番成就,与企业共同进步和发展。”在回答完毕之后,应聘者也要反问对方以确认其所提的问题:“你们要招的这个岗位是长期的,还是临时的?”这样的反问是必要的,因为偶尔也会有些用人单位短期聘用一些新手参与某个项目,项目完成之后便把员工辞退。

2.3.14　你如何规划自己未来的事业?

与此问题类似的问题还有“你在今后的五年中要达到什么职位?”几乎所有没有经验的求职者都会答道:“管理阶层”,因为他们自以为这样的回答能表明其雄心壮志和伟大志向。但是这会立即引发一系列大多应届毕业生无法回答的问题:你理解的管理阶层是什么含义?经理的基本责任是什么?做什么领域的经理?所以最好的回答是先说明你要发展的方向及踏实肯干的工作态度。可以这样回答:“工作之初,我会不断进取,努力工作,不断积累经验,提高工作能力。我的目标是在今后几年内成为一名专业人士,清楚地了解自己的公司、行业发展趋势、最大的挑战及如何更好地发展。”

3　面试服饰礼仪

服饰礼仪是人们在交往过程中为了表示相互的尊重与友好,达到交往的和谐而体现在服饰上的一种行为规范。服饰打扮是一门艺术,也是求职者展示自己最佳形象的有效途径。一个人在别人心目中的印象确实受其穿着的影响。

面试官会从求职者的服饰颜色、式样、档次和搭配推断其性格爱好、文化修养、生活和风俗习惯、气质和审美情趣。

有研究表明,讲究衣着打扮的人自尊心和工作责任心强,而穿着过于随便者多半不修边幅和不拘小节。作为求职者应该记住,着装打扮最终是要为推销自我服务。服装是求职者面试成功与否的一个不可忽视的环节。

面试时,务必使自己所选择的服饰传达出这样的信息:谨慎大方、精明能干、办事可靠及认真负责。另外,得体的服装有助于增加求职者的自信心。同时,牢记国际公认的服饰“TPO”原则。T(Time)指时间,即服饰要根据具体时间来决定。P(Place)指地点、场所、位置、职位,即服饰打扮要与所处的场合及职位相协调。O(Object)代表目的、目标、对象,求职者首先应明确想要通过衣着打扮达到给面试官留下一个什么样的印象的目的,再根据目的有选择地确定服饰。

3.1　女士的服饰

3.1.1　套装

每位女生应准备1~2套较正规的套服,以备去不同单位面试之需。女式套服的花样层出不穷、款式多样,可根据自己的喜好来选择。选择服饰尽可能与众不同,穿出自己的风格和特点,突出个人的气质及魅力。同时,注意要针对不同用人单位选择适合的套装,必须与准上班族的身份相符。

3.1.2　裙子

如果穿裙子,裙子长度应在膝盖左右或以下,太短有失庄重和严肃。

3.1.3 服装颜色

以淡雅为宜,突出职业女性的气息。

3.1.4 鞋

穿中高跟皮鞋显得步履坚定从容,让人感到职业女性干练而稳重的气质;而穿高跟鞋会显得步态不稳;穿平跟鞋显得步态拖拉;夏日最好不要穿露出脚趾的凉鞋,也不要光脚穿凉鞋,更不要将脚趾甲涂抹成红色或其他颜色。

3.1.5 装饰品

当今是和谐美的时代,适当地搭配一些饰品会使求职者的形象锦上添花。搭配饰品要讲求少而精,才能真正起到画龙点睛之妙。一条丝巾,一枚胸花,一条项链,这些都能恰到好处地体现出气质和神韵。饰品佩戴过多,过于夸张或者看起来妨碍工作,这些都会分散面试官的注意力,也会给面试官留下不好的印象。

3.1.6 包

女式公文包或者单肩背包都可以。包的质料当然是皮质的最好,不要过于精美,太珠光宝气,但也不要太破旧、太脏。最好不用牛仔包或看起来软绵绵的包。包要足够大,因为确实需要用它来装一些东西。

3.1.7 妆容

女生可以适当地化点淡妆,更显得青春亮丽。薄而透明的粉底可以营造出健康的肤色,浅色口红可以增加自然美感,用棕色眉笔调整眉形,用睫毛膏让眼睛更加有神。但不能浓妆艳抹,香气扑鼻,过分夸张,将高职大学生的清纯美掩盖掉,与高职大学生的身份不相符合。妆容越淡雅自然、不露痕迹越好,“化过妆就好像没有化妆一样”的效果是化妆的最高境界。

妆容还应结合不同季节、不同时间、自身的性格气质、职业特点、年龄、场合而采用不同风格的化法。对于求职的女性来说,化淡妆比较适宜,淡妆素抹更能显出端庄、自然、含蓄而得体的感觉。

3.1.8 发型发饰

发型发饰要符合美观、大方、干净、梳得整齐和有利于工作的原则,同时要与脸型、身材、年龄、气质、季节及环境等因素结合起来,这样才能给人以整体美的形象。

椭圆型脸可选任意发型;脸型长的人前刘海要较长些,同时使两侧头发蓬松;圆脸型的人应将头顶部的头发梳高,使脸部在视觉造型上增加几分力度,并设法遮住两颊。方脸型应设法掩饰棱角,使脸型显得圆润些。额部窄的脸型,应增加额头两侧头发的厚度。长脸型的人不宜梳太短的头发,下巴较长的人可以留些鬓发,矮胖或瘦小的人头发不宜长,瘦高的人头发应留长一点。

不同季节对发型有不同的要求。春、秋季的发型可以自由活泼一些,而冬、夏季的发型格外需要注意。夏天天气炎热,可留使人凉爽的短发,如果是长发,最好将头发盘起。冬天人们的衣领高,留长发既美观又保暖。在冬季较爱刮风的地方,参加面试前最好用帽子、头巾把头发束缚起来,达到面试地点前,再梳理一下头发,以免头发过乱。

3.2 男士的服饰

3.2.1 西装

在现代社会的公关社交活动中,"西装革履"是现代职业男士的正规服饰,就求职面试活动而言,穿西装也是最为稳妥合适的。穿西装要注意以下几方面。

(1)颜色的选择。应聘者最好穿深色的西装,灰色、绿色和深蓝色都是不错的选择,这些颜色的西装给面试官留下稳重、踏实、忠诚、干练的印象。

(2)面料的选择。应聘者最好是穿天然织物做的衣服。因为人造织物的光泽和质地给人一种廉价的感觉。从暗示的角度方面来看,人造织物会让人把你同"人造"联想起来,这可能会让面试官对你产生虚假和缺乏深度的感觉。

(3)西装要得体。体瘦的人,如果穿深蓝色或中粗竖条的西装,会显得纤细而瘦弱;而穿米色等暖色调西装,或格子图案或人字斜纹的西装,就会显得较为强健。瘦高的人,宜穿双排扣或三件套西装,面料要选用质感给人温暖感觉的,不要选用廓形细窄的套装。体胖的人可穿深蓝、深灰、深咖啡色等西装,显得瘦一些,切忌穿米色、银灰等膨胀色的西装。

3.2.2 领带

领带的面料要选用100%的纯丝,而不要使用亚麻或毛料,亚麻容易缩水,毛料又显得太随便。领带的作用是为西服增色,而不能与西服的图案有任何冲突。领带的宽度随衣服款式而变化,穿西服时,领带宽度要接近西服翻领的宽度。领带的图案可以是立体形、条纹、印花绸以及不太显眼的蜗旋纹布。

3.2.3 皮鞋

鞋面要锃亮;鞋跟要结实,破旧的鞋跟会使人显得不够干练;鞋带要干净且系紧,松开或未系的鞋带会给人带来不安全感,甚至可以将自己绊倒。另外,注意皮鞋与西装要搭配协调。

3.2.4 袜子

如果你穿的是一双鞋面较低的无带鞋,袜子要够长,这点尤其重要。袜子的长度要使你在叠起双腿时不至于露出皮肤,而且袜子要有足够的弹性,使它们不至于从腿上滑下或缩成一团。

3.2.5 头发

求职者去应聘时要保持头发整洁,精心梳理,不要给人油光发亮、湿淋淋的感觉;发型要简单、朴素、稳重大方,不要留鬓角,最好不要留中分头;头发不能压着衬衣领子。

3.2.6 外套

外套要轻便,而且颜色要为浅色,因为人们潜意识中对穿浅色服装的人投以更多的信任。不难发现在电影里扮演正面角色的男人出场上衣一般是浅色的着装,反面角色一般是深暗色的。假如想穿上装去面试,最好着浅色调的服装,以示自己是一位值得信任的人,可提高求职成功率。

3.2.7 公文包

简单、细长的公文包是最佳选择。不要带会使人联想到推销员的皮包。还要注意检查包带、扣是否完好。

4　正确对待面试

4.1　面试时的心理调节

面试时的心理状态会直接影响到求职成功与否，下面介绍的几种方法能帮助求职者把面试心理调节到最佳状态。

4.1.1　树立自信，坚信自己是最好的

有信心不一定赢，但没信心一定输。相信自己完全能胜任此项工作。面试前应清楚了解自己的优势和劣势，认真思考如何在面试时扬长避短，把自己最好的一面展现出来，做到有备而来。另外，面试时提高服装档次，穿得整洁大方，以改变自身形象，这样也可增强自信。

4.1.2　对理想职位的期望值不要过高

有一种说法是“求上保中，求中保下”，意思是说对任何事情期望值都不要太高，因为事情的结果往往和所预想的有一定差距，要有从最坏处着想，向最好处努力的思想准备。

4.1.3　正确对待求职面试

做好承受挫折的心理准备，坚信“天生我材必有用”，“此处不识君，自有识君处”。只有不害怕，不紧张，泰然自若，轻松自如而又坦然地面对求职面试，才能在应试中举止得体，思维敏捷，准确地表达出自己所思所想。

4.1.4　不要怯场

不要以为面试官会洞察一切。初次见面，彼此都不了解，也许对方比你还要紧张，不要自己先乱了方寸。学会巧妙运用“肢体语言”来缓解紧张情绪，坐直或站直，闭上双眼，冥想一些愉快、可笑或者曾令你感到自豪的事，把心情调节到最愉快的状态。

4.2　面试准备

(1)带好笔、纸、推荐表、成绩单、相关证书等有关资料。

(2)最好提前5~10分钟到达面试地点，以表示求职的诚意。

(3)进入面试室前，将手机关闭或调成振动状态，以免面试时被电话打扰。

(4)进入面试室时应该先轻轻敲门，得到允许后再进入，开关门动作要轻。

(5)进入面试室与面试官礼貌地打招呼，如“您好”，“感谢您提供给我面试机会”。

(6)若主试人不先伸手，切勿主动向前与其握手。握手的一般规则是：上级可对下级、长辈可对晚辈、女士可对男士提出主动握手。

(7)如果主人没有请你坐下，那么不要急于入座。主人请你坐下时，要对主人道声“谅谢”。

(8)保持良好的身体姿态，坐有坐相，站有站相。不要左顾右盼、东张西望，更不要出现东倒西歪、东摇西晃、跷“二郎腿”等动作。

(9)回答问题时，要眼神自然、举止大方、态度积极、坦诚自信、表情轻松、语气平和、

音量适中、语言机智、重点突出。

(10)面试结束前可向面试官表态:“我非常想成为贵公司一员,请您考虑。”

(11)面试结束后向面试官说“再见”,“感谢贵公司提供给我展示自己的机会”。然后,起立轻轻关门,离开面试室。

4.3 面试结束后应做的几件事

首先要及时感谢,“锦上添花”。应聘结束的24小时内给面试官写一封感谢信或打电话表示谢意,这样做使你显得与众不同,加深招聘人员对你的印象,增加求职成功的可能性。感谢电话最好不要超过3分钟;感谢信最好不超过一页纸。感谢信的开头应提及你的姓名、基本信息及面试时间,同时对招聘人员提供的面试机会、为你所花费的精力和时间、提供的各种信息表示感谢。感谢信的中间部分要再次重点表达你对该公司、该职位的兴趣及自己能胜任此项工作的优势。感谢信的结尾要表达出你会发挥自己最大潜力、尽职尽责干好工作的信心和决心。

其次要抓住机会,全面准备。如果你同时得到几家用人单位的面试机会,在一次面试结束后,要调整状态,收拾心情,全力以赴地准备第二家单位的面试,即没有接到应聘书之前,不要放弃任何一次面试机会。

再次要耐心等待,礼貌查询。在一般情况下,录用公司职员要经过讨论投票、人事汇总及确定最佳录用人选这样一个过程。此过程的完成需要三五天的时间,所以这段时间内毕业生一定要耐心等待面试结果。如果面试的两星期之内没有收到用人单位的任何答复,这时可以写信、发 E-mail 或打电话向招聘单位询问面试结果。问一下招聘人员所应聘职位是否已经确定了最佳人选,这样做可以表示出你的兴趣和热情,同时可以从招聘人员的口气中听出你是否有希望,以进行下一步的准备。

最后总结分析,迎接挑战。如果你被用人单位录用,当然值得庆贺;如果你不幸没有被录用,也不要自暴自弃、悲观失望,而要给自己信心,振作精神来迎接下一次的挑战。一方面要自我分析、总结哪些方面做得不够完善,另一方面要诚恳谦虚地向招聘单位询问没被录用的原因,及时修正不足和欠缺之处,以取得下一次求职面试的成功。

第四章 就业政策与就业权益保护

1 高校毕业生就业政策

就业政策是党和政府在一定的历史条件和历史阶段为促进经济发展和社会进步,为劳动者创造就业条件、扩大就业机会所制定的行为准则。高校毕业生就业政策是国家就业政策的一个重要组成部分,对指导毕业生就业工作具有重要意义。

为了使毕业生就业工作适应社会主义市场经济体制的要求,保证毕业生具有更多的就业机会和宽松的就业环境,国家进行了一系列毕业生就业制度的改革,及时调整并制定了适应新形势的毕业生就业政策。高校毕业生熟悉就业政策,并用以指导求职就业,既能使自己在求职过程中少走弯路、错路,又能有效预防求职风险,保护自身合法权益。

1.1 毕业生就业政策的种类和效用

政策是一个国家和政党为实现一定历史时期的路线和任务而制定的行为准则。高校毕业生就业政策是我们国家和地方政府为促进大学生就业所制定的办法和规定。政策一般以红头文件形式下发,政策内容即是文件表述的内容。

高校毕业生就业政策按照级别可以分为:党中央、国务院文件,教育部(主管部门)等国家有关部委文件,省委、省(自治区、直辖市)人民政府文件。在效用上,文件内容如有矛盾的,以上一级文件为准;同级、同部门文件前后有矛盾的,以下发时间在后的为准。

为了创造高校毕业生就业的良好环境,最近几年,党中央、国务院及教育部等有关部门下发了一系列文件,主要有《国务院办公厅转发教育部等部门关于进一步深化普通高等学校毕业生就业制度改革有关问题意见的通知》(国办发[2002]19 号)、《国务院办公厅关于做好 2003 年普通高等学校毕业生就业工作的通知》(国办发[2003]49 号)、《国务院办公厅关于进一步做好 2004 年普通高等学校毕业生就业工作的通知》(国办发[2004]35 号)、中组部等 14 部委《关于切实做好 2006 年普通高等学校毕业生就业工作的通知》(教学[2006]8 号)、《国务院办公厅关于切实做好 2007 年普通高等学校毕业生就业工作的通知》(国办发[2007]26 号)、《国务院办公厅关于加强普通高等学校毕业生就业工作的通知》(国办发[2009]3 号)、《教育部关于进一步深化教育改革促进高校毕业生就业工作的若干意见》(教学[2003]6 号)和《教育部关于进一步加强普通高等学校毕业生就业指导服务机构及队伍建设的几点意见》(教学[2002]18 号)等文件,加上中组部、财政部、原劳动保障部、原人事部、公安部等十几个部委下发的有关做好高校毕业生就业工作文件,形成了新阶段毕业生就业工作政策体系。

省(自治区、直辖市)以下有关部门和地方政府以文件形式下发的对高校毕业生就业所作出的规定和要求,本身虽然不属于政策,但属于贯彻落实就业政策的具体意见和办法,对于毕业生就业同样重要。譬如,关于鼓励支持高校毕业生自主创业问题,如何操作,主要依靠各地方下发的文件规定,而且每个地方的操作程序,享受的优惠条件也不一样。

1.2 毕业生就业政策的内容和重点

现阶段,我国总的就业方针是"劳动者自主就业,市场调节就业,政府促进就业"。政府促进就业一般采取以下办法:一是发展经济,扩大就业;二是完善公共就业服务体系,培育发展劳动力市场;三是完善社会保障体系,维护劳动关系的和谐稳定。

国家对高校毕业生就业总的方针是"市场导向、政府调控、学校推荐、学生和用人单位双向选择"。所谓政府调控、政府促进,其主要手段就是制定相关政策来促进、引导、支持、规范毕业生就业。毕业生可从以下八个方面来了解国家关于毕业生的就业政策。

1.2.1 毕业生就业去向方面

选择就业去向是毕业生择业时遇到的一个首要问题,这也是国家非常重视的一个问题。为了解决基层组织和单位人才需求问题,促进青年知识分子面向基层,走健康成长成才的道路,缓解毕业生就业在地域上存在的不平衡问题,中共中央办公厅、国务院办公厅印发了《关于引导和鼓励高校毕业生面向基层就业的意见》(中办发[2005]18号)的通知。为了贯彻落实中央关于引导和鼓励高校毕业生面向基层就业的意见,各级政府也相应出台了一系列支持毕业生基层就业的政策。主要有:

(1)鼓励高校毕业生到西部地区和艰苦边远地区就业的优惠政策。对到西部县以下基层单位和艰苦边远地区就业的高校毕业生,实行来去自由的政策,户口可留在原籍或根据本人意愿迁往西部地区和艰苦边远地区。工作满5年以上的,根据本人意愿可以流动到原籍或除直辖市以外的其他地区工作,凡落实了接收单位的,接收单位所在地区应准予落户;需要人事代理服务的,由有关机构提供全面的免费代理服务。对毕业后自愿到艰苦地区、艰苦行业工作,服务达到一定年限的学生,其在校期间的国家助学贷款本息由国家代为偿还。到艰苦边远地区和国家扶贫开发工作重点县就业的,可提前执行转正定级工资,高定1~2档工资标准。

(2)鼓励高校毕业生到农村工作和服务的优惠政策。从2005年起连续5年,每年招募2万名左右高校毕业生,主要安排到乡镇开展支教、支农、支医和扶贫工作,时间一般为2~3年,工作期间给予一定的生活补贴。安排到西部地区农村中小学、医疗卫生机构和农技推广服务机构工作的高校毕业生,其生活补贴由财政安排专项经费予以支付。服务期满后,进入市场自主择业,有关部门应协助在本系统内推荐就业。在今后晋升中高级职称时,同等条件下应优先评定。对报考公务员的,可以通过适当增加分数以及其他优惠政策,优先录用。对于已被录取为研究生的应届高校毕业生到基层服务的,为其保留学籍2年;对于到西部地区和艰苦边远地区服务2年以上的高校毕业生报考研究生的,应适当给予优惠并在同等条件下优先录取。

(3)鼓励高校毕业生进村、进社区工作的优惠政策。要把引导和鼓励高校毕业生面向基层就业同加强基层组织建设结合起来,从2006年起,国家每年有计划地选拔一定数量的高校毕业生到农村和社区就业。到城市社区就业的,其薪酬可由所在地财政和社区共同解决。到农村就业的,可通过法定程序安排担任村党支部、村委的相应职务,市县两级政府可给予适当的生活补贴,其人事档案由县级人事部门管理。要把这批人员作为将来补充乡镇、街道干部的重要来源。对工作2年后报考公务员的,要采取适当增加分数以及其他优惠政策,优先录用;报考研究生的,应适当给予优惠并在同等条件下优先录取。争取用3~5年时间基本实现全国每个村、每个社区至少有1名高校毕业生的目标。

1.2.2 毕业生就业渠道方面

各类中小企业和非公有制单位是高校毕业生就业的重要渠道。国家要求各级党委和政府要为高校毕业生到这些企业和单位就业营造氛围、疏通渠道、创造条件,大力支持各类中小企业和非公有制单位聘用高校毕业生。对非公有制单位聘用非本地生源的高校毕业生,省会及省会以下城市要取消落户限制。对到中小企业和非公有制单位就业的高校毕业生,在专业技术职称评定方面,要与国有企业员工一视同仁;对他们当中从事科技工作的,在按规定程序申请国家和地方科研项目和经费、申报有关科研成果或荣誉称号时,要根据情况给予重视和支持。要依法加强对各类企业签订劳动合同、兑现劳动报酬和缴纳社会保险情况的监督检查,维护到中小企业和非公有制单位就业的高校毕业生的合法权益。到非公有制单位就业的高校毕业生,参加了基本养老保险的,今后考录或招聘到国家机关、事业单位工作,其缴费年限可合并计算为工龄。

相关案例

胡佩同学是一所高职学校的学生,还没有毕业就到一家民营企业边打工、边实习。毕业后,他多次跳槽,先后在四个公司工作过。时间一晃就是两年,他终于在省会城市一家单位签订了就业协议书,他高兴地回到学校办相关手续时发现,由于毕业时工作太忙没有及时回学校办理户口迁移和档案转递和托管手续,他的户口已经迁回原籍——一个地级市。他拿着报到证、户口迁移证和档案找到省毕业生就业指导中心,要求留在省城工作。虽然文件规定,对非公有制单位聘用非本地生源的高校毕业生,省会及省会以下城市要取消落户限制,但是当地政府同时规定,超过两年,户口已迁回原籍的高校毕业生不能办理省会城市入户手续。胡佩同学由此错过了时间,所签协议的单位有言在先,没有本城市户口,协议无效。

1.2.3 毕业生就业方式方面

随着经济发展的多样化、社会生活的多样化,工作方式也需要多样化。为鼓励毕业生解放思想,转变就业观念,在就业时不等不靠、不挑不拣,勇于到市场经济大潮中拼搏竞争,国家鼓励和支持高校毕业生以灵活方式就业。国家规定,高校毕业生从事个体经营的,除国家限制的行业外,自工商行政管理部门登记注册之日起3年内免缴登记类、管理类和证照类的各项行政事业性收费。对自主创业且符合条件的毕业生,在其自筹经费不足时,可向当地经办银行申请小额担保贷款,对从事微利项目的,贷款利息由财政承担50%。有条件的地区,可通过财政和社会两条渠道筹集"高校毕业生创业资金"。对于高校毕业生以从事自由职业、短期职业、个体经营等方式灵活就业的,各级政府要提供必要的人事劳动保障代理服务,在户籍管理、劳动关系形式、社会保险缴纳和保险关系接续等方面提供保障。

相关案例

毕业生小李一心想要自己创办一个休闲服务项目的公司，但苦于资金不够，听说政府对学生自主创业给予小额贷款，便兴冲冲地来到学校毕业生就业指导中心找老师贷款。学校毕业生就业指导中心的老师接待他说，小额贷款肯定有，但如何贷款、到什么地方去申请要以有关文件为准。结果，小李没有贷到款，原因是，文件规定的贷款资格是进行了失业登记的毕业生，而小李之前并没有进行失业登记。

1.2.4 毕业生就业市场方面

为了加强毕业生就业市场化建设，国家文件要求各地方在加强宏观调控力度，促进高校毕业生面向基层的同时，要进一步解放思想，转变观念，坚持“市场导向、政府调控、学校推荐、学生和用人单位双向选择”的改革方向，制定和完善各项政策，充分发挥市场机制在高校毕业生资源配置中的基础性作用。要采取措施实现高校毕业生就业市场与人力资源市场的相互贯通，实现网上资源信息共享，更好地为高校毕业生和用人单位服务。文件要求进一步整顿和规范高校毕业生就业市场秩序，保护毕业生就业权益，加强对各类就业招聘活动的监管。各地要按照职责分工和属地化管理的原则，对涉及高校毕业生就业的招聘活动建立审批制度，严格控制大规模招聘会，加强对招聘活动的安全保卫措施。应届高校毕业生就业招聘会应主要在高校内主办。跨省（自治区、直辖市）举办的高校毕业生就业招聘会，须经当地省级人民政府主管部门批准，并接受其监督。

相关案例

小马同学品学兼优，他来自农村，家里为了供他读书借债度日，他在学校也申请了助学贷款。眼看就要毕业了，他决心要找一个工资高一些的单位，早点还掉上学的欠款。小马所学的城市规划专业社会需求比较大，找工作比较顺利，最终他选择了某大城市规划研究中心，月薪3 000元，其他待遇也令小马很满意。协议很快就签订了，不久学校也列入了就业方案，开具了报到证。就在这个节骨眼上，单位抱歉地通知他，因为招人计划没有得到主管部门批准，协议不能执行。小马感到不解，既然没有计划，为什么要招人！为什么这么长时间隐瞒不说！比较好的单位已经招聘完了，我的损失怎么解决！事与愿违，小马不知道一些单位只有选择权，没有决定权。为了抢先选择优秀毕业生，他们采取一边报计划一边招聘的办法，这使得毕业生只有赌运气了。小马遇到的这种情况几乎每年都有毕业生反映，毕业生应加强与用人单位的沟通，单刀直入地了解用人单位是否有招人计划，避免此类事情发生。万一发生了这样的情况，可通过法律手段进行维权。

1.2.5 毕业生失业保障方面

毕业生失业保障方面的政策是目前毕业生就业政策中急需研究和加强的部分，目前这方面的政策还很少。已有的是，毕业半年以上未能就业并要求就业的高校毕业生，可持学校证明到入学前户籍所在地城市或县劳动保障部门办理失业登记。劳动保障部门所属的公共职业介绍机构和街道劳动保障机构应免费为其提供就业服务。对已进行失业登记的高校毕业生，有条件的城市、社区可组织其参加临时性的社会工作、社会公益活动，或到用人单位见习，给予一定报酬。对于因患病等原因短期无法工作并确无生活来源者，由民政部门参照当地城市低保标准，给予临时救助。此项费用由地方财政列支。县及县以上劳动保障部门要设立专门窗口，除凄待失业登记的毕业生，对以自由职业、短期职业、个体经营等方式灵活就业的高校毕业生也要登记，为其提供劳动保障代理服务，在劳动关系形式、社会保险缴纳和保险关系接续等方面提供保障。

民政部门要按照有关政策和规定，对符合条件的困难家庭高校毕业生给予最低生活保障或临时救助。凡高校毕业生（含大学专科、大学本科、研究生）因患病等原因短期无法就业且生活困难的，由高校毕业生户籍迁入地所在民政部门参照当地低保标准，给予临时救助，享受临时救助的时间最长不得超过一年，一年后家庭生活仍有困难的，按有关规定申请享受最低生活保障或其他社会救济。

相关案例

章成同学签订协议书时，企业有一个附加协议，主要内容是：①公司发给章成同学的月工资3 000元为税前工资。②公司除支付工资外，不再提供任何福利待遇。③若就业协议与本附加协议的内容有冲突，以本附加协议为准。章成同学上班以后，企业一直没有给他办理有关的劳动保险。他找到人力资源部询问，答复是附加协议很清楚，除工资外，企业不再提供任何福利待遇，企业视劳动保险为一种福利。为此，章成到劳动保障部门咨询，得到了不同的答复，即企业所签订的附加条款中的第二、三项属无效条款。经过据理力争，企业终于为章成同学办理了劳动保险。

1.2.6　毕业生户口档案方面

国家规定，要为高校毕业生办理户口和人事档案手续提供便利。对毕业离校时未落实工作单位的高校毕业生，本人要求户口和人事档案保留在学校的，按规定保留两年。在此期间，档案管理机构对保管其档案免收服务费用。本人要求将户口转回入学前户籍所在地的，公安机关应当按照户籍管理规定为其办理落户手续，人事部门所属人才交流服务机构免费提供人事代理服务。本人落实工作单位后，公安机关按有关规定办理户口迁移手续。

省会及省会以下城市放开对吸收高校毕业生落户的限制。省会以上城市也要根据需要，积极放宽高校毕业生就业落户规定，简化有关手续。公安部门对应届毕业生凭用人单位与毕业生签订的就业协议书和高校毕业生所持的《普通高等学校毕业证书》、《全国普通高等学校毕业生就业报到证》办理其落户手续；对非应届毕业生凭用人单位录（聘）用手续、劳动合同和《普通高等学校毕业证书》办理其落户手续。

相关案例

毕业生小丽和肖强经过几年爱情长跑准备买房结婚，看中一处楼盘，决定贷款买下来。签协议时，乙方需要甲方出具户口证明，两人傻了眼。两人还没有毕业就在外面打工，现在工作的这家公司是一家民营公司，未办理任何手续，也不管他们有没有本市的户口，因此他们离校时没有意识到要办自己的户口和档案的转递。现在他们也搞不清自己的户口是在学校还是在其他地方。小丽赶到学校查找，就业中心的老师说，因为他们离校时没有办理就业报到证和户口迁移手续，学校只好把他们的户口迁回了原籍。现在小丽要求把户口签到自己工作的城市,因为已超过择业期,不能再按照毕业生就业手续办理,只能按照人事调动方式来解决。这使得小丽和肖强为此又花费了大量的时间和精力,工作受到影响,看中的房子也没有买成。

1.2.7 毕业生就业指导方面

有关文件强调,要实现就业指导服务的“机构到位、人员到位、经费到位”,运用多种手段全面加强毕业生就业指导工作;从2008年起,提倡所有普通高校开设职业发展与就业指导课程,并作为公共课纳入教学计划,贯穿学生入学到毕业的整个培养过程。

相关案例

近期,学校就业指导办公室的夏老师接待学生咨询时,不论是去企业的、事业单位的,还是下基层的同学都问到同一个问题,即什么是“人事代理”? 为此,夏老师专门到省人才中心去请教。原来所谓的人事代理,是指各级政府人事部门所属的人才交流服务机构或人事代理机构,受代理对象的委托,为那些无主管单位、不需要具备人事管理权限的单位、要求委托人事代理的其他企事业单位及自费出国、以辞职等方式流动后尚未落实单位的各类专业技术人员和管理人员,提供档案保管和有关人事方面的服务工作。夏老师进一步了解到人事代理服务的主要事项如下:

(1)人事档案保管。

(2)负责办理代理单位接收的应届毕业生见习期转正手续。

(3)按有关规定代办养老保险和失业保险并计算工龄。

(4)接受人事关系、党团组织关系的挂靠。

(5)按国家政策规定代办档案工资定级、调资手续。

(6)办理人才流动手续。

(7)代办专业技术职务任职资格初定、申报手续。

(8)办理挂靠人员考研、出国、出境的政审手续。

(9)协助推荐尚未落实就业单位的代理人员就业。

(10)商定其他人事代理事项。

回到学校后,夏老师把有关人事代理的内容和申请办法挂在了学校就业网站上,使更多的同学能够了解。

1.2.8 毕业生就业管理方面

毕业生就业工作是一项政策性比较强、关系到千家万户切身利益的工作。在管理方面有一系列政策和规定,主要是:①毕业生户口迁移政策。②应届毕业生报考公务员的政策。③应届毕业生到部队就业的政策。④申请出国留学的应届毕业生政策。⑤患病毕业生和残疾毕业生就业政策。⑥第二学士学位毕业生就业政策。⑦定向毕业生就业政策。⑧少数民族预科班、民族班就业政策。

有关规定还有:①签订毕业生就业协议书的规定。②统一使用报到证的规定。③报到后工资、工龄的规定。④毕业生就业去向调整的规定。⑤结业生就业规定。⑥毕业生失业登记有关规定。⑦毕业生申请不就业规定。⑧毕业生档案管理规定。

其他规定还有:各级国家机关和事业单位招录工作人员,不得违反国家规定设立收费项目。政府举办的公共就业服务机构、人才交流服务机构、高校毕业生就业指导服务机构应向高校毕业生提供免费职业介绍服务。上述机构举办的就业招聘会,对应届高校毕业生免收门票。

1.3 毕业生就业手续办理

高校毕业生在就业活动中要办理各种就业手续,学习和了解各种就业手续的办理对毕业生顺利就业非常重要。

1.3.1 派遣

派遣和接收是就业活动的重要环节,相关部门针对这一环节作了一系列相关规定。

(1)报到期限的规定。毕业生的报到期限一般为1个月。若因为某种特殊原因,如生病、外出遇灾未归等,不能按期报到,应采取书信、电话、E-mail等形式向接收单位请假并说明情况;否则,用人单位有权拒收。

(2)报到后工资、工龄的规定。毕业生上半月报到的,发全月工资;下半月报到的,发半月工资。

(3)见习试用期的规定。根据国家有关文件规定,高校毕业生到达工作岗位后,事业单位实行见习试用期1年,私企按照双方约定算,一般为3~6个月。

(4)定期服务的规定。根据国家有关文件规定,经见习合格后,毕业生必须到就业的工作单位连续服务五年(毕业研究生无见习期),服务期满后允许合理流动。

(5)有关费用的规定。凡纳入国家就业方案的毕业生,可免缴城市增容费。各有关部门也不得向毕业生收取上岗押金、风险抵押金等不合理费用。

1.3.2 接收

用人单位与毕业生不得随意变动就业方案。如发现错派或确属调配不当,由用人单位和派出学校协商解决,不能单方面将学生退回。有以下情形者,按社会待业人员处理:第一,不顾国家需要,坚持个人无理要求,经多方教育仍拒不改正的;第二,自派遣之日起,无正当理由超过3个月不去就业单位报到的;第三,报到后,拒不服从安排或因无理要求被用人单位退回的;第四,其他违反毕业生就业规定的。

1.3.3 报到

根据教育部规定,目前全国统一使用《全国普通高等学校毕业生就业报到证》和《全国毕业研究生就业报到证》(简称《报到证》)。报到证由教育部授权各省(自治区、直辖市)主管毕业生调配部门审核签发,特殊情况可由教育部直接签发。用人单位一律凭报到证接收毕业生,各地公安机关凭报到证办理落户手续。

1.3.4 落户

落实就业单位的毕业生,由用人单位持学生本人报到证、毕业证、签订的就业协议书、户口迁移证到单位所在地的公安(分)局户籍科盖章后,到派出所办理落户手续。未落实就业单位(包括单位不解决户口及人事档案关系)的毕业生需要办理户口迁移手续的,自离校之日起3个月内,可以持报到证、户口迁移证、毕业证、户口簿到家庭所在生源地的毕业生就业主管部门和家庭所在地的县(市、区)公安(分)局办理落户手续。

1.3.5 关系转递

已经落实工作单位的毕业生,毕业后持报到证到用人单位报到,档案由学校寄送到用人单位或其上级主管部门。未落实工作单位毕业生的档案,学校寄送到生源所在地的毕业生就业主管部门。办理调整改派毕业生的档案,由原单位或原单位的上级毕业生就业主管部门根据改派意见,寄送到新用人单位或新单位的上级毕业生就业主管部门。对毕业离校时未落实工作单位的高校毕业生,本人改为办理暂缓就业手续者,按国家规定暂缓派遣两年,档案由学校统一转到当地毕业生主管部门保留两年。本人要求将户口转回入学前户籍所在地的,公安机关应当按照户籍管理规定为其办理落户手续,档案可转入户口所在地人事档案服务机构。

党团关系到所在学校的党团组织部门办理,然后按照规定到工作单位上级有权接收组织关系的部门办理组织关系接转。

相关链接

湖北省高校毕业生就业手续的办理程序(摘录)

一、毕业生派遣手续办理程序

(一)学校集中办理:应届毕业生离校前由学校集中办理

毕业生在毕业离校前已与用人单位签订就业协议的,或申请将户口档案转回原籍或户档托管机构需办理《报到证》的,由学校根据就业协议书或户档托管申请表等有关材料统一上报就业方案,经省级毕业生就业主管部门审核后,集中办理《报到证》。《报到证》的通知书联(白色联)由学校归入学生档案,报到证联(有色联)待学生毕业离校之前发放给本人交与用人单位办理报到手续。

(二)个人办理:毕业生离校前学校未替其办理《报到证》,毕业生在两年择业期内可申请个人办理

1. 材料准备

(1)《个人办理报到证申请表》(由学校审核填写);

(2)与用人单位签订的《就业协议书》或《接收函》(需市县毕业生就业主管部门、省直及中央单位人事部门出具);或与户档托管部门签订的托管协议;或证明毕业生原籍的有效证件复印件,如身份证、户口本、户口迁移证等;

(3)毕业证复印件(毕业证须在《中国高等教育学生信息网》中成功查询)。

2. 学校通过办公信息系统上报派遣数据,生成报到证号,并确认打印

3. 携带上述材料到省就业指导中心高校窗口审核办理《报到证》

毕业生将办理好的《报到证》联(有色联)交用人单位办理报到和落户手续,通知书联(白色联)送档案所在部门归入档案。

二、毕业生调整就业去向(改派)手续办理程序

指毕业生在两年择业期内因各种情况需改变就业去向,即派遣单位发生变化需重新办理《报到证》。

1. 材料准备

(1)《个人办理报到证申请表》(个人办理时所需,由学校审核填写)或《申请报告》

（学校集中办理时所需）；

（2）与原用人单位解除关系的证明原件（若无就业单位需派回原籍的，此材料可略）；

（3）与用人单位签订的就业协议书或接收函（需市县毕业生就业三管部门、省直及中央单位人事部门出具）；或与户口档案托管部门签订的托管协议；或证明毕业生原籍的有效证件复印件，如身份证、户口本、户口迁移证等；

（4）原《报到证》有色联原件。

2. 学校通过办公信息系统上报改派数据

3. 携带上述材料到省就业指导中心高校窗口审核办理新《报到证》

毕业生将办理好的《报到证》联（有色联）交用人单位办理报到和落户手续，通知书联（白色联）送档案所在部门归入档案。

三、报到证遗失补办手续办理程序

（一）两年择业期内

1. 材料准备

（1）《个人办理报到证申请表》（个人办理时所需，由学校审核填写）或《申请报告》（学校集中办理时所需）；

（2）公开发行的报纸上刊登遗失声明或证明《报到证》遗失的有效材料。

2. 携带上述材料到省就业指导中心高校窗口审核补办《报到证》

毕业生将办理好的《报到证》联（有色联）交用人单位办理报到和落户手续，通知书联（白色联）送档案所在部门归入档案。

（二）超过两年择业期

1. 材料准备

（1）学校毕业生就业部门出具的证明；

（2）学校毕业生就业部门盖章的毕业生派遣名册复印件；

（3）学校毕业生就业部门盖章的招生录取名册复印件；

（4）毕业证复印件。

2. 携带上述材料到省就业指导中心高校窗口审核签字盖章

四、《报到证》修改手续办理程序

《报到证》上的姓名、性别、专业、学历、学制、单位所在地区、备注等项目有误，需修改时应遵守该程序。

1. 材料准备

（1）《个人办理报到证申请表》（个人办理时所需，由学校审核填写）或《申请报告》（学校集中办理时所需）；

（2）原《报到证》联（有色联）原件；

（3）相关证明材料（姓名、性别、专业、学历、学制等项修改需提供的证明材料是毕业证复印件，毕业证须在《中国高等教育学生信息网》中成功查询），报到地点及备注等项修改需提供的证明材料是协议书或接收函。

2. 携带上述材料到省就业指导中心高校窗口审核办理新《报到证》

毕业生将办理好的《报到证》联（有色联）交用人单位办理报到和落户手续，通知书联（白色联）送档案所在部门归入档案。

2 就业协议书与劳动合同

大学生面临毕业时总要遇到与用人单位签订劳动合同的问题。而这时,学校也往往要求毕业生签订就业协议书。那么,劳动合同与就业协议书是什么?它们有什么样的作用?两者之间又有着何种关系呢?

2.1 就业协议书与劳动合同的区别

2.1.1 就业协议书

20 世纪 90 年代初以来,随着我国市场经济体制的建立和完善,高等教育人才培养制度也发生了重要的改革,尤其是大学生毕业分配制度成功实现了"两包"向"两自"的转变,即由计划经济体制下的"包当干部、包分配"逐步转变为与市场经济体制相适应的"双向选择、自主择业"制度。

1997 年,教育部高校学生司下发《关于统一使用〈全国普通高等学校毕业生就业协议书〉的通知》(教学司[1997]118 号),明确在全国高校毕业生就业工作中统一使用《全国普通高等学校毕业生就业协议书》(简称就业协议书)。经过多年使用,目前就业协议书已被高校、学生、用人单位、有关部门及社会普遍认可,在促进毕业生就业、维护毕业生和用人单位的合法权益及高校毕业生就业工作秩序等方面发挥了重要作用。

2009 年,教育部高校学生司再次下发通知,要求各省级高校毕业生就业工作主管部门牵头负责,以省(自治区、直辖市)为单位,结合本地实际,对就业协议书的内容和形式进行修订和完善,并可根据实际需要增加有关内容。修订后的就业协议书由各省级高校毕业生就业工作主管部门或高等学校印制,由高等学校统一发放给毕业生。从 2010 届普通高校毕业生开始,各省(自治区、直辖市)原则上使用修订后的就业协议书。由于各地区就业工作实际情况不同,就业协议书内容和条款也不尽相同,存在一定差异。

2.1.1.1 就业协议书的地位和作用

就业协议书,是普通高等学校毕业生和用人单位在正式确立劳动人事关系前,经双向选择,在规定期限内就确立就业关系、明确双方权利和义务而达成的书面协议;是用人单位确认毕业生相关信息真实与否以及接收毕业生的重要凭据;是高校进行毕业生就业管理、编制就业方案以及毕业生办理就业落户手续等有关事项的重要依据。

依据高校毕业生就业工作的有关规定,毕业生在与用人单位进行双向选择、达成就业意向后,毕业生、用人单位以及学校等有关各方必须签订就业协议书。此协议经毕业生、用人单位、学校等有关各方签署意见后生效,并以此作为学校制订就业方案和进行就业派遣的依据。未经学校同意,毕业生擅自签订的就业协议书无效。

2.1.1.2 就业协议书的基本内容

(1)高校毕业生基本情况,应包括姓名、性别、身份证号、专业、学制、毕业时间、学历、联系方式等。

(2)用人单位基本情况,应包括单位名称、组织机构代码、单位性质、联系人及联系方式、档案接收地等。

(3)高校毕业生和用人单位约定的有关内容,可包括工作地点及工作岗位,户口迁入地，违约责任，协议自动失效条款、协议终止条款，双方约定的其他事宜。

(4)高校毕业生和用人单位签字盖章承诺履行协议，高校有关信息及意见。

(5)明确协议书的使用范围，即国家计划内统招非定向毕业生(含高职/高专毕业生、本科毕业生、毕业研究生)；定向生、委培生按定向委培协议就业，不使用就业协议书。

2.1.1.3　签订就业协议书的基本要求

(1)毕业生应按国家有关政策求职就业，有义务向用人单位如实介绍自己的情况，表明自己的就业意愿，在规定的时间内到用人单位报到。若遇到特殊情况不能按时报到，需征得用人单位的同意。

(2)用人单位应如实介绍本单位的情况，明确对毕业生的要求及使用意图，做好毕业生接收工作。凡取得毕业资格的毕业生，用人单位不得以学习成绩为由提出解除协议。未取得毕业资格的结业生，就业协议无效。

(3)学校要如实向用人单位介绍毕业生的有关情况，做好推荐工作。用人单位同意录用毕业生后，经审核列入学校就业方案，报省(自治区、直辖市)教育行政主管部门批准或备案后，学校负责办理就业派遣手续。

(4)毕业生、用人单位、学校如有其他约定，应在备注栏注明，并视为就业协议的一部分。

(5)就业协议书经各方签字、盖章后生效。签约各方都应严格履行就业协议。如有一方提出变更或解除协议，须征得其他签约方的同意，并承担相应违约责任。

(6)就业协议一式三份，毕业生、用人单位、学校各执一份，复印无效。

相关链接

高校毕业生就业协议书

编号：

<table>
<tr><td rowspan="6">甲方</td><td colspan="2">用人单位名　称</td><td colspan="2"></td><td>组织机构代　码</td><td></td><td>单位隶属</td><td></td></tr>
<tr><td colspan="2">联系人</td><td colspan="2"></td><td>联系电话</td><td></td><td>E-mail</td><td></td></tr>
<tr><td colspan="2">通信地址</td><td colspan="4"></td><td>邮政编码</td><td></td></tr>
<tr><td colspan="2">单位性质</td><td colspan="6">□国有企业□三资企业□其他企业□机关□部队□科研设计单位□高等教育单位
□中初教育单位□医疗卫生单位□其他事业单位□科研助理□农村建制村□城镇社区</td></tr>
<tr><td rowspan="2">档案接收</td><td>单位名称</td><td colspan="4"></td><td>邮政编码</td><td></td></tr>
<tr><td>详细地址</td><td colspan="4"></td><td></td><td></td></tr>
<tr><td rowspan="5">乙方</td><td>姓名</td><td></td><td>性别</td><td></td><td>出生日期</td><td></td><td>政治面貌</td><td></td></tr>
<tr><td>毕业学校</td><td colspan="3"></td><td>学历</td><td></td><td>学号</td><td></td></tr>
<tr><td>专业</td><td colspan="2"></td><td>毕业时间</td><td colspan="2"></td><td>E-mail</td><td></td></tr>
<tr><td>通信地址</td><td colspan="3"></td><td>邮政编码</td><td></td><td>联系电话</td><td></td></tr>
<tr><td>家庭地址</td><td colspan="3"></td><td>邮政编码</td><td></td><td>联系电话</td><td></td></tr>
</table>

甲乙双方按照国家毕业生就业政策及相关规定，遵守诚实、守信的原则，在平等自愿、协商一致的基础上，达成如下协议：

一、甲方应保证如实向乙方介绍本单位情况，以及乙方应录（聘）工作岗位的情况，现通过对乙方的了解、考核，同意录（聘）用乙方；乙方应保证如实向甲方介绍自己的情况，现通过对甲方的了解，愿意到甲方就业并在本协议约定期限内报到。

二、本协议是甲乙双方在正式确立劳动人事关系前，经双向选择，双方互为确认对方相关信息真实可靠并承诺在本协议规定的期限内建立劳动人事就业关系的依据。

三、甲方录（聘）用乙方工作期限为自______之日起____年，工作岗位为________________，工作地点为____________，报到期限为______年____月前，报到地点为________________。

四、乙方被录（聘）用后，乙方试用期为____天，在试用期内乙方的劳动报酬（包括工资和相关福利）起薪为____________元，在试用期满转正后乙方的劳动报酬（包括工资和相关福利）起薪为____________元。

五、甲方录（聘）用乙方工作期间，甲方按国家法律、法规、政策规定为乙方缴纳社会保险（包括养老、医疗、失业、工伤、生育等保险），提供相关的福利，以及符合国家规定的劳动安全卫生条件和劳动防护用品。

六、甲乙双方协商解决乙方落户问题，乙方户口迁往____落户。

七、甲乙双方就乙方因录用为公务员、升学（留学）、参加（选调生、选聘生、大学生志愿服务西部计划、“三支一扶”、农村特岗教师计划、入伍等）国家及地方政府项目就业，无法履行本协议的情况达成如下约定：____。

八、甲方在招聘时所提供的带有承诺内容的宣传材料作为本协议的附件；乙方在应聘时所提供的自荐材料亦作为本协议的附件。

九、双方签订就业协议书后，应在15个工作日内由甲方将本协议的第四联报甲方上级主管部门备案；由乙方将本协议的第三联报乙方所在学校毕业生就业工作部门登记，并由学校毕业生就业工作部门列入毕业生就业方案，办理就业相关手续。

十、甲乙双方应全面履行协议。一方违约，另一方可依法追究其违约责任，并要求其赔偿相关损失。如甲方或乙方未如实向对方介绍自己一方情况或隐瞒不良事实，对方可单方解除本协议，不承担违约责任。

十一、甲乙双方协商一致，可以变更协议中双方约定的条款或解除协议。变更或解除协议，应采用书面形式，由甲乙双方各执一份。

十二、符合下列情况之一，经书面告知对方后，本协议解除：①甲方被撤销或依法宣告破产；②乙方报到时未取得毕业资格；③乙方被判处拘役以上刑罚或者被劳动教养；④法律、法规、政策规定的其他情况。

十三、甲乙双方因履行本协议发生争议，由甲、乙双方协商解决，或提请有关部门协调解决，也可直接向人民法院提起诉讼。

十四、本协议一式四份，由乙方所在学校提供。甲方、乙方、乙方所在学校、甲方上级主管部门各执一份。

十五、本协议经甲乙双方签字盖章后生效。未尽事宜，由甲乙双方另行约定，视为本协议书的一部分。甲乙双方订立劳动合同（聘用合同）后，本协议自动终止。

甲方（用人单位公章）：　　　　　　　　　　乙方（毕业生）：

经办人签名：　　　　　　　　　　　　　　　签名：

年　月　日　　　　　　　　　　　　　　　　年　月　日

用人单位主管部门（公章）：

年　月　日

学校名称：湖北水利水电职业技术学院

学校毕业生就业工作部门：毕业生就业指导办公室　　院（系）（公章）：

通信地址：武汉市洪山区珞狮南路306号　　经办人：　　年　月　日

邮政编码：4300070

联系电话：027－87378373

就业网址：http://xzjg. hbsy. cn/jyzd

邮　　箱：job12982@163. com

湖北省高等学校毕业生就业工作办公室
湖北省高等学校毕业生就业指导服务中心　印制

2.1.2 劳动合同

大学生经过努力落实了工作或与用人单位确定了工作意向,并不意味着完成就业。对于初涉职场的大学生来说,就业之前还有一个关键环节,就是与用人单位签订劳动合同,它是劳动者合法权益得到有力保障的重要举措之一。

劳动合同制度是1995年我国《劳动法》颁布实施以来在各类企业中推行的一种用工制度。2008年1月1日起施行的《劳动合同法》进一步明确规定,用人单位与劳动者依法建立劳动关系,应该订立书面劳动合同。2012年12月修订颁布的《劳动合同法》第六十六条也强调了"劳动合同用工是我国的企业基本用工形式"。

所谓劳动合同,就是在市场经济体制下施行劳动合同制过程中,用人单位与劳动者依法进行双向选择,确定劳动关系,明确双方权利和义务而达成的书面协议,是保护劳动者合法权益的基本依据。《劳动法》第十六条明确规定:劳动合同是劳动者与用人单位确立劳动关系、明确双方权利和义务的协议。

依照《劳动合同法》规定,订立劳动合同,应当遵循合法、公平、平等自愿、协商一致、诚实信用的原则。依法订立的劳动合同具有约束力,用人单位与劳动者应当履行劳动合同约定的义务。劳动合同一般应载明劳动合同期限、工作内容和工作地点、工作时间和休息休假、劳动报酬和劳动保险、劳动保护、劳动条件和职业危害防护、劳动合同终止、违反劳动合同的责任等条款,对双方当事人具有约束力。

2.1.3 就业协议书与劳动合同的关系

2.1.3.1 就业协议书具有合同的属性

我国《合同法》第二条明确规定:合同是平等主体的自然人、法人和其他组织之间设立、变更、终止民事权利义务关系的协议。高校毕业生所签订的就业协议书从本质上讲属于广义上的合同。首先,就业协议书的主体是高校毕业生(自然人)和用人单位(法人或其他组织),他们在签订就业协议书时的法律地位是平等的;其次,就业协议书是双方意思表示一致后达成的,任何一方都不得将自己的意志强加给另一方;最后,就业协议书所涉及的权利义务均属于我国民事法律调整的范围,所以说就业协议书具有合同的属性。就业协议书作为确定劳动关系的依据,具有劳动合同的部分特征。

签订就业协议书是毕业生、用人单位双方在平等互利的基础上进行的民事法律行为,其目的在于构建双方的劳动法律关系。其他任何人或单位、组织非依法定的事由不得对毕业生和用人单位的签订就业协议书的行为加以干涉。

劳动合同表明劳动者和用人单位间确立了劳动关系,而毕业生和用人单位确定的就业劳动关系的依据是就业协议书。

就业协议书是一种双方承诺的毕业生就业意愿书面合同。由于就业协议是确立毕业生就业关系的一种协议,用人单位与毕业生之间的就业争议、纠纷应遵循就业协议中的有关规定。

2.1.3.2 就业协议书不能取代劳动合同

虽然说就业协议书具有劳动合同的部分特征,但不等同于劳动合同。就业协议书作为一份简单的格式文本,很多诸如工作岗位、工作条件等劳动合同必备条款并不在其中直接体现。因此,单凭就业协议,毕业生就业后的劳动权利无法得到全面的具体保障。

另外,就业协议书仅仅是毕业生与用人单位确定就业意向的依据,它只是双方下一步确立劳动关系的前提和准备。如果毕业生在报到后与用人单位始终未签订劳动合同,双方一旦发生纠纷,毕业生就会处于不利的局面。根据《劳动合同法》的有关规定,劳动合同是劳动者与用人单位确立劳动关系、明确双方权利和义务的协议,应当以书面形式订立。因此,就业协议书做出了某些限定,即毕业生到用人单位报到后最长不超过一个月双方应订立劳动合同。此时如果用人单位以种种借口不与毕业生订立劳动合同,毕业生应当拿起法律武器保护自己的合法权利。

2.1.3.3 就业协议书与劳动合同区别

就业协议书与劳动合同之间的较大差异,主要体现在两者订立的法律依据、适用的主体、订立的时间段、约定的内容等方面,具体如下:

(1)适用的法律依据不同。劳动合同的适用依据是《劳动法》、《劳动合同法》,而就业办议适用依据为教育部颁发的《普通高等学校毕业生就业工作暂行规定》和有关政策,两者法律效力差异明显。

(2)适用的主体不同。就业协议书专指高等学校应届毕业生与用人单位签订的就业工作协议;而劳动合同是指劳动者与用人单位之间确立劳动关系、明确双方权利与义务的协议,这些劳动者可以是高校毕业生,也可以是其他者,只要双方当事人协商一致,符合国家的法律、行政法规,无欺诈、胁迫等行为,经双方签字盖章,合同即生效。学校不是劳动合同的见证方。

(3)约定的内容不同。依据《劳动合同法》的规定,劳动合同的内容比较详细,劳动权利义务也更为明确,一般应载明劳动合同期限、工作内容和工作地点、工作时间和休息休假、劳动报酬和劳动保险、劳动保护、劳动条件和职业危害防护等条款,对双方当事人具有约束力。而就业协议的条款就比较简单,主要是毕业生应如实介绍自身情况,并表示愿意到该用人单位就业,用人单位表示愿意接收毕业生、学校同意推荐该毕业生并承诺将其列入就业方案办理有关就业派遣手续。一经毕业生、用人单位、高校、用人单位主管部门签字盖章,即具有一定的法律效应,是编制毕业生就业计划和将来可能发生违约情况时的判断依据。

(4)适用的人员不同。依据劳动合同有关规定,凡是与我国境内的企业、个体经济组织、民办非企业单位等组织,以及国家机关、事业单位、社会团体建立劳动关系的劳动者,均可适用劳动合同。而就业协议适用的人员相对单一,对签约学生来说仅适用于全国普通高校毕业生、毕业研究生(定向、委培毕业生除外),对签约单位一方限定为必须可以接收或委托人才机构接收毕业生人事档案关系和解决户口的用人单位。

(5)签订时间不同。就业协议是毕业生在就业求职过程中,与用人单位双向选择达成就业意向后签订的,一般情况下是在毕业离校前签订。如果毕业生与用人单位在工资待遇、住房等方面有事先约定,可在就业协议的备注条款中约定注明。劳动合同通常情况下是毕业生到用人单位报到后订立的。2008 年 1 月起施行的《劳动合同法》允许用人单位在招用劳动者进入工作岗位之前,先与劳动者订立劳动合同。对于这种情况,其劳动关系从用工之日起建立,其劳动合同期限、劳动报酬、试用期、经济补偿金等均从用工之日起计算。

2.2 签订就业协议书或劳动合同的注意事项

2.2.1 签订就业协议书的注意事项

毕业生与用人单位经过双向选择达成就业意向后,必须签订由学校统一发放的《全国普通高等学校毕业生就业协议书》,毕业生与用人单位签订的其他就业协议书无效。为了维护就业协议的严肃性,保证学校毕业生就业工作的有序开展,每位毕业生只能与一个用人单位签订就业协议书。同时,毕业生在签订就业协议时还应注意以下方面。

2.2.1.1 查明用人单位主体资格是否合格

用人单位,不管是机关、事业单位还是企业(不包括私营企业),都必须有接收应届毕业生的权限。所谓接收应届毕业生的权限,是指用人单位能够接收或委托人才机构接收毕业生的档案,能够解决毕业生户口。如果其本身不具备接受应届毕业生的权限,则必须经其具有接受权限的上级主管部门批准同意。因此,毕业生签约前,一定要先审查用人单位的主体资格,比较全面地了解用人单位的相关情况。

2.2.1.2 注意协议条款是否明确合法

协议书的内容是整个协议书的关键部分,毕业生一定要认真审查。首先,要审查协议内容是否合法,是否符合国家相关法律和政策;其次,要审查和仔细推敲双方权利和义务是否合理;最后,要审查就业协议的备注补充条款。由于全国统一式样的毕业生就业协议书内容比较简单,许多用人单位与毕业生协商后,大多采用补充条款的形式将原协议书条款中未能体现的具体权利和义务确定下来。

一般来讲,毕业生与用人单位在签约时,应尽量采用示范条款。如确有必要进行变更或增加,亦应在内容上必须明确,不要产生歧义;按照《劳动法》、《劳动合同法》及相关法律的规定,就业协议书协议内容至少应具备以下条款才能具有法律效力:服务期;工作岗位;工资报酬;福利待遇;协议变更和终止条款;违约责任等。否则,一旦发生争议,由于事先约定不明确,不利于自身合法权益的保护。如无附加条款,应当将协议书中的空白部分划去,注明以下空白或写明无其他附加条款等。

2.2.1.3 签订就业协议书的程序、内容要合乎规定

毕业生和用人单位经协商一致,签约时要注意完整地履行手续。首先,毕业生要明确表明自己的就业意愿,并签署意见;其次,用人单位以及其上级主管部门必须加盖单位公章并注明时间,不能用个人签字代替单位公章;最后,毕业生和用人单位签字后需将协议书交给学校毕业生就业主管部门备案,以便列入就业方案,并及时办理就业报到手续。

就业协议书"用人单位情况及意见"栏目中户口迁移地址和档案迁移地址是高校在毕业生毕业后为毕业生迁移户口、档案的依据,毕业生与用人签订就业协议书时,应提醒用人单位,应按照有关要求填写档案迁移单位、地址、邮编和户口迁移地址,以免造成户口、档案迁移出现错误,造成损失。由于各地相关的政策不同,具体填写要求可以咨询学校就业部门。

2.2.1.4 注意与劳动合同的衔接

由于毕业生就业协议签订在先,为避免在日后订立劳动合同时发生争议、产生纠纷,毕业生在就业过程中应就劳动报酬、试用期、住房、服务期限等劳动合同的主要条款与用

人单位事先协商，并应尽可能将其体现在就业协议的约定补充条款中，并明确表示在今后订立劳动合同时应予确认，而不应只作口头约定。劳动合同可以是学生毕业前签订、毕业后生效的，也可以是毕业后签订、立即生效的。

2.2.1.5　对协议的解除条件做事先约定

追究违约责任是保证协议履行的有效手段。由于就业协议书的内容比较简单，而实践中毕业生及用人单位违约率有不断增加的趋势，为了避免产生纠纷，建议在签订就业协议书时，通过附加条款的形式，把以后要签劳动合同的有关服务期限、福利待遇、解除合同的条件、违约责任等主要内容在就业协议书中事先约定。如果有双方需要相互承诺的部分，一定要在就业协议书或补充协议上加以说明，比如与用人单位商定的工作地点、工作岗位、培训机会、薪酬，毕业生准备升学或出国留学等。

在协议内容中须明确表述当事人双方的违约情形与违约责任，同时还应写明当事人违约后通过何种方式、途径来承担责任及解除协议。这样才有利于促进当事人双方履行协议，也有利于防止纠纷的发生和解决。

2.2.2　签订劳动合同时的注意事项

（1）签订劳动合同是用人单位的法定义务，并非可有可无。劳动合同是劳动者与用人单位确立劳动关系、明确双方权利和义务的协议。在用人单位与劳动者建立劳动关系的同时，应当订立劳动合同。由于一些用人单位与劳动者法律意识薄弱，或者一些用人单位利用其优势地位，违反法律规定，故意拖延或者拒绝与劳动者签订书面劳动合同，逃避应当履行的劳动合同义务，任意解除劳动关系，极大地损害了劳动者的合法权益。对于上述情况，《劳动合同法》第十条明确规定：建立劳动关系，应当订立书面劳动合同。已建立劳动关系，未同时订立书面劳动合同的，应当自用工之日起1个月内订立书面劳动合同。用人单位与劳动者在用工前订立劳动合同的，劳动关系自用工之日起建立。第八十二条规定：用人单位自用工之日起超过1个月不满1年未与劳动者订立书面劳动合同的，应当向劳动者每月支付两倍的工资。

（2）用人单位主体资格合法，指用人单位须经主管部门批准依法从事生产经营和其他相应的业务，享有法律赋予的用人资格或能力。

相关案例

小张从一所知名大学法学院毕业后，被一家律师事务所录用为律师助理。根据有关规定，律师助理不能独自办案，几乎没有业务提成，单位只发基本工资，也没有社会保险。该事务所负责人以事务所是合伙组织、不适用于劳动合同法为由，拒绝与他签订劳动合同。明明形成劳动关系，自身权益却因不能签订劳动合同而得不到法律保障，小张感到很困惑。

2008年9月18日施行的《劳动合同法实施条例》第三条对上述情况进行了明确规定：依法成立的会计师事务所、律师事务所等合伙组织和基金会，属于劳动合同法规定的用人单位”，都应适用劳动合同法，必须与员工签订劳动合同，并缴纳社会保险。同时，针对一些集团或单位分支机构太多的实际情况，该条例明确规定：用人单位设立的分支机构，依法取得营业执照或登记证书，有法人资格的，可跟劳动者签订劳动合同；

而没有执照或不具有法人资格的，受上级用人单位委托也能作为用人单位跟劳动者签订合同。

(3)劳动合同内容要合法。主要指劳动合同的内容不得违反法律、行政法规的强制性规定。一些用人单位对刚参加工作的大学生规定的试用期工资，有的虽然不低于最低工资标准，但却与正式员工工资相差很大，严重侵害了劳动者的合法权益。为了防止用人单位滥用试用期，《劳动合同法》对此作了明确的规定，劳动合同期限 3 个月以上不满 1 年的，试用期不得超过 1 个月；劳动合同期限 1 年以上不满 3 年的，试用期不得超过 2 个月；3 年以上固定期限和无固定期限的劳动合同，试用期不得超过 6 个月。《劳动合同法实施条例》对试用期的工资也进行了详细规定，即：劳动者在试用期的工资不得低于本单位相同岗位最低档工资的 80% 或者不得低于劳动合同约定工资的 80%，并不得低于用人单位所在地的最低工资标准。这一规定必将有利于维护大学生在试用期的权益。

(4)当事人意思表示真实。根据《劳动法》第十八条第二款的规定，采取欺诈、威胁等手段订立的劳动合同，因为违背了当事人的真实意愿，所以是无效的。另外，如果有证据证明当事人对合同内容有重大误解，这样的劳动合同也应无效。

(5)合同订立的形式合法。《劳动法》第十九条明确规定，劳动合同应当以书面形式订立。对于以口头、录音、录像等形式订立的劳动合同，均无效。

(6)劳动合同的必备条款齐全。依据《劳动合同法》的规定，劳动合同应当具备以下 9 项条款：用人单位的名称、住所和法定代表人；劳动者的姓名、住址和居民身份证号码；劳动合同期限或者终止条件；工作内容和工作地点；工作时间和休息休假；劳动报酬；社会保险；劳动保护和劳动条件；法律、行政法规规定应当纳入劳动合同的其他事项。除此之外，用人单位与劳动者可以约定试用期、培训、保守秘密、补充保险和福利待遇等其他事项。

相关案例

小赵同学在一家广告公司工作了 3 个月，刚开始的时候公司负责人说试用 2 个月后转正，并给缴纳社会保险。工作 2 个月后这位负责人又说保险不缴了，但可以每个月多给小赵 300 元作为经济补偿(经小赵打听得知，公司所有员工都没有缴保险，都在领这样的“补偿”)。请问小赵应该怎样面对这个问题呢？

我国《劳动法》第三条规定，劳动者享受社会保险和福利的权利。我国《劳动合同法》第九条中也明确规定，劳动合同中社会保险是必备条款，单位和员工应该依法参加社会保险。合同中无论有没有社会保险这一款，单位都应该依法缴纳。而在《劳动合同法实施条例》中又明确规定，用人单位未依法为劳动者缴纳社会保险费的，劳动者可与用人单位解除劳动合同。对用人单位提供的劳动合同文本未载明本法规定的劳动合同必备条款或者用人单位未将劳动合同文本交付劳动者的，由劳动行政部门责令改正；给劳动者造成损害的，应当承担赔偿责任。

针对上述情况，小赵同学可以向所在区县的劳动监察大队举报，请求劳动行政部门责令所在公司予以改正，并要求公司补缴社会保险费。

2.3 违约责任

对于高校毕业生来说,在求职就业过程中的违约责任一般可以分为两种情况:一是违反就业协议,需要承担与用人单位在就业协议书中约定的法律责任;二是违反劳动合同中的有关规定所需承担的法律责任。

2.3.1 就业协议书的违约责任

就业协议书一经签订,毕业生及签约各方均应信守诺言。如有特殊情况需要变更,需征得签约各方的书面同意;否则,提出变更的一方应承担违约责任。在就业协议书签订过程中,大多由毕业生与用人单位约定一方违约所应承担的责任,即支付一定数额的违约金。违约金的数额不同地域、不同行业的用人单位规定各不相同,甚至有的个别用人单位漫天要价,高达数万元。为保护毕业生合法权益,从2005年开始,部分地区和省市对毕业生违约金最高额提出建议标准,如不超过毕业生1个月的平均工资等。这对于防止企业在收取毕业生违约金时漫天要价的情况发生必将起到一定的制约作用,毕业生应适当了解。

对于毕业生违约后的再次就业,部分省市及高校就业主管部门在就业地域等方面予以一定的限制,如北京市有关就业政策规定,在学校上报就业方案之前解除协议的,京外生源毕业生原则上不得进京就业;在学校上报就业方案之后因为毕业生个人原因解除协议的,原则上需回生源地就业。

根据《普通高等学校毕业生就业暂行规定》有关规定,免试推荐和考取硕士、博士研究生的毕业生,在学校就业计划上报后提出不再攻读的,应回家庭所在地就业。对于自派遣之日起,无正当理由超过3个月不去就业单位报到的毕业生,以及报到后,拒不服从安排或无理要求用人单位退回的毕业生,由学校报地方主管毕业生调配部门批准,不再负责其就业。

2.3.2 劳动合同的解除

劳动合同的解除,是指劳动合同在订立以后,尚未履行完毕或者未全部履行以前,由于合同双方或者单方的法律行为导致双方当事人提前解除劳动关系的法律行为。劳动合同的解除可分为协商解除、法定解除和约定解除三种情况。我国《劳动合同法》第三十七条规定:劳动者提前30日以书面形式通知用人单位,可以解除劳动合同。劳动者在试用期内提前3日通知用人单位,可以解除劳动合同。由此可以看出,劳动者在行使解除劳动合同权利的同时必须遵守法定的程序,主要体现在以下两个方面:

一是劳动者在享有解除劳动合同自主权的同时,应当遵守解除合同预告期,即应当提前30天通知用人单位才能有效,也就是说劳动者在书面通知用人单位后还应继续工作至少30天,这样便于保持劳动过程的连续性,确保正常的工作秩序,避免因解除劳动合同影响企业的生产经营活动,给用人单位造成不必要的损失。同时,这样也使劳动者解除劳动合同合法化。否则,将会构成违法解除劳动合同,而将可能承担赔偿责任。

二是要书面形式通知用人单位。无论是劳动者还是用人单位在解除劳动合同时,都必须以书面形式告知对方。因为这一时间的确定直接关系到解除预告期的起算时间,也关系到劳动者的工资等利益,所以必须采用慎重的方式来表达。劳动者在试用期内与用人单位解除劳动合同也要遵照上述有关规定。

相关案例

职工刘某在福山某私营企业工作,2012 年 7 月 15 日和单位签订了为期 3 年的劳动合同,合同规定试用期为 3 个月,月工资 700 元,试用期满后月工资 1 000 元,并明确了双方的违约责任。刘某上班后,发现企业管理不规范,工作量较大,适应不了该工作。10 月 3 日,刘某向单位人事部门提出辞职,同时要求单位支付 9 月份的工资,但企业方不但拒绝其请求,而且还要求刘某承担违约责任。刘某无奈向福山区劳动仲裁委提出申诉。

仲裁部门认为,根据《劳动法》第三十二条规定,在试用期内劳动者可以随时通知用人单位解除劳动合同,刘某处于试用期提出解除劳动合同完全符合法律规定。经过福山区劳动仲裁委调解,案件双方当事人达成调解协议:双方劳动合同立即解除,并且单位支付刘某 9 月份工资 700 元。

2.3.3　劳动合同的违约责任

根据我国《劳动合同法》有关规定,劳动者只有违反服务期约定及竞业限制义务的情况下,才需要承担支付违约金的责任。

服务期约定即用人单位为劳动者提供专项培训费用,对其进行专业技术培训的,可以与该劳动者订立协议,约定服务期。劳动者违反服务期约定的,应当按照约定向用人单位支付违约金。约定违反服务期违约金的数额不得超过用人单位提供的培训费用。违约时,劳动者所支付的违约金不得超过服务期尚未履行部分所应分摊的培训费用。

用人单位与劳动者可以在劳动合同中约定保守用人单位的商业秘密和与知识产权相关的事项。对负有保密义务的劳动者,用人单位可以在劳动合同或者保密协议中与劳动者约定竞业限制条款,并约定在解除或者终止劳动合同后,在竞业限制期限内按月给予劳动者经济补偿。劳动者违反竞业限制约定的,应当按照约定向用人单位支付违约金。

3　就业权益保障

3.1　就业权益主要内容

3.1.1　劳动者的基本权利

我国《劳动法》第三条第一款明文规定:“劳动者享有平等就业和选择职业的权利、取得劳动报酬的权利、休息休假的权利、获得劳动安全卫生保护的权利、接受职业技能培训的权利、享受社会保险和福利的权利、提请劳动争议处理的权利以及法律规定的其他劳动权利。”

同时,《就业促进法》也对维护劳动者的平等就业权、反对就业歧视做了相关规定,用人单位招用人员、职业中介机构从事职业中介活动,应当向劳动者提供平等的就业机会和公平的就业条件,不得实施就业歧视。具体而言,要保障妇女享有与男子平等的劳动权利,用人单位招用人员,除国家规定的不适合妇女的工种或者岗位外,不得以性别为由拒绝录用妇女或者提高对妇女的录用标准;应加强保障各民族劳动者享有平等的劳动权利;

保障残疾人的劳动权利,用人单位在招用人员时不得歧视残疾人;保障传染病病原携带者的平等就业权,用人单位招用人员,不得以“是传染病病原携带者”为由拒绝录用。

《劳动合同法》还明确了用人单位与劳动者订立劳动合同、试用期的期限、工资标准、社会保险、劳动报酬、工作时间和休息休假等重要内容。其第八条规定:“用人单位招用劳动者时,应当如实告知劳动者工作内容、工作条件、工作地点、职业危害、安全生产状况、劳动报酬,以及劳动者要求了解的其他情况。”

3.1.2　毕业生就业求职中的合法权益

除上述劳动者基本的就业权益外,毕业生还享有某些特别的求职中的合法权益。在毕业生的求职过程当中,就业信息的重要性不言而喻,毕业生有全面获取就业信息的权利。具体而言是:①信息公开;②获取信息及时有效;③信息全面。即信息公开要真实、完整。

毕业生在就业过程中享有自主择业的权利。只要符合国家相关的就业方针和政策,其可以自主选择用人单位,其他任何单位和个人不得干涉。毕业生还可以结合自身情况自主与用人单位进行协商,要求学校进行推荐,直至完成就业协议的签订。

此外,我国《高等教育法》还强调了高校毕业生依法获得就业指导的权利,第五十九条规定:“高等学校应当为毕业生、结业生提供就业指导和服务。”就业指导权是毕业生的一项十分重要的权利,是高校必须予以保障的权利。

3.1.3　社会保险的主要内容

3.1.3.1　社会保险的概念

社会保险是以国家为主体,对有工资收入的劳动者在暂时或者永久丧失劳动能力,或虽有能力而无工作亦即丧失生活来源的情况下,通过立法手段,运用社会力量给这些劳动者以一定程度的收入损失补偿,使之能继续达到基本生活水平,从而保证劳动力再生产和扩大再生产的正常运行,保证国内社会安定的一种制度。

根据《劳动法》第九章第七十三条的规定,劳动者在下列情形下,依法享受社会保险待遇:①退休;②患病、负伤;③因工伤残或者患职业病;④失业;⑤生育。《社会保险法》也规定,国家建立基本养老保险、基本医疗保险、工伤保险、失业保险、生育保险等社会保险制度,保障公民在年老、疾病、工伤、失业、生育等情况下依法从国家和社会获得物质帮助的权利。因此,“五险”包括养老保险、医疗保险、工伤保险、失业保险和生育保险,其中,养老保险、医疗保险和失业保险是由用人单位和个人共同缴纳保费,工伤保险和生育保险完全是由用人单位承担的,个人不需要缴纳。

劳动者在试用期内也应该享受社会保险。这是因为,试用期是劳动合同期限的一个组成部分,它不是独立于劳动合同期限之外的。而企业给员工上保险是一个法定的义务,不取决于当事人的意思或自愿与否,即使员工表示不需要缴保险也不行,而且商业保险不能替代社会保险,所以在试用期内同样享有社会保险。

3.1.3.2　社会保险的基本规定

(1)基本养老保险。基本养老保险是国家根据法律、法规的规定强制建立和实施的一种社会保险制度,《社会保险法》第十条规定:职工应当参加基本养老保险,由用人单位和职工共同缴纳基本养老保险费。在这一制度下,用人单位和劳动者必须依法缴纳养老保险费,在劳动者达到国家规定的退休年龄或因其他原因而退出劳动岗位后,社会保险经办机构依法向其支付养老金等,从而保障其基本生活。基本养老保险与失业保险、基本医疗保险、工伤保险、生育保险等共同构成现代社会保险制度,并且是社会保险制度中最重要的险种之一。

(2)基本医疗保险。基本医疗保险是为补偿劳动者因疾病风险造成的经济损失而建立的一项社会保险制度。《社会保险法》第二十三条规定:"职工应当参加职工基本医疗保险,由用人单位和职工按照国家规定共同缴纳基本医疗保险费。"通过用人单位和个人缴费,建立医疗保险基金,参保人员患病就诊发生医疗费用后,由医疗保险经办机构给予一定的经济补偿,以避免或减轻劳动者因患病、治疗等所带来的经济风险。

(3)工伤保险。工伤保险是指国家或社会为生产、工作中遭受事故伤害和患职业性疾病的劳动者及家属提供医疗救治、生活保障、经济补偿、医疗和职业康复等物质帮助的一种社会保障制度。《社会保险法》第三十三条规定:"职工应当参加工伤保险,由用人单位缴纳工伤保险费,职工不缴纳工伤保险费。"国家根据不同行业的工伤风险程度确定行业的差别费率,用人单位应当按时缴纳工伤保险费。

(4)失业保险。失业保险是指国家通过立法强制实行的,由社会集中建立基金,对因失业而暂时中断生活来源的劳动者提供物质帮助的制度。它是社会保障体系的重要组成部分,是社会保险的主要项目之一。《社会保险法》第四十四条规定:"职工应当参加失业保险,由用人单位和职工按照国家规定共同缴纳失业保险费。"一旦居民失业后,按有关规定办理失业登记后可以领上年度最低工资标准的80%的失业救济金。

(5)生育保险。生育保险是国家通过社会保险立法,对生育职工给予经济、物质等方面帮助的一项社会政策。《社会保险法》第五十三条规定:"职工应当参加生育保险,由用人单位按照国家规定缴纳生育保险费,职工不缴纳生育保险费。"目前,我国生育保险实行两种制度并存:一种是由女职工所在单位负担生育女职工的产假工资和生育医疗费。另一种是生育社会保险。根据劳动部《企业职工生育保险试行办法》规定,参加生育保险社会统筹的用人单位,应向当地社会保险经办机构缴纳生育保险费;生育保险费的缴费比例由当地人民政府根据计划内生育女职工的生育津贴、生育医疗费支出情况等确定,最高不得超过工资总额的1%,职工个人不缴费。

3.1.3.3　住房公积金制度

住房公积金,是指国家机关、国有企业、城镇集体企业、外商投资企业、城镇私营企业及其他城镇企业、事业单位、民办非企业单位、社会团体(以下统称单位)及其在职职工缴存的长期住房储金。住房公积金制度是一种兼顾社会性、互助性、政策性的住房社会保障制度。通过由职工与单位分别按照职工工资的一定比例逐月强制缴存的方式,为职工家庭住房消费提供法定资金保障和储蓄积累,并在参缴职工之间形成互助性融资机制。

依据国务院《住房公积金管理条例》(2002年修订)的有关规定,职工和单位住房公积金的缴存比例均不得低于职工上一年度月平均工资的5%;有条件的城市,可以适当提高缴存比例。新参加工作的职工从参加工作的第二个月开始缴存住房公积金,月缴存额为职工本人当月工资乘以职工住房公积金缴存比例。职工个人缴存的住房公积金,由所在单位每月从其工资中代扣代缴。单位应当按时、足额缴存住房公积金,不得逾期缴存或者少缴。

职工个人缴存的住房公积金和职工所在单位为职工缴存的住房公积金，实行专户存储，属于职工个人所有。职工个人拥有的住房公积金，主要用于支付职工家庭购买，自建自住住房、私房翻修和大修等费用。如果资金不足，可向公积金管理部门申请贷款，由职工个人定期偿还。

3.2 劳动争议

自2007年以来，我国《劳动合同法》、《就业促进法》、《劳动争议调解仲裁法》相继颁布施行，这不仅进一步完善了我国劳动保障法律体系，对于协调劳动关系、解决劳动争议、保护当事人合法权益、促进劳动关系和谐稳定也必将发挥重要的指导作用。然而在实践中，一些用人单位出于各自的考虑，进而采取一些手段规避有关法律制度和规定，使刚刚步入社会、走上工作岗位的大学生劳动权益遭受损失。对此，适当了解劳动法律常识和争议处理有关规定，通过法律手段保护自己的合法权益，对处在就业求职阶段的大学生而言非常必要。

3.2.1 劳动争议

所谓劳动争议，是指劳动关系当事人之间因劳动的权利与义务发生分歧而引起的争议，又称劳动纠纷。根据《劳动争议调解仲裁法》规定，用人单位与劳动者发生的下列劳动争议适用该法：①因确认劳动关系发生的争议。②因订立、履行、变更、解除和终止劳动合同发生的争议。③因除名、辞退和辞职、离职发生的争议。④因工作时间、休息休假、社会保险、福利、培训以及劳动保护发生的争议。⑤因劳动报酬、工伤医疗费、经济补偿或者赔偿金等发生的争议。⑥法律、法规规定的其他劳动争议。

相关案例

我是去年毕业的一名大学生，7月份与一个大型国企签了劳动合同，约定3个月试用期，试用期内可以随时解约。到公司工作后，我发现待遇和发展空间与自己的期望差距太大，因此想解除劳动合同，另行择业。入职时，公司人事部门负责人曾说如果不满意可以选择辞职，但我去办辞职时，却让我按照就业协议交违约金，否则公司会拖着不给办手续。我知道公司的这种做法是不合理的。现在因为我要办理改派，需要现在单位同意解除劳动关系的证明，所以想向老师请教一下我该如何办。

答复意见：

第一，根据《劳动合同法》第三十七条规定，劳动者在试用期内，发现用人单位的实际情况与订立劳动合同时所介绍的情况不相符合，或者发现自己不适于从事该工种工作，以及存在其他不能履行劳动合同的情况，劳动者无须任何理由，可以书面通知用人单位予以解除劳动合同，通知应提前3日进行，以便用人单位安排人员接替其工作。因此，该名大学生在符合上述规定条件的情况下，有权书面通知用人单位解除劳动合同。

第二，根据《劳动合同法》第五十条规定，用人单位应当在解除或者终止劳动合同时出具解除或者终止劳动合同的证明，并在15日内为劳动者办理档案和社会保险关系转移手续。因此，公司拖着不给办手续没有法律依据。

如果用人单位违反上述规定，拖着不办手续，可通过举报电话、寄送书面材料和上访举报等形式向当地劳动和社会保障监察机构举报，请求责令该公司予以改正，或直接申请劳动争议仲裁。

上述案例中，该大学生因订立、履行、变更、解除和终止劳动合同与企业发生争议，应属劳动争议。

3.2.2 劳动争议仲裁

我国《劳动法》确立的劳动争议处理体制是“协商、调解、一裁两审”。这一体制对于合法、公正地解决劳动争议起到了重要作用，但现行劳动争议处理体制也存在处理周期长的问题。实践中，有的用人单位以此通过恶意诉讼拖延时间，加大劳动者维权成本，使劳动者在合法权益受到用人单位侵害时不能及时得到法律救济。

为了解决以往劳动争议处理周期长的问题，及时处理劳动争议，《劳动争议调解仲裁法》按照合法、公正、及时、着重调解的原则，对现行劳动争议处理体制作了必要的改革完善。即当劳动争议发生后，当事人可以按照协商—调解—仲裁—小额案件和劳动标准案件一裁终局，其他案件提起诉讼的基本程序处理。其中，协商和调解是在双方当事人自愿的原则下选择进行的，当事人也可以直接申请仲裁，而仲裁是劳动争议处理的必经程序。

3.2.3 劳动争议仲裁与人事争议仲裁的异同

人事争议仲裁是人事争议仲裁机构对人事争议进行调解或裁决的行政司法活动，是行政权力与司法权力相结合而采用的一种人事争议纠纷的解决方式。

我国的人事争议仲裁制度具有以下三个特征：①单方申请，双方地位平等。人事争议发生后，只要一方当事人提出申请，争议事项属于人事争议仲裁机构的受理范围，仲裁机构都应当受理；对方不提交答辩书或不出庭的，不影响仲裁程序的进行。②机构独立，一级仲裁。机构的相对独立，一是指仲裁委员会相对独立于设立它的行政机关，依法独立处理人事争议；二是指各级仲裁委员会之间没有隶属关系，各仲裁委员会独立开展工作，任何仲裁委员会都不能干预其他仲裁委员会对人事争议的处理。一级仲裁是指仲裁委员会做出裁决后，当事人对裁决不服，只能向原仲裁委员会申请复议，而不能向其他仲裁委员会提出重新仲裁的申请。③先行调解，及时裁决。调解和裁决是仲裁委员会处理人事争议的两种方式。先行调解是指仲裁委员会处理人事争议应先进行调解，未经调解不能进入裁决程序，同时要将调解贯穿于争议处理的全过程。及时裁决是指对调解达不成协议的，仲裁庭应当及时裁决，避免案件久调不决，使双方权益得到及时保障。

劳动争议仲裁与人事争议仲裁在性质上是相同的，都属于行政仲裁的范畴，但两者又有区别：①管理对象不同，人事争议仲裁与劳动争议仲裁在受案范围上有所不同。劳动争议仲裁主要处理员工与企业之间发生的劳动争议，人事争议仲裁主要处理行政机关与工作人员之间、事业单位与工作人员之间发生的人事争议。②适用的法律法规不同，在仲裁过程中，人事争议仲裁与劳动争议仲裁分别适用不同的程序法和实体法规范。劳动争议仲裁主要适用《劳动争议调解仲裁法》，人事争议仲裁则主要适用《人事争议处理规定》。③人事争议仲裁与劳动争议仲裁的机构及人员构成也不同。劳动争议仲裁机构和人员是按照《劳动法》及相关法律法规建立和组成的，人事争议仲裁机构的建立和人员的配置是按照《人事争议仲裁办案规则》运作的。

3.3 毕业生就业权益遭受侵犯的主要情形

对于刚刚毕业即将步入社会的大学生来说，缺乏社会经验，自我保护意识不强，加上人才市场用人单位良莠不齐，他们往往面临一些就业歧视和求职陷阱，自身权益容易受到侵害。

3.3.1 求职陷阱的主要表现

3.3.1.1 收费陷阱

招聘为假，骗钱是真。有些用人单位在招聘过程中，打着各种名目收钱。有的美其名曰通过考试录取，其实是为了赚取毕业生所交的考务费；有的用人单位以培训为由，要毕业生交培训费、保证金等，而在解聘时，又往往以种种理由拒退财物；而毕业生对单位不满意要求辞职时，单位又以不退抵押财物做要挟，使毕业生进退两难；还有一些不法分子打着职业介绍所、人力资源公司的名目骗取钱财，当毕业生满怀希望交了所谓的介绍费、报名费、体检费等后，等待他们的不是未被录取就是被录用做一些毫无意义的工作。

3.3.1.2 智力陷阱

假借招聘考核窃取求职毕业生劳动成果。利用毕业生的专业优势，使其承担具有一定科技含量的项目，如编写计算机程序或策划广告文案等，获取廉价智力成果，项目完成后以各种理由拒收毕业生。毕业生竭尽全力却没有被录取，究其原因，是一些公司为了节约人力、物力、财力而骗取求职毕业生的技术成果。毕业生涉世尚浅，维权意识不强，往往没有足够的维权依据。需要注意的是，毕业生在提交程序设计方案、广告文案等劳动成果时要自己留存一份或同时附上版权声明，并要求用人单位签字确认，以便维护该成果的版权。

相关案例

张红是北京某重点大学计算机专业的一名应届本科毕业生，不仅形象好、气质佳，而且编程能力很强。因此，比起她的同学来说，她的求职经历可谓一帆风顺。在学校举办的一次大型双选会上，张红以优异的专业成绩和实习单位较高的评语，被一家小有名气的IT企业相中，并很快签订用人合同。双方商定试用期为3个月，试用期月薪为1 500元。当其他同学还在为找工作东奔西走的时候，满心欢喜的张红已经开始上班了。

可是天有不测风云，谁曾想，刚结束春节休假来上班的张红一到公司，便接到人事部门一纸解约通知，称"通过试用，发现张红不适合在本公司工作，决定解除双方的试用合同"。公司的决定，让她感到非常突然，就在春节前，张红通宵达旦，加班加点设计出来的一个财会软件还受到部门经理的夸奖，怎么突然就变卦了呢？张红感到十分不解。后来，一位共过事的公司员工向她道明了事情的真相："公司根本没想要你这个人，只是需要你设计的软件，公司只是想无偿占有你开发的软件而已。"张红才醒悟，原来自己天真地掉进了用人单位设下的智力陷阱。

3.3.1.3 试用期陷阱

试用期是指用人单位和劳动者为相互了解、选择而约定的一定期限的考察期。试用期是为了维护劳资双方的利益。从用人单位角度来讲，用人单位可在试用期内考察职工，看其是否符合用人单位的标准。从应聘者角度来说,可利用试用期进一步了解用人单位的内部真实状况,看其工作条件和福利待遇是否能够兑现,了解自己是否适合目前的工作。如果彼此发现不合适,则可以解除劳动合同。但在现实中,大多被片面地理解为是用人单位对劳动者的试用,特别是在高校毕业生求职过程中,有些用人单位利用劳动力市场供大于求、毕业生求职心切的心理,屡屡设下试用期陷阱,利用试用期与签约时间的时间差,来榨取廉价劳动力。试用期期间,用人单位一般不为求职毕业生缴纳各种社会保险,也不与其签订劳动合同。求职毕业生为了得到一纸合约,兢兢业业、任劳任怨,但最终还是得不到劳动合同,甚至于连自己在试用期期间微薄的报酬都索要不回来。

相关案例

小孙2006年毕业于国内一所名牌大学的工商管理专业。2006年1月,他在网上看到了国内一家大型销售公司正在招聘,因为专业对口,就与同班6名同学给这家公司投了简历,很快,他们就得到了面试邀请,并且全部顺利通过。公司口头告诉他们试用期为3个月。因为这个公司很大,想留在这里的小孙和其他6名同学尽管没有签任何协议还是答应先干了,希望通过不懈的努力来争取这个职位。试用期的待遇很低,跟正式员工相差甚远,而试用期的工作内容也和他们想象的有很大差距。单位让他们做些简单而又重复的工作,为了能够顺利通过试用期成为正式员工,小孙和其他同学非常努力地完成了公司交给他们的工作。3个月的试用期很快就到了,该到转正的时候了,公司始终没人提及这事,小孙向公司领导询问,领导答复说,对他的工作表现还是比较满意的,但还需要进行全面考察,小孙认为公司可能是真想留用他,于是很痛快地答应了公司提出的再试用2个月的要求。2个月很快又过去了,公司领导找到小孙,说没有合适的位置,小孙被辞退。

3.3.1.4 薪酬陷阱

所谓薪酬陷阱,就是针对薪水中的一些不确定收入,进行虚假或模糊的承诺,最终不能兑现,或者“缩水兑现”。有些企业在招聘过程中,许以高额待遇,诱使很多求职毕业生上当受骗;还有一些企业所承诺给予的报酬大幅度缩水,收入大打折扣。但是,由于求职毕业生通常和用人单位只有口头上的协议而没有书面上的证明材料,进而导致取证难、维权难的困难局面。

相关案例

小方大学毕业后应聘到一家公司工作,本来当初说好试用期是2个月,可是2个月过去了,虽然这家公司声称给小王转正,但是一直都没有与小方签订劳动合同,各种保险也没缴。一晃时间已经过去5个月了,公司负责人说小方所在的部门工作没有达到公司要求的效果,要将整个部门给撤掉,人员全体遣散。小方很着急,不知道能得到什么样的劳动赔偿。

根据我国《劳动合同法》有关规定,小方可以得到以下3项劳动补偿:

(1)因不签书面合同,可以自第2个月起,要求每月支付2倍工资。法律依据是:《劳动合同法》第十条规定,建立劳动关系,应当订立书面劳动合同。第八十二条规定,用人单位自用工之日起超过1个月不满1年未与劳动者订立书面劳动合同的,应当向劳动者每月支付2倍的工资。

(2)半个月工资的经济补偿金。用人单位解雇用工要符合法定情形,如果不属于法定情形,即是违法解雇,劳动者可以要求经济补偿金。法律依据为《劳动合同法》第四十七条,即经济补偿按劳动者在本单位工作的年限,每满1年支付1个月工资的标准向劳动者支付。6个月以上不满1年的,按1年计算;不满6个月的,向劳动者支付半个月工资的经济补偿。

(3)违法解雇还要支付赔偿金,按经济补偿标准的2倍支付赔偿金。法律依据是:《劳动合同法》第八十七条规定,用人单位违反本法规定解除或者终止劳动合同的,应当依照本法第四十七条规定的经济补偿标准的2倍向劳动者支付赔偿金。

3.3.1.5　合同陷阱

用人单位在与劳动者签订合同过程中采用隐瞒或欺骗手段,规避法律责任,这种陷阱往往是用人单位事先精心设计布局的,毕业生求职心切,往往被一些表象蒙蔽而签下劳动合同。

(1)口头合同:一些用人单位与求职者就责、权、利达成口头约定,并不签订书面正式文本。求职毕业生涉世尚浅,极易相信冠冕堂皇的许诺,以为对方许诺的东西就是自己真能得到的东西。可是,这种口头合同往往是难以取证的,无法有效地保障毕业生的合法权益。

(2)格式合同:一些用人单位按国家有关法律和劳动部门制定的合同示范文本事先印好聘用合同,表面看起来,这种合同似乎无可挑剔,可是有些具体条款却表述含糊,甚至可以有几种解释。一旦发生纠纷,招聘方总会振振有词地拿出这种所谓规范式的合同来为自己辩护,最后吃亏的还是求职毕业生。

(3)单方合同:一些企业利用毕业生求职心切的心理,只约定求职者有哪些义务,如遵守企业的各项规章制度,若有违反要承担怎样的责任,违约要缴纳违约金等,而合同上关于求职者的权利几乎只字不提,这是最典型的不平等合同。如果接受这样的合同,无疑是将自己送上砧板,任人宰割。

(4)生死合同:一些危险性行业的用人单位为逃避责任,常常在签订合同时,要求求职毕业生接受合同中的“生死协议”,即一旦发生意外事故,企业不承担任何责任。有的毕业生为了得到工作,违心地签了合同,却不知这样做的结果也许会使用人单位更加无视劳动者的权益。

(5)阴阳合同:又称“黑白合同”,是指有些用人单位慑于劳动主管部门的监督,往往与求职毕业生签订两份合同。一份合同用来应付劳动部门的检查,另一份合同才是双方真正履行的合同。用来应付检查的合同通常是用人单位一手炮制的,连签名也是假冒的,求职毕业生不但见不到这份合同,甚至不知道有这份合同的存在。而双方真正履行的那份合同,是不能暴露在阳光下的,因为那份真合同一定是只利于用人单位的不平等合同。

以上几种求职陷阱大学生在求职中碰到得比较多。毕业生在求职过程中要想顺利地找到一份称心的工作,就必须用专业有效的方法保护自己。在职场防求职陷阱忌“三心”。第一是贪心,看到“高薪”字眼,首先要掂量一下自己,然后再摸清对方的背景;第二是心急,急于找工作的心理让一些人找到了借机骗财的机会,这些人以报名费、服装费、培训费、证件费等各种名义收取应聘者的费用后便人去楼空；第三是糊涂心，看待事物不够清楚透彻，而是糊里糊涂，人云亦云。眼下工作虽然难找，但并不等于“捡到篮子里都是菜”。求职者要对自己的职业生涯发展脉络有个清楚的构想，如果仔细研究，还是能看清招聘中的大多数猫腻。希望毕业生树立防范意识，避免跌入陷阱，成为求职陷阱的受害者。

3.3.2 就业歧视的主要表现

就业歧视是指基于种族、肤色、性别、宗教、政治见解、民族血统或社会出身等原因，采取区别对待、排斥或者给予优惠等任何违反平等权的措施侵害劳动者劳动权利的行为。

由于经济、政治、法律、历史以及文化等各种因素的影响，形式多样的就业歧视已成为一种具有普遍性的社会现象，严重损害了求职者的权利和尊严，破坏了社会公平，阻碍了劳动力的合理流动和劳动力市场的优化配置，成为就业难的一个重要因素。市场中存在的对求职者的歧视主要表现在以下几个方面。

3.3.2.1 户籍歧视

户籍歧视是我国大城市存在的最为突出的就业歧视。有些用人单位把外地人看成“另类”，以非本地人口不像本地人那样具有相应社会关系，不熟悉当地方言和习惯，不利于公司财务安全为由，排斥和歧视外地人，使他们在就业中遭受着不平等的待遇，有才能的人无法进入更能发挥自己才能的行业。

3.3.2.2 年龄歧视

目前在剧烈市场竞争中，就业者年龄成为不少单位招聘人才的“硬指标”，大龄求职者在就业市场上变得不那么受欢迎，虽然这个限制在大学生就业过程中表现得不是很明显，但对于通过自考等途径获得国家认可学历的社会人员的就业造成了一定的困难。

3.3.2.3 性别歧视

在现实中就业的性别歧视仍然比较严重，许多用人单位明确声明“女性免谈”。其借口是，女性得怀孕歇产假，会对企业造成一定的经济负担。此外，生了孩子后女性肯定会将精力转移到照顾孩子以及家庭上，影响企业效益。有的即使聘用了，女性还要受“单身条款”、“禁孕条款”、“禁假条款”、“同工不同酬”等歧视性条件的限制。

3.3.2.4 学历(文凭)歧视

在人才市场大学生供过于求的形势下，不少用人单位对应聘者的学历“挑三拣四”，非原始学历不可，非名牌学校不要，非本科生或研究生不要，还有的单位公开拒绝自学考试和其他国家认可的学历。这种高标准的学历门槛使一些能力强、学历低的真正人才无法才尽其用，造成了人才的严重浪费。

3.3.2.5 专业(经验)歧视

许多用人单位在招聘时对应聘者所学专业很是挑剔，特别标明非某专业人才不用，造成不少人才求职无门。这种过分强调专业的做法难以避开歧视的嫌疑，也不符合现代社会对综合型人才的需要。另外，一些招聘单位经常招聘具有一定工作经验的员工，其借口是他们工作可以快速上手，创造更多的经济效益，而且单位还节省了培训成本。这使得应届大学生就业遭遇尴尬。

3.3.2.6 人身歧视

近年来身高、容貌、视力、体型和体检标准等身体条件越来越频繁地成为用人单位的参考因素，甚至一些公司招聘员工好似选美比赛，对于面貌上有明显缺陷的应聘者，基本上在筛选简历时就会将其淘汰，完全不看是否有真才实学，使“不拘一格降人才”成为一句空话。

3.3.3 就业侵权行为发生的主要环节

高校毕业生就业求职一般要经过毕业生与用人单位见面“双选”、签订就业协议、劳动合同，就业报到，试用(见习)等环节。大学生就业实践表明，以上这些环节都会涉及就业权益问题，处理不好，都会影响到毕业生的合法权益。

3.3.3.1 择业阶段

即毕业生和用人单位还未形成合同关系和劳动关系的阶段，也就是通常所说的求职阶段。这个阶段的侵权主要表现在对毕业生平等权、知情权、隐私权、财产权的侵犯。这一环节存在的问题主要有就业歧视问题、就业信息虚假问题以及借招聘录用为名乱收费用等问题。

3.3.3.2 签约阶段

即毕业生与用人单位签订就业协议的阶段。这一环节主要存在的问题是就业协议签订的主体资格问题，就业协议的效力问题，就业协议的内容不符合法律规定、补充条款约定违反规定、协议书签订程序不规范、就业协议与劳动合同的对接不一致等问题。

3.3.3.3 就业报到阶段

毕业生到用人单位报到后，应马上与用人单位签订劳动合同，使就业协议书和劳动合同有一个比较好的衔接。这一阶段就业权益的侵犯主要表现为不签订劳动合同或者延迟签订劳动合同、签订的劳动合同与就业协议书的内容不一致、劳动合同不符合规范等。具体表现为薪酬问题、保险问题、试用期问题等。

3.3.3.4 试用期阶段

试用期阶段的纠纷主要表现为试用期过长、试用期辞职与辞退、以试用期合同代替劳动合同、违约金过高以及过高的经济损失赔偿等问题。

3.4 就业权益保护的方法与途径

3.4.1 增强法律意识，依法就业求职

2008 年 1 月 1 日生效施行的《就业促进法》、《劳动合同法》标志着我国在建设以《宪法》为依据，以《劳动法》为基础，以《就业促进法》、《劳动合同法》、《劳动争议调解仲裁法》、《社会保险法》为主干，以相关法律法规为配套的劳动保障法律体系建设方面，又迈出了至关重要的一步。为了维护劳动者的平等就业权，反对就业歧视，我国有关法律对公平就业作出了明确规定：劳动者依法享有平等就业的权利，就业不因民族、种族、性别、宗教信仰等不同而受歧视。用人单位在招录人员时，除国家规定的不适合妇女从事的工种或者岗位外，不得以性别为由拒绝录用妇女或者提高对妇女的录用标准。用人单位录用女职工，不得在劳动合同中规定限制女职工结婚、生育的内容。劳动保障法律体系的健全完善，对于解决关系国计民生的就业问题，促进社会主义和谐社会建设，具有重要而深远

的意义。

因此,增强法律意识、依法就业是每位劳动者就业求职应当具有的基本意识和法律观念,大学生就业求职也不应例外。

3.4.2 增强风险意识,防范求职风险

由于大学生求职多为初次就业,缺乏足够的社会经验,加上就业信息的不对称、国家政策的调整及就业形势的变化等因素的影响,使得高校毕业生就业中不确定因素发生的概率增大。因此,作为就业风险的承担主体,大学生应该树立风险防范意识,客观分析风险环境和自我的风险态度,具备应对风险能力,拓宽就业面,灵活选择职业,规避和防范求职风险。

尤其是在签订劳动合同时,更应谨防虚假招聘。由于我国劳动力市场中用人单位往往处于强势地位,有些单位不能平等对待求职者,甚至有些单位还故意发布虚假信息,欺骗或非法招用求职者。为了使当事人在订立劳动合同时,能比较全面地了解对方,防止盲目、草率签订劳动合同,避免或减少不必要的劳动争议的发生,我国《劳动合同法》对当事人在订立劳动合同前的如实告知义务作了明确规定。无论劳动者是否提出知悉要求,用人单位都应当主动将有关情况如实向劳动者说明。除此以外,对于劳动者要求了解的其他有关情况,用人单位也应进行详细的说明。对于任何一方向另一方采取欺诈的手段,提供虚假信息,都有可能导致所订立劳动合同无效。

实践中,一些用人单位为防止求职者在工作中给自己造成损失后不赔偿就不辞而别的情况,利用自己的强势地位,在招用劳动者时扣押劳动者身份证件或者其他证件,如暂住证、资格证书和其他证明个人身份的证件,或是以担保或其他名义非法向劳动者收取财物(如收取服装费、住宿费、培训费)等方式,以变相获取风险抵押金。

依据有关规定,公共就业服务机构不得从事经营性活动、招聘会不得向劳动者收取费用等。鉴于以往在职业中介服务中欺诈行为时有发生,为防止和杜绝此类情况的发生,保护劳动者的合法权益,我国有关法律规定明确要求职业中介机构提供职业中介服务不成功的,应当退还向劳动者收取的中介服务费。

3.4.3 善于运用法律手段保护就业合法权益

3.4.3.1 向劳动保障机构举报劳动违法行为

根据我国有关法律规定,任何组织和个人对于违反劳动法律、法规和规章的行为,均可通过举报电话、寄送书面材料和上访举报等形式向各级劳动和社会保障监察机构举报。

劳动保障机构受理举报案件一般要求具备以下条件:

(1)有准确的被举报人(用人单位)的名称或姓名、详细地址和电话。

(2)被举报人违反劳动法律、法规、规章的事实。

(3)举报人(组织或个人)的名称或姓名、联系地址、邮编和电话。

(4)为便于劳动行政部门调查取证和采取有力措施制止和纠正劳动违法行为,劳动者一般应自用人单位违法行为发生之日起两年内进行举报。

3.4.3.2 处理劳动争议的法定途径

根据《劳动法》的有关规定,劳动争议发生后,当事人可以依法申请调解、仲裁、提起诉讼,也可以协商解决。

当事人可以协商解决劳动争议,但协商不是处理劳动争议的必经程序,不愿协商的,可以申请调解。

当事人可以向本单位劳动争议调解委员会申请调解。但调解也不是处理劳动争议的必经程序,当事人任何一方不愿调解的,可以直接向有管辖权的劳动争议仲裁委员会申请仲裁。调解原则也适用于仲裁和诉讼程序。

调解不成的,当事人一方可以向劳动争议仲裁委员会申请仲裁。劳动争议仲裁委员会是指县、市、市辖区设立的裁处企业与职工之间发生的劳动争议的组织机构。

当事人对仲裁裁决不服的,可以自收到仲裁裁决书之日起15日内向人民法院提起诉讼。一方当事人在法定期限内不起诉又不履行仲裁裁决的,另一方当事人可以申请人民法院强制执行。

3.4.3.3 处理人事争议的法定途径

为公正及时地处理人事争议,保护当事人的合法权益,根据中组部、人事部、解放军总政治部联合印发的《人事争议处理规定》(该规定是在1997年人事部制定的《人事争议处理暂行规定》的基础上根据形势的发展需要修订的,已于2007年10月1日起实施,并于2011年进行了最新修订),处理人事争议应当注重调解,遵循合法、公正、及时的原则,以事实为依据,以法律为准绳。

一旦发生人事争议,当事人可以协商解决;不愿协商或者协商不成的,可以向主管部门申请调解,其中军队聘用单位与文职人员的人事争议,可以向聘用单位的上一级单位申请调解;不愿调解或调解不成的,可以向人事争议仲裁委员会申请仲裁。当事人也可以直接向人事争议仲裁委员会申请仲裁。当事人对仲裁裁决不服的,可以向人民法院提起诉讼。

聘任制公务员与所在机关之间因履行聘任合同发生争议的,当事人应从知道或应当知道其权利受到侵害之日起60日内,以书面形式向有管辖权的人事争议仲裁委员会申请仲裁。当事人因不可抗力或者有其他正当理由超过申请仲裁时效,经人事争议仲裁委员会调查确认的,人事争议仲裁委员会应当受理。

当事人对仲裁裁决不服的,可以按照《公务员法》、《中国人民解放军文职人员条例》以及最高人民法院相关司法解释的规定,自收到裁决书之日起15日内向人民法院提起诉讼;逾期不起诉的,裁决书即发生法律效力。

对发生法律效力的调解书或者裁决书,当事人必须履行。一方当事人逾期不履行的,另一方当事人可以依照国家有关法律法规和最高人民法院相关司法解释的规定申请人民法院执行。

3.4.4 毕业生的劳动权益救济途径

毕业生的劳动权益救济途径主要有:毕业生和用人单位通过学校进行协商;由省(自治区、直辖市)一级就业主管部门进行调解;向劳动争议仲裁委员会申请仲裁;向法院提起诉讼。在实际运用过程中,前两种方法效率高,易于操作;后两种程序复杂,但更具权威性。毕业生在签订就业协议书之前一定要考虑周详,尽量避免日后产生纠纷;而一旦发生纠纷导致自己的权益受损,要学会运用法律武器保护自己,通过合法的途径和正常的程序,维护自己的正当权益。

职业生涯发展规划篇

第五章 适应从学生到职业人的转换

1 尽快实现角色转换

高职毕业生从学生角色到职业角色的转换，必然伴随着角色冲突、角色学习和角色协调等一系列过程。因此，高职学生在开始自己的职业生涯之前，应该学习一些相关的知识，对自我，尤其是对社会，对即将从事的职业进行深入细致的了解和调查分析，找出自身的不足，提高心理承受力，加强角色认知，做好上岗前的各项准备，顺利地实现角色转换。

1.1 珍惜就业机会,适应身份改变

1.1.1 现在大多数企业为什么“不想要”应届毕业生

据专家分析,从目前到2020年,大学生就业仍面临最严峻的考验,大学生就业市场寒流暗涌,就业形势不容乐观。而近年来,在各类人才招聘会上,以及各网站上挂着的招聘信息里,近80%的职位要求有经验者,求职者中却有60%是应届大学毕业生;有的用人单位旗帜鲜明地提出:“应届毕业生免谈!”这是为什么？应届大学毕业生多数不理解。“不识庐山真面目,只缘身在此山中。”《我为什么不要应届毕业生》一书,通过11位老板、CEO、人事干部口述实录,点评了大量大学生就业失败的个案,揭示了用人单位“我为什么不要应届毕业生”这一社会热点现象的原因,提供的是一个内省的视角和一个全景的瞭望塔。大学生从中看到自己在他人心目中的就业印象,无论是出于客观还是主观都有一定的道理。如何改变大学生就业困境,必须从完善大学生自身就业形象做起。尤其在大学生就业市场中,用人单位仍是买方市场,大学生属于卖方弱势的形势下,从大学生到职业人的角色转换过程中还要花大力气。

大学生就业之所以成为热点,是因为存在社会矛盾,矛盾的焦点就是理想与现实、理论与实践的冲突。如果每个大学生都清楚地知道自己具备哪些能力,未来从事的工作岗位需要什么样的素质,并有意识地进行自我培养,就能真正提升自己的能力与素质,自觉地进行从大学生到职业人的迅速转换。不同的心态决定就业准备的得失,同时决定就业实践的成败。

大学生经历了十年寒窗，知识和智力并不缺乏；而走向社会后对一些现实问题需要用身心去理解。关键性的问题是大学生该以什么样的心态过渡成为职业人？有一些大学生没有解决好这个问题，给自己乃至给别人的未来发展设置了障碍。对于应届大学毕业生，用人单位心存畏忌，不愿意冒险去“趟它”。

不少学生自以为在大学时期接受了精英教育，大学毕业生“理所应当”有一份好工作相配，刚刚走上社会的大学生一般成功欲望很强，其中就会有一些不切实际的期望。不肯改变自己的就业趋向，不肯降低自己的身价，这是大学生就业的最大障碍。

现实情况则是应届大学毕业生没有经历社会生活的磨炼，就业心态浮躁，往往陷入相互攀比，一味强调单位应给予他什么，而很少考虑自己能为单位创造什么，对物质和生活待遇的要求超出企业愿意支付的标准。他们动手能力差，眼高手低，大事做不了，小事不愿做。在人才市场上来来往往的洪流中，有一些大学生抱着“骑驴找马”的心态，随时准备跳槽，让众多的用人单位“很受伤”。

据统计，大学生在新单位呆满一年的不超过20%。现在企业最大的不满是应届大学生的“成活率”太低。单位把学生从学校招进来，从没有任何工作经验到教会他各种工作技能，花费了一定的人力和物力，可大学生却把单位当作实习基地和跳板，说走就走了。用人单位抱怨说：“好人才越来越难找，很多大学生连基本的就职能力、职业素养都缺乏，花钱与时间来培训他们，成本太高，得不偿失，这让我们难以接受。”

受新经济时代知识更新速度不断加快的影响，书本理论知识往往与现实工作需要技能严重脱节；而大部分应届大学毕业生文凭高，也很自负，在现实面前无法调整心态、虚心学习、从头再来，结果遇到困难就不辞而别，一走了之，给用人单位留下了很坏的印象，从而为下一届毕业生的就业留下很大的隐患。

综上所述，现在大多数企业“不想要”应届毕业生的原因主要表现在：一些毕业生仍然有不切实际的期望，如在薪水、地域、个人发展机会、职位要求、行业要求、假期要求和专业对口等方面期望过高且不肯改变自己的想法；一些毕业生就业心态浮躁、喜欢相互攀比，动手能力差，眼高手低，小事不愿做，频繁跳槽等。因此，毕业生要想成功就业和成为成功的职业人，必须从自身做出努力，尽早进行角色转换从而解除社会对毕业生的畏忌或误解。

1.1.2 角色转换及其意义

学生角色，是指按照国家规定的培养目标接受教育，掌握本领，逐步完善自己，把自己培养成为合格人才的受教育者角色，其中心任务是在社会教育环境的保证和家庭经济的资助下，学习知识，培养能力，全面提高自身素质，努力使自己成长为社会需要的合格人才。它的主要特点是接受教育、储备知识、培养能力。

职业角色，是指用自己掌握的知识和本领在职业活动和岗位工作中，承担职业义务、履行岗位职责，并取得相应报酬的岗位工作者角色。其主要特点是具有自己的社会职位和相应的职业规范，在某一职位上以特定的身份按照一定的规范开展职业活动，在履行职业义务、承担职业责任的过程中为社会作出贡献，同时取得相应的报酬。

高职学生毕业后，面临着如何从学生角色到职业角色的转换问题，这是人生的一种重要的角色转换。学校与社会是两种不同的环境，学生和职业人是不同的角色，对社会承担着不同的义务。高职学生走向工作岗位后,应尽快地完成角色转换。顺利完成从学生角色向职业角色的转换,注意克服可能出现的各种心理问题,加强心理调适,培养良好的职业心理,以求实的工作态度和踏实的工作作风走进职业生活,对于尽快适应社会、做好岗位工作具有重要意义。如果对角色转换认识不清,思想准备不足,往往会导致一些毕业生在岗位工作中对职业角色的不适应,甚至影响职业岗位的工作。

1.1.3 角色转换的几个重要阶段

1.1.3.1 毕业前夕的角色转换

大学生从年前11月份左右找工作直至第二年6月份毕业离校,这一阶段的时间跨度很大。可以说,这一时期是毕业生转换角色的重要阶段,学生与用人单位签约的同时,就预示着开始迈出由学生角色向职业角色转换的第一步。一般来说,这个时候学生大部分的课程已经学完,学校的教学计划主要是毕业生的顶岗实习和撰写顶岗实习报告,学生自主支配的时间相对较多。许多毕业生难免出现这样的心态:大学几年的努力在签就业协议的那一瞬间尘埃落定,不用上班,不用上课,人生突然失去了目标,感觉很空虚。一些人难免把这段时间当成“最后的疯狂”,完全放松,甚至放纵。其实,在校学习期间的学习环境、学习条件以及学习技能的训练都是最为理想的。因此,毕业生应该从就业协议书签订到毕业离校这段时间,有针对性地学习知识、培养能力,提前奠定良好的心理基础和知识技能基础。

(1)重视顶岗实习,学习与未来工作岗位有密切联系的专业知识和专业技能。大学的课程设置总体上偏重于基础知识的学习和基本技能的培养,而不一定涉及特定岗位上所需要的专业知识和技能。顶岗实习是高职毕业生步入职场的一个必要的过渡阶段。对即将毕业的高职学生来说,通过顶岗实习,可以将自己所掌握的理论知识运用于实际,这不仅有利于加深对书本知识的理解和巩固,还能够发现不足,对自己的知识结构进行必要的补充和调整,提高观察、分析和解决问题的实际工作能力。

(2)进行非智力因素技能的训练,提升多方面的能力。高职毕业生智力上的相差并不太大,而非智力方面的技能却是影响毕业生择业、就业的重要因素。毕业生要敢于表现自己,充满自信,在公众面前要有形象、有气质,给人留下良好印象;加强书面表达能力和口头表达能力的培养,善于表现自己,往往会使毕业生在工作中脱颖而出。在与人交往的过程中要诚恳而不谦卑,自尊而不倨傲,在与他人的竞争中做到“争而不伤团结,赛而不失风格,获胜不忘形,失败不失态”等,往往更能赢得单位同事的信任和赞誉。

1.1.3.2 试用期内的角色转换

毕业生参加工作后需要经过一段时间的试用期,考核合格之后才能转为正式人员。在校园期间,大学生学习和生活条件比较优越,空闲时间和自由支配时间比较多,节奏也比较缓和,压力较小;而参加工作后,特别是在试用期内,毕业生往往被安排到条件艰苦的基层去锻炼,而且工作繁忙,经常需要加班加点,属于自己的时间较少。在这种情况下,往往会加剧角色冲突,为此,高职毕业生应该加强试用期内的学习和认识,使角色转换顺利实现。

(1)重视岗前培训。岗前培训对于刚刚走上工作岗位大学生的角色转换是非常重要和必要的。它不仅仅是让新员工了解单位的基本情况,熟悉规章制度和工作程序,更重要的是，通过岗前培训来树立集体主义观念，培养人际协调能力和奉献精神。从某种意义上讲，岗前培训可以直接反映出新员工的素质高低，因此单位都非常重视，并以此择优录用、分配岗位。毕业生一定要以认真的态度把握好这样一次充实自己、表现自己和提升自己的良机。事实证明，很多毕业生就是因为在岗前培训期间显露才华、表现出色而被委以重任的。

(2)要善于展现自己的知识。高职毕业生因为具有新知识而受到同事的青睐和尊敬，但为此也容易与同事产生一定的距离。因此，大学生在同事面前一定要表现得谦虚、随和，在尊重同事丰富经验的同时，适时适度地展现自己的知识。例如，可以利用工作机会，特别是当同事在工作中遇到麻烦时，以谦虚、诚恳的态度从理论上提出自己的见解，共同商讨，共同解决问题，也可以利用业余娱乐机会发挥自己的知识优势。在交流中让同事了解你的为人和性格，表明自己的世界观、人生观和价值观，缩小与同事间的距离，成为大家的朋友。要切忌自倨自傲，那样只能使得同事对自己产生反感，使得自己越来越脱离群众，变得孤立无助。

(3)要树立工作的责任意识。大学生对未来都有美好的期望，都想在事业上大干一场，建功立业。但是，多数人在走上工作岗位之初，一般不会被委以重任，而是先从最简单的辅助性工作做起，这也符合人才成长的基本规律。但是，有不少人凭着对工作的新鲜感和学识上的优越感，认为自己被大材小用了，对一些工作不愿意干，甚至闹情绪。其实，这是缺乏责任意识的表现，干任何一项工作，都要有足够的热情，更要有丰富的经验和随机应变的能力。这种经验和能力的获得并非一朝一夕之功，它需要在平时的工作中来积累和训练。显然，对工作单凭热情和情绪是不够的。因此，不管工作的大小、分工的高低，大学生都要以满腔的热情、高度的事业心和责任感认真对待，圆满完成。

(4)要培养实事求是的工作作风。大学毕业生具有较强的自尊心和自立意识，在工作上总想独当一面，取得成就。尽管很多人对待工作的态度是认真谨慎的，但在很多时候，工作中还是难免出现失误。工作失误并不可怕，可怕的是不能正确地认识失误，不能实事求是地去承认失误。工作中一旦出现了失误，就要认真地分析原因，总结经验教训，找准失误点；同时要敢于向领导和同事承认，并勇于承担责任，以获得领导和同事的理解；另外，要虚心学习、请教，总结经验教训，防止类似失误再次发生。

1.1.4 角色转换的主要内容

1.1.4.1 从“要”到“给”的转变，从“获取”到“贡献”的转变

从大学生到职业人，其核心是从“要”到“给”的转变，是“获取”到“贡献”的转变。

学生时代因为父母的付出，可以从家里“要”到宠爱与照顾；因为老师的付出，可以从学校里“要”到知识与技能；因为社会的付出、国家的付出，可以在社会中“要”到社会的资助与培养。不需要考虑贡献，大可以尽管去“获取”。

大学生在学校里，如果考试成绩不好，不会给班级和学院造成经济损失，会有补考的机会；如果和同学不能融洽相处，仍然可以保持自己的个性，孤芳自赏；如果你不喜欢哪位老师，你可以不去听他的课，可以期盼着下学期换另一个老师；如果迟到、旷课只是耽误你

自己的学习，与其他同学没有多大的关系。总之，校园里的大学生是“天之骄子”，是全社会培养的对象，享受着各种优厚的待遇。

然而，大学毕业生从校园走上社会成为职业人，如果工作失误，会造成重大的经济损失，没有挽回的机会；如果与同事关系不好，会被组织认为没有团队合作精神，将成为出局的人；如果迟到、旷工，耽误的是整个团队的业绩，你随时有被开除的可能；作为职业人，在单位里你必须成为社会、企业或老板财富的创造者。

大学生要转换成职业人，必须先“给”，否则你什么也“要”不到。将“获取”的心态变成“贡献”的心态，是成为职业人的关键。从企业的角度来说，企业对人的判断有两个要求，一个叫作潜力，看你未来成长的空间；一个叫作贡献，你的加入对这个团队能够产生什么样的价值。作为职业人，应考虑我能为单位带来什么，我能为企业创造什么，而不应首先去想单位、企业或老板应该给我什么样的回报。只有既能为企业或老板带来实际的贡献，又能使自己可持续发展，这样的员工才是最受欢迎的。

1.1.4.2 “不再轻易犯错”理念的树立

在试用期出错，特别是一些影响较大的差错，等于宣判了职位的死刑。在工作中要千方百计地避免出错，做事一定要克服马马虎虎的习惯，谨小慎微，遇事多想，仔细认真，反复检查；提前做些准备，以免措手不及。对一些拿不准的事情，一定要请示领导或请教同事。要督促自己、观察别人，只要是交办自己的事情就要踏踏实实地做好，做得好对工作、对自己都有益。做错事要主动承担责任，想办法弥补。事情做不好没关系，但只要勇于承担责任，公司都可以原谅，会对你更加信任；相反，我们经常会碰到一些新人用“没经验”作为逃避责任的托词，其实这是公司比较反感、最不能容忍的地方，也是一些公司不愿意用新人的一个原因。作为职业人，在单位里你必须成为社会、企业或老板财富的创造者，不能轻易犯错。

1.1.5 大学生与职业人的区别

(1)社会责任不同。学生角色的主要社会责任是学好科学文化知识，掌握为人民服务的本领，使自己德、智、体全面发展。整个角色过程是一个受教育、储备知识、锻炼能力的过程。职业角色的责任，是以特定的身份去履行自己的职责，依靠自己的本领或技能去为社会和他人服务，完成某项工作的过程，它是通过对工作对象的履行情况来体现的。

(2)社会规范不同。职业角色与学生角色不仅是在规范的内容上不同，而且规范所产生的约束力也不一样。社会对学生角色的规范内容，主要反映在国家制定的《大学生行为准则》和各学校制定的《大学生手册》之中。因为学生是受教育者，在违反角色规范时，主要应以教育帮助为主。从事工作后，就变成了成年人，社会对职业角色的规范因职业的不同而不同，但肯定是更严格，违背了就要承担一定的责任，甚至法律责任。

(3)社会权利不同。学生角色的权利主要是依法接受教育，并取得经济生活的保证或资助。职业角色则是依法行使职权、开展工作，并在履行义务的同时取得报酬。

(4)活动方式的不同。学生角色是在接受外界的给予，即接受和输入，主要是要求理解；而职业角色则是运用自己的知识和能力，向外界提供自己的劳动，即运用和输出，要求结合实际创造性地发挥水平。

1.1.6　角色转换的途径

许多毕业生走上工作岗位以后,产生对新环境的诸多不适应,主要表现在心理上、生活上、工作上、人际关系上和工作技能上。任何人对环境都有一个适应过程,要想尽快适应新环境需要做到以下几点。

1.1.6.1　要有良好的心态和承受力

社会与学校相比,生活环境、工作条件、人际关系都有着很大的变化,难免使那些心存幻想、踌躇满志的毕业生产生心理反差和强烈的冲突。大学生血气方刚,热情奔放,希望自己处处显色,却总是无法引起周围人的认可,不受重用,甚至遭排斥,备感失落、郁闷。这时,具备良好心态和心理承受能力是必要的,要抱着谦虚好学的态度,从基础做起,逐步争取领导和同事的认可,才是成功的开始。

1.1.6.2　增强独立生活能力

过去经济上靠父母资助,生活上有学校管理,学业上有老师指导;参加工作后,往往要自己处理衣、食、住、行等全部事务,一切靠自理、自立,这是毕业生无法回避的一种能力训练。要学会主动调节生活节奏,养成良好的生活习惯,合理安排自己的业余生活,才能适应新环境。

1.1.6.3　建立良好的人际关系

走上工作岗位后,人际交往能力的发挥是适应环境的关键。应放下架子去和周围的同事、领导交流思想感情,热心地去和他们交朋友。不善于与人交往,难以沟通,难免将自己封闭起来,以致带来诸多烦恼与痛苦。

1.1.6.4　培养应对挫折能力

受挫折者胜,逆境成才者大有人在。不要怕受挫折甚至讥笑。很多时候都是自己同自己过不去,画地为牢,缚住手脚。“水至清则无鱼,人至察则无友。”也许上级领导并非你所想象的那样难处,把别人的“严厉”、“难处”当成催化剂,不要偏激地当成一种刁难,或许领导和同事都默默地在关注着你,期待着你的成功。

受了挫折怎么办?怨天尤人没有用,自暴自弃只会雪上加霜。最好的办法莫过于静下心来反思,从挫折中吸取经验和教训,使今后少走弯路。所谓“吃一堑,长一智”,改换视角,以收到“触类旁通”之效,对付挫折的高招往往在你不断应对和总结中产生。

1.1.6.5　增强角色意识

社会好比一个大舞台,每个人都有自己的角色位置。毕业生进入新单位后,首先应认清自己在工作环境中所承担的工作角色以及这个角色的性质、职责范围,弄清楚工作关系中上级赋予自己的职权和自己承担的义务。如果角色意识淡薄,一意孤行,我行我素,该请示的不请示或擅作主张,该自己处理的事情不敢做主或推给上司、同事,势必与新环境格格不入。

1.1.6.6　努力成为“复合型人才”

刚步入社会的职业人,一般要经历新鲜兴奋—观察思考—协调发展这样一个变化过程。学校培养的是专门人才,而实际工作中碰到的问题往往是综合性的,涉及多学科、多领域的知识。社会需要的是“复合型人才”,因此要使自己胜任工作、适应环境。只有随时调整自己的知识、能力结构和思想行为方式,才能不因工作中出现困难而止步不前。必须明白:社会不仅看重学历和文凭,而且看重能力。

相关链接

顶岗实习

顶岗实习是高职生完成学业中的重要一环,是开始职业生涯的前奏。实习的好坏直接影响着学业成绩的评定与就业经验的积累,所以走好这一步尤为重要。高职生进入实习阶段扮演的是双重角色,既是学校派出去学习的学生,又是顶岗实习单位的工作人员。

在实习中,应做到以下几点。

1. 多看、多听、多做

文秘专业的小李在一企业实习时,每天都提前半小时到办公室打扫卫生,把办公室整理得井井有条。办公室领导看在眼里,非常喜欢小李,实习结束后被单位留用。

无论在学校学习的是什么专业,在课堂上所学的理论知识与实际工作都存在着一定的差距,当你第一次走进企业实习的时候,你会感觉到惊奇、新鲜,因为有优雅的环境、高大的厂房、先进的设备,还有严谨的工作流程,这些都是你始料未及的。因此,首先要多看,看工作流程,看师傅们的工作顺序及指导教师的演示;其次就是要多听,听是获取知识的重要途径,要听清、听懂老师的讲解;最后是要多做,要抓住机会多动手,因为做是顶岗实习的目的,在还没轮到自己操作时,可多做些服务性的工作,这样可以获得更多的锻炼机会。

2. 多问、多想

学建筑的小张和他的几个同学到一建筑工地实习,工长带着他们去工地放线。建筑是个半圆形的,在定点后,有几个点被建筑工人弄丢了,线无法放下去,想问工长又怕丢面子,因为这个问题好像很简单。不问,线放不下去,凭感觉去做又怕出问题。最后,只得打电话求助学校老师,才把问题解决了。

高职生在顶岗实习的过程中会遇到许多意想不到的问题,理论和实际在结合的过程中需要人指点。其实,小张不必把问题想得那么复杂,你是来实习的,不懂就要问,不能爱面子。无论是在机关,还是在工厂、酒店……不要怕说“我不懂”。遇到难题,多动脑筋,细想得出的结论终身不忘。

3. 讲究形象,忠于职守

师范生小宋在一中学实习,课堂上一学生突然昏倒,她丢下课本,背上学生,打车赶往医院,没想到医院电梯坏了,小王背着学生一口气爬到七楼急诊室,结果自己晕倒了。等她醒来,看到的是含泪坐在自己身边的学生家长和学校领导,这是一种了不起的精神。

在机关,你是国家公务员;在工厂,你是工人;在学校,你是老师;在医院,你是医生、护士……你的形象不仅代表了你自己,更重要的是,代表了学校和工作单位。工作中要以职员的标准严格要求自己,严格遵守单位的规章制度,时时刻刻想着自己是单位的一员。

4. 立足本职,吃苦耐劳

建筑施工、机电安装、酒店管理的实习是十分艰苦的。建筑中的水、暖、电,机电中的焊、钳、维修等对实习生来说不光是学习、锻炼,更是毅力的考验。没有立足本职的思想,没有吃苦耐劳的精神是不行的。

在某公司实习的汽车专业学生要和工人们一起同吃、同劳动60天。但有个别学生干了不到20天便开了小差。既然选定了这个专业,就应该用正式职员的岗位职责来要求自己,克服"适应期"中的困难。没有付出,难有回报。成功路上多坎坷,只有坚持才能胜利。

1.2 基层定位,从小事做起

高职院校的培养目标是坚持培养面向生产、建设、管理、服务第一线需要的"下得去、留得住、用得上,实践能力强,具有良好职业道德的高技能人才"。就业后所从事的大都是平凡的岗位。有的同学认为,在最基层的平凡工作上做不出伟大事业,这种认识是错误的。社会需要各种类型、各种层次的劳动分工,社会的发展离不开各种普通、平凡的工作岗位。一个人能不能够有所成就,不完全在于他所从事的是何种职业,而在于他能不能够很好地将个人的条件和职业岗位的需求统一起来,看看在这个岗位上自己能否干得了、干得好。如果干不了、也干不好,再好的岗位也无济于事。同时,在思想上应当明确,在任何职业岗位上,只要努力工作都会有作为、有前途并为社会作出贡献。

高职生要想成就一番事业必须从基层做起,踏踏实实地做好每一件事。只有把基层的事做好了,做成功了,才有可能发展自己的事业。基层的事做不了、做不好,何以能成就大业呢?在现实生活中,很多用人单位挑选应聘者往往也是这样看的。因此,"勿以事小而不为"。大凡成功的从业者都有个共同的特点,即从细小之处做起,从最基层做起,最终成就了大业。高职生要实现自己的职业目标和人生追求,应重视从最基层、最小的目标开始。首先要确立一个小目标,将其解决后再集中全力向更大的目标挑战。取得成功后,再进一步确立更大的目标,这样苦苦奋斗下去,就会从山脚下一步一步坚实而稳定地向高处攀登,最终实现总目标,从而实现人生价值。

职场新人在自己部门可以业余时间打扫一下卫生、帮老同事倒杯水,给人留下勤快的印象,又易于融入同事圈中,和同事们相处和谐,得到大家的帮助和支持。

职场新人不但要完成好属于自己的每一项工作,还要做自己不愿做的事情。能否做好那些自己不愿意做的事情是一个人是否成熟的标志,也是一个人能否取得人生成功的主要因素。这世界不是为你准备的,这职位也不是为你设立的。为了一种对自己、对别人、对集体、对事业的责任,你必须认真地对待那些你不愿意做的事情,而且你要想方设法把它们做好,不要总认为自己是人才,而进入公司做事务性的工作就屈才了,终日认为大学生的学历与"小儿科"的事情不匹配。是你要去适应环境和社会,而不是要求环境和社会去适应你。需要逐步提高自己的职业含金量和竞争优势,如果能化被动为主动,那么工作与成长的意义就真正体现出来了。"硬着头皮、咬着牙",把你不愿意做的事情做得像样,将会比你做好你擅长的事情有更多的收获。

常言说得好,"合抱之木,生于毫末"。在即将开始的基层第一任职实践中,你只要立足本职，从点滴学起、做起、干起，在实践中不断提高自己的综合能力，胜任本职工作只是时间长短而已。千万不要采取消极的态度，要么不去做，要么推诿、拖拉，要么敷衍了事，无论哪一种情况都会给工作带来损失。

相关案例

汪金权：清贫之中自有内心富足

汪金权出生于1963年，在蕲春县狮子镇郝子堡村山区长大，自幼家中十分贫穷，靠乡亲们的资助才完成学业。

1987年，汪金权从华中师范大学中文系毕业，分配到有名的黄冈中学。在到蕲春四中看望老师时，当时看到四中很需要老师，他为了支持山区教育，义无反顾地调到最偏远的学校——蕲春四中。四中在该县北部山区，与安徽交界。这里地处大山深处，交通闭塞，条件艰苦。

22年来，汪老师几乎把所有工资都用于资助贫困学生。汪老师来四中后不久，就开始当班主任。1989年春季开学，汪老师发现有些学生因家贫没来。他一家家去劝家长："让伢们去上学，学费我先垫着。"

以后，这些孩子们的学费从他工资里扣，有时因垫付得太多，到月底时工资都快扣没了，财务人员只好一次少扣点，有时一直要扣到年底。而这些垫付的钱，数目到底有多少，学生还了或是没还，汪老师从不介意。

有的学生没钱吃饭了，汪老师也几十元上百元地给。20世纪90年代初，他月工资仅百余元，因帮助学生，常常需要借钱吃饭。22年来，汪老师每年都要帮一二十名学生垫学费或生活费，至今累计数百人。后来，一些学生考上大学了，甚至就读研究生，他仍然继续资助，有时一月要寄上千元，总数累计超过10万元。

汪老师是该校中老年教师中唯一没有房子的人，多年来租住在学校宿舍。他的七旬老母、患有精神病的妻子以及弱智的小儿子，至今还住在大山深处的老屋中。

汪老师对学生的好是出了名的。无论谁遇上困难了，谁没有钱了，不管是不是他班级的，只要找来了，汪老师每回都是有求必应。不仅如此，他还把一些贫困学生安排在自己的宿舍里，"全方位"帮扶学习和生活。2002年以前，汪老师住在学校的出租平房内时，条件非常艰苦，房间窄小得只能摆下一张短小的木床，即使在这样的条件下，汪老师的房间内依然有几个学生用的木箱。2002年，汪老师搬进了集资楼，于是在汪老师的宿舍内，简陋的房间内更多地摆满了学生们的高低床和学习书籍。多年来，学生与汪老师同吃同住已成为四中一景。最多一次，他安排了8名学生住进了自己宿舍。他把自己的全部空间和时间，都毫无保留地奉献给了山区的孩子们。

在他的言传身教下，陈卓彬等20多名学生作文竞赛在国家和省级比赛中获奖，100余名学生的千余篇诗文习作在《语文报》、《中国校园文学》等报刊上发表。

多年来，汪老师亲手培养了1 000多名孩子考上了大学。如今，学生们分布于全国各地，很多人成为单位的骨干。他们中的很多人家庭都十分贫穷，而他们的成长不仅改变了自己的命运，也改变了很多贫寒家庭的命运。

汪老师的事迹感动了中国，由此也证明，基层更需要我们大学毕业生，基层也是我们施展才华的大舞台，高职生在基层更有用武之地。

相关链接

月薪800元、愿干基层工作，高职生就业走“双低”

据报道，身处竞争激烈的求职大军中，不少高职生选择了“双低策略”来吸引用人单位，理想月薪800元、愿从最基层工作做起……在招聘会上，与高校本科生、研究生追求高薪和光鲜行业相比，高职生求职显得更加实在。

面试避谈薪水

“第一年我对工资没什么要求，每月800元就足够了。”毕业班学生小刘结束完与一家企业的面谈，现场来的几家单位都挺“对味”的，如果被录用能让自己有更大的发展空间。至于收入上的要求，小张摇摇头表示没考虑太多，“第一年能养活自己就行了”。

笔者在招聘会现场采访时发现，大多数高职生对于收入都“不大关心”，和用人单位面谈时对于薪资甚至避而不谈。毕业班学生小张坦言，这是因为大多数同学都比较有自知之明，“说实话，对于找工作的人来说，薪资当然很重要，但是和名牌大学的本科生、研究生相比，我们更愿意先找一些相对低收入的工作”。

愿从最基层开始做

高职生不仅对收入“不关心”，对于岗位品种也大多抱着“不计较”的心态。笔者在现场看到，一些在本科生招聘会上被冷落的销售员、技术员等工种，都成了高职生们投递简历的热门，一些企业招聘摊位前还一度排起长队。

“找工作前我给自己的定位就是基层，苦点累点也无所谓。”物流管理专业的小蔡已经考出了很多“红头证书”，不过她表示，如果有企业招聘一线的单证操作员，她也愿意应聘。毕业班学生小顾则认为基层技能性的工作更对高职生的胃口，她告诉笔者，在学校学得最多的就是技能，在一线工作更能使自己有所发挥。小顾还很乐观地表示，基层工作被很多名牌大学的学生忽视，这样反倒给高职生一个很大的就业空间，“我找工作的策略就是：和本科生、研究生们错开来！”

用人单位：高职生定位更实在

据了解，招聘会上不少用人单位表示，之所以愿意招聘高职生，就是冲着高职生的“双低心态”来的。“和本科高校的大学生比起来，高职生更实在”。某IT公司的招聘人员吴先生表示，心态好和技能强是高职生的两大优势。他告诉笔者，公司也招聘本科生、研究生，甚至是名校的博士，相比之下，高职的学生虽然理论基础和思维能力稍逊一筹，但是动手能力却很强，也更吃得起苦，‘两个字，好用’。对于有些学生对低收入的忧虑，吴先生表示，第一年收入或许依据的是学历，但之后的薪资水平则完全取决于能力。

2 初入职场可能面临的问题及解决对策

大学生在从学生角色向职业角色转换的过程中,往往会面临着新旧角色的冲突。有些人由于受到社会因素、家庭因素尤其是自身认知能力、人格心理发展、意志品质以及情绪情感等因素的影响,不能正确认识角色转换的实质,或者在角色转换中不能持之以恒,出现一系列问题。

2.1 转换过程中容易出现问题

2.1.1 依恋和畏惧并存

许多大学毕业生走上工作岗位后,怀着对学生角色的依恋,对全新的职业角色充满了畏惧。即在角色转换过程中容易依恋学生角色,出现怀旧心理。经过十多年的读书生涯,对学生角色的体验可以说是非常深刻了,学生生活使得每一位学生在学习、生活和思维方式上都养成了一种相对固定的习惯。因此,在职业生涯开始之初,许多人常常会自觉不自觉地把自己置身于学生角色之中,以学生角色的社会义务和社会规范来要求自己、对待工作,以学生角色的习惯方式来待人接物,来观察和分析事物。而面对新环境,一些大学生在刚走进新的工作环境时,不知道工作应该从何入手、如何应对,在工作中缩手缩脚,怕担责任,怕出事故,怕闹笑话,怕造成不良影响。于是工作上就放不开手脚,前怕狼后怕虎,缺乏年轻人的朝气和锐气。

2.1.2 自傲与浮躁同在

有些毕业生对人才的理解不够全面和准确,认为自己接受了比较系统正规的高等教育,拿到了学历,学到了知识,已经是比较高层次的人才了。因而,往往看不起基层工作和基层工作人员,甚至认为一个堂堂的大学毕业生干一些琐碎的不起眼的工作是大材小用,有失身份。于是就轻视实践,眼高手低。一些人在角色转换的过程中受社会环境的影响,表现出不踏实的浮躁作风和不稳定的情绪情感。一阵子想干这项工作,一阵子又想干那项工作,不能深入工作内部了解工作性质、工作职责以及工作技巧。近年来,毕业生要求调整单位人数的增多,就是因为一些学生就职很长时间后还不能稳定情绪,进入职业角色,反而认为单位有问题,没有适合自己的职位。事实上,如果不能静下心来踏踏实实地学习,适应工作,不管什么样的单位都不会适合。

2.2 塑造良好的自我形象

(1)热爱本职工作,培养职业兴趣。热爱本职工作,安心工作岗位是角色转换的前提。刚刚走上工作岗位的大学生,应当尽快地从学生学习生活的模式中解脱出来,全身心地投入到工作岗位中去。如果“身在曹营心在汉”,不仅对角色转换不利,而且会影响职业兴趣的培养和工作成绩的取得。

(2)虚心学习知识,提高工作能力。虚心学习知识,提高工作能力是角色转换的重要手段。毕业生在校期间学习到的东西毕竟是有限的,很多知识和能力需要在工作实践中去学习、锻炼和提高。面对全新的职业,毕业生需要像小学生那样从头学起,虚心向有经验的技术人员、领导、师傅和同事学习,不断丰富自己的专业知识,提高自己的专业技能,最终达到自我完善。

(3)勤于观察思考,善于发现问题。勤于观察思考,善于发现问题是角色转换的有力保障。大学毕业生进入职业角色,只有善于观察问题,才能发现问题;只有运用自身掌握的知识去努力解决问题,才能掌握大量的第一手资料,分析研究职业对象的内部规律,也才能培养自己的独立见解,逐步具备独立开展工作的能力,更好地承担角色责任。勇挑工作重担、乐于奉献是完成角色转换的重要标志。大学毕业生走上工作岗位以后,应当从一开始就严格要求自己,树立主人翁意识,增强社会责任感,培养无私奉献的精神,任劳任怨,不计较个人的得失,努力承担岗位责任,主动适应工作环境,促使自己更好、更快地完成角色转换。

2.3 建立和谐的人际关系

(1)处理好与领导的关系。领导对大学毕业生的工作、学习、生活、成长等具有举足轻重的作用,处理好与领导的关系是人际关系的重要方面。在处理与领导的关系时,要给领导以良好的第一印象;要尊重而不奉承;要服从而不盲从;要以等距离的原则处理好与各位领导的关系。

(2)处理好与同事的关系。同事之间的关系是每天要面对的人际关系,良好的同事关系是事业成功的重要保证。在与同事相处时,要平等相待,一视同仁;要真诚地帮助和关心他人;诚恳地赞誉,善意地批评;在发生意见分歧时要有所克制。

(3)加强自身修养,锤炼优良品质。树立正确的世界观、人生观、价值观,培养良好的道德品质,是建立和谐人际关系的根本。把自己的命运与企业的发展、祖国乃至人类的命运联系在一起,诚实、自信、守信、宽容,让人格魅力成为人际交往吸引力的源泉。

2.4 慎重选择跳槽

快节奏、压力大的生活下,很多职场人选择的是兢兢业业工作,保持现有薪资岗位。然而有不少人却是"逆势而动",偏要在这个时候选择新东家。

当然,理由是各式各样的。跳槽,在职场人士看来已不再是一个新鲜词了,但跳槽过程中的学问,对跳槽者而言,还是显得有点陌生。在这里有必要给职场跳槽人士一个提醒:跳槽,你考虑好了吗?

多问一个为什么。为什么要跳槽?很多跳槽者其实并没有从心态和创造跳槽条件上做好准备,所以在跳槽前,这些问题也是跳槽者必须先自我发问的。跳槽是在选择什么?是因为职业发展(包括技能学习、上升空间、薪资待遇)受限,还是因为缺乏工作新鲜感或人事关系处理存在问题?如果是后者,必须确定自己是在通过自我调整等努力后仍无法解决的情况下再选择跳槽。同时,求职者在跳槽时,应全面衡量社会环境和个人因素。

做好充分准备。香港联祥集团销售副经理高明说:"做好跳槽前的心理准备,是否具有积极成熟、面对压力的心态非常关键。从下定决心要换工作开始,要清楚自己想做什么、适合做什么,如果不是很清楚,就需要多花些时间来思考这个问题。有些人只是为了换工作而换工作,这是相当危险的转职念头。"

衡量自己是关键。不考虑自身专长和兴趣，即使应聘成功，也难以长久。何况每一次换行都必须从新手做起，知识和经验难以积累，也很难成为行业的佼佼者。这里还要提醒广大的应届毕业生，不要轻易放弃自己的专业，毕竟学以致用者轻车熟路，较非专业者容易上手得多。中国人寿保险股份有限公司辽宁省营销管理部业务主任白桂芹说："没有仔细地衡量自己，找好自己的目标方向，不考虑下一份工作是否适合自己就盲目跳槽不恰当。要根据自己的能力寻找适合的方向。"很多跳槽的职场人士都是为了谋求一个更高的薪水，通过跳槽能让薪资上个台阶固然是好，可是为了一两百块钱跳槽就显得过于草率。有的人在跳槽时只盯住薪资，不考虑自身的长远发展，更是得不偿失。盲目听信者往往会迅速再次跳槽，进入恶性循环。

"别为虫子放弃桃子。"有些人仅仅因为一点小事与上司或同事意见不和，便感情用事，离职不干。这样负气而走，很多都没有经过考虑，凭的是一时冲动。而冲动过后需要做的事情却不是那样轻松的。单单凭情感而跳槽是危险的，后续的麻烦也很多。中国科学院沈阳计算技术研究所研究生部 IT 培训中心的贾文芝老师说："人在职场要有一定的包容能力。当然，原则上的问题不能动摇，但是小事或者不需要太在意的事情就不要斤斤计较。因为一个人或者几个人就将自己的职位或者说前景抛弃是一件不合适的事情。"

分阶段把握好自己。贾文芝老师说："跳槽是一件比较普通的事情，不用大惊小怪，但是也要重视。跳槽也分年龄段的。比如年轻人还没有定性，找到一份工作发现不适合自己或者说学了一段时间后都学会了，想去别的行业看看，这是可以理解的。但是如果年龄比较大并且经常性跳槽的话就是问题了。在一个位置不能安心做好，可能学不到什么东西，而且某些企业对于忠诚度还是比较看重的。"

香港某集团销售副经理理说："正在酝酿跳槽的职场人士，一定要掂一掂自己的职业竞争力。想跳槽成功，就要提高自己的敏感神经，提升自身的职业竞争力，加强职业危机管理是当务之急。当然，还需要结合自身的职业特质，找到符合自身需要的职业发展路径，这是跳槽成功的前提，然后再做最后的评判和考量。通过冷静思考，不仅能让您在择业时更为理性，还能帮助您在面试时坦然面对招聘企业，自然容易求得一份满意的工作。"

相关案例

职场生力军的年轻人应慎重选择跳槽

随着我国经济的迅猛发展，身处职场中的人们比以前有了更多选择工作的可能，那么作为职场生力军的年轻人是怎样看待跳槽的呢？

陈军是今年刚刚毕业的一名大学生，经过几个月的努力终于拥有了自己的第一份工作，谈到职场中某些人频繁跳槽的现象，陈军说："通过我这几个月找工作的经历，明白了现在社会竞争的激烈。以前只是看到媒体报道说竞争比较大，但是没想到竞争会如此激烈。"陈军不无感慨地表示，如果没有想好以后的退路或者是积累下了相当的资本，他不会轻易地选择跳槽。

相对于职场新手的陈军来说，杨东虽然只有 26 岁，但已经经历过数次跳槽的他可以说是"久经职场"了，谈到跳槽，他说："我觉得跳不跳槽不是一个绝对的事情，如果时机合适，有更好的发展机会和发展前景，完全没有必要在一个单位死守到底，谁不想趁着年轻多赚点钱啊。”杨东还表示现在还年轻，认为自己还有发展的潜力和机会，如果等年龄大了，“往前冲、往前闯”的劲头没有了，也许会选择在一个单位彻底地安顿下来。

当有人问他万一没有这样的一个单位的话会怎么办时，小杨表示没有想过，并且认为自己不会沦落到那种地步。

笔者还就此问题了解过一家私企负责人的看法，这位负责人表示：选择跳槽不能用简单的对与不对来评判，很多时候，人们作出了跳槽的决定之后，可能会产生两种截然不同的效果：成功或者失败。如果是没有变化的话，选择跳槽也就没有实际意义了。此外，他还提醒广大的年轻人说：“选择跳槽一定要慎重，在跳槽之前要想好自己已经具备了哪些优势，在新的环境里，自己的这些优势是不是可以得到更好的发挥。另外，最好是在已经找到新工作之后再辞职，因为工作时间上有断层的职员是不太受用人单位欢迎的。”

因此，对于年轻人在工作上特有的开拓精神，我们应该给予充分的肯定和积极的鼓励，但是在面对着关乎生计问题的跳槽选择的时候还是应该慎之又慎。

3 适应企业，适应岗位

3.1 适应企业文化

3.1.1 企业文化的内涵

企业文化是一个组织由其价值观、信念、仪式、符号、处事方式等组成的其特有的文化形象。企业文化是企业的灵魂，是推动企业发展的不竭动力。企业文化的内容包括经营哲学、价值观念、企业精神、企业道德、团体意识、企业形象、企业制度，其核心是企业的精神和价值观。这里的价值观不是泛指企业管理中的各种文化现象，而是企业或企业中的员工在从事商品生产与经营中所持有的价值观念。企业文化具有导向功能、约束功能、凝聚功能、激励功能、调适功能。不同企业有自己独特的企业文化，只有适应企业文化，才能融入企业整体，尽快完成从学生到职业人的转变。

相关案例

五大流行的企业文化

现代中外许多成功企业的经营之道为现代企业提供了值得借鉴的宝贵经验。

(1)民生文化。民生公司发展之所以如此迅速，和创始人卢作孚的经营成功有着极大关系。在卢作孚的长期经营实践中，一个突出的特点便是十分注重文化意识在经营管理中的作用。例如，他极为注意强化企业对职工的凝聚力，鼓励企业和职工的双向参与。他曾提出一个著名的口号：公司问题，职工来解决；职工问题，公司来解决。他把这一口号印在轮船的床单和茶杯上，逐步培养职工树立一种和公司同生存、共荣辱的集体意识，在企业发展中起到了良好的作用。

(2)松下文化。松下公司在几十年的经营生涯中形成了独特的企业文化，铸造了七大精神:“产业报国、光明正大、团结一致、奋发向上、礼貌谦让、改革发展、服务奉献”,充分表现了松下那种谦和、执着、一以贯之的朴实风格。

(3)大庆文化。以“铁人”王进喜为代表的大庆油田工人,把“艰苦创业”作为座右铭,坚持“有条件上,没有条件创造条件也要上”的创业精神。大庆人艰苦创业、“三老四严”的精神,化作了中国工人阶级自力更生、艰苦创业的强大力量。

(4)索尼文化。索尼的企业哲学中突出的一点就是十分重视人的因素和民主作风,特别看重中层管理人员的作用,并设法淡化等级观念。该公司领导努力将工厂的车间搞得比工人的家庭更舒服,而把管理人员的办公室尽量布置得朴素些。另外,索尼人始终不满足现状,时时有“饥饿感”、“紧迫感”伴随,这可谓索尼文化的另一特色。正因如此他们能不断学习世界上比自己先进的东西,经过消化,创造出别人没有的东西,适应了市场,赢得了声誉。

(5)IBM文化。IBM公司即美国国际商用机器公司,该公司的信条就是“IBM就意味着最佳服务”。因为他们懂得,优质服务是顾客最需要的。这不能不说是IBM公司多年来一直取得成功的一个奥秘。

3.1.2 适应企业文化

好的企业文化可以是决定员工乐业敬业与否的重要因素,还可以有效降低组织内部的沟通成本。例如公司上下拥有一致的价值观,就会形成共同语言,事情只做一半或是只需使个眼色,大家就能心神领会,工作就变得很有效率,也因为拥有共同的沟通语言而愉快工作。

对初入职场的学生而言,了解公司的企业文化是非常重要的。组织并不会为一个人而改变,只有自我调整、融入组织才切合实际。不论公司的企业文化怎样,请先充分了解并且融入其中,才有机会提升自己,拥有变革的能力。

用眼观察,用心体会。如何才能深入了解企业文化?初入职场的学生应该仔细观察,从公司的日常事务中领悟企业文化的内涵,进而清楚自己该如何在组织内将工作做好。了解“组织如何完成工作”最好的方式是,从观察“公司如何开会”着手,因为在开会的过程中,各部门主管或同事多会表现出本性,更能反映公司的企业文化。从什么样的问题需要召开会议、会议前的筹划与准备、会议中的讨论情形、会后的执行以及最后的结案等,整个过程都能反映出企业组织是如何完成事情的。举例来说,有些公司开会强调脑力激荡,强调会中讨论比事前准备更加重要,因此会鼓励大家踊跃发言;有的组织则重视决策执行,因而事前准备与事后跟进就占了较大的比重,会议进行反倒不那么重要了。同样是要完成事情,这两个例子就呈现了两种不同的企业文化。

保持弹性,提升竞争力。在进入一家公司前,充分地了解是十分重要的,但“保持弹性”更是让自己成为职场赢家的重要因素。若能够时时调整自己,让自己在不适应的环境下也能愉快工作,那么就能保有不凡的竞争力了。如果因为“无法适应企业文化”而想要离职,请先自我分析,确定问题究竟是自己无法忍受公司对完成事情的要求与压力,还是自己看不惯公司完成事情的做法。如果是前者,那么“无法适应企业文化”只不过是你为自己的工作态度问题找来的借口;如果是后者,那么请先试着改变自己,以正面且开放的态度看待周围的人和事,若依旧无法接受公司的做事方法,那就只好转换跑道、另谋高就了。

3.2　了解岗位,适应岗位

3.2.1　岗位

岗位是企业运作职能部门下一个最基础的具体位置。公司的招聘都是招聘一个能做岗位工作的人,这就是我们生活中所指的找工作的含义。你看到的招聘信息就是一个具体的岗位。

3.2.2　岗位探索

岗位探索就是对岗位本身和影响岗位发展因素的调研。对岗位进行探索是大学生求职的第一步,对岗位的明确把握,可以让大学生在应聘时更有针对性,也会在了解岗位的基础上加深对自己的了解。岗位是你的阵地,当你要占领一片阵地时,你一定要对阵地有全面、准确的了解,而这种了解的方式就是探索、就是调研。

3.2.3　岗位探索的内容

一个完整的岗位探索包括四个层次(十个方面),分别是岗位描述、岗位晋升通路、背景下的岗位要求、个人与岗位的差距。

3.2.3.1　岗位描述

岗位描述是指岗位的定义、工作内容及完成岗位工作要具备的素质,这是岗位的基本内容,是理解一个岗位的最直观方面。

(1)这个岗位是什么(岗位的一般定义)。社会上对每个岗位都有一定的、通用的看法,这是大家普遍赞成的定义,这个一般是权威部门所下的。但是一些专家、学者、老总等从业人士又对其有具体的、个性化的看法,应该说,对岗位的不同理解是没有对错之分的。大学生在探索这一步时,要把握的就是尽量全面地了解各方的看法,然后综合起来形成自己的看法就可以了。

(2)这个岗位做什么(核心工作内容——典型的工作一天)。每个岗位都有其核心的工作内容,大学生在探索岗位时要搞清楚这个岗位的核心工作内容,其具体表现为要为公司、部门做哪些工作,在量化了核心工作内容之后,大学生就可以依据工作内容来判定自己是否能够做好以及自己是否喜欢做了。了解岗位核心工作内容的最好方法就是调研几十个做这个岗位的人,问他们典型的一天工作是什么,然后综合整理出来就是了。

(3)这个岗位要具备什么(岗位胜任素质)。要完成岗位的核心工作内容就要具备一定的职业能力、态度等,综合来说就是岗位的胜任资格。具体表现为知识(教育背景)、能力(经历、培训)、态度(道德等内在素质),当然具体的要求还要结合所在的行业、企业以及领导、上司对其的具体要求等。这个你可以通过上网搜索到30个同样岗位的招聘信息,然后合并其岗位要求部分就可以了。

(4)谁做过和在做着这个岗位(过来人的看法)。和在做这个工作的人或做过这个工作的人交流是具体了解岗位的很好方式。一方面可以进一步明确、加深、补充你对这个岗位本身的理解,另一方面也可以得到过来人的一些经验、忠告。应该说,其目的主要是了解已经工作的人对岗位的理解,最大化地使自己全面了解岗位,也为自己科学地选择岗位做好准备。

3.2.3.2 岗位晋升通路

岗位是在职能的基础上根据具体需要而分化产生的,所以在同一部门、同一职能上一定会多个类似的岗位,而了解这个岗位能为自己岗位轮换、工作转换、升职等带来很大的方便。

(1)和这个岗位相关的岗位是什么(拓展发展方向及为轮岗、转换工作做准备)。一般来说,在一个部门里是有众多职能相同、工作相似的岗位的。如招聘专员的相似岗位就是人力资源部门的众多岗位,如培训专员、考核专员等。大学生对相关岗位进行同样的岗位探索,有利于大学生全面了解部门职能,有利于大学生多方面培养能力,有利于大学生进行岗位轮换和工作转换,也有利于大学生进行职业选择和个人定位。

(2)这个岗位的职业发展通路是什么(岗位的晋升方向)。一般来说,一个岗位是有其固定的晋升通路的。如招聘专员—招聘经理助理—招聘经理—招聘总监等,但具体的晋升岗位和通路要结合企业类型和企业所处的发展规模,很可能一些中小公司的招聘专员就负责整个公司的招聘工作。大学生搞清楚自己的岗位在雇主里所明确规定的晋升岗位和通路是很有必要的,知道自己的下一步是什么工作,达到什么标准就可以升职是很有利于激发个人热情和信心的。

3.2.3.3 背景下的岗位要求

岗位的通用要求加上不同背景下的岗位理解构成了一个岗位的最终描述,大学生求职要特别考虑以下因素,因为这些因素才是制约你在公司发展的关键。

(1)不同行业对这个岗位的理解是什么(行业背景下的岗位要求)。隔行如隔山是对岗位不同理解的最好注释。同样的一个岗位名称,在不同行业里完全有可能做不一样的工作,当然这里有乱用岗位名称的人为过失,但在客观上也是存在一定异同的。这里给大学生的借鉴就是,如果当你要应聘一个具体岗位时,要看看那个公司所在行业是什么,然后在网上多调研一下这个行业对岗位的具体要求。方法也是整合这个行业的同类岗位招聘信息,然后进行综合比较。

(2)不同类型企业及企业所处发展阶段对这个岗位的理解是什么(企业背景下的岗位要求)。不同性质的企业,如外资、国企、私企等性质完全不同的企业对岗位的理解也是大相径庭的,企业所固有的传统和文化在左右着名同活不同的岗位,这一点大学生要留心。还有,企业所处的发展阶段、发展规模也是影响岗位理解的关键因素,相对来说,大企业就正规一些,而小企业就随意一些。了解企业背景下的岗位,理解的方法是整合同类企业或同规模企业的招聘信息,然后在比较中就可知道,各大招聘网站上的公司人数就是一个衡量企业规模的方式。

(3)不同领导和上司对这个岗位的理解和要求是什么(人为背景下的岗位要求)。虽然业内对一个岗位有其通用要求,但还是要考虑公司领导、部门和上司对岗位的具体理解和要求,毕竟你是要在这个公司发展的,是在一个具体部门并听从上司安排的。领导和上司的个性化、个人化要求有些是不能具体量化的,如领导让你帮他汇个款的私活。这个你就要具体参照你要应聘的那个公司了,如果你的目标不明确,就可以参考一些行业和企业对其的通用要求,方法也是查看多个同样岗位的招聘信息。

3.2.3.4　个人与岗位的差距

当你综合了岗位要求之后,就可以进入差距量化和差距补充阶段了。

你与目标岗位的差距是什么(综合的岗位要求)。全面、准确地了解自己是量化与岗位差距的前提和基础,这个要得益于自我探索的成效。差距是可以量化的,如组织能力不强,要英语口语好等。如果差距不量化就不能明确地行动,那么补充也就没有针对性。当然,也有可能一些大学生在对岗位进行不同背景下的探索时就已经放弃了对这个岗位的追求。总之,适时总结、反思是有助于量化自己和岗位的差距的。

相关案例

遵守时间

带着美好理想走出校门的年轻学子们,能否迅速适应新的工作,施展自己的才华?作为用人单位,如何让新员工尽快上岗,缩短他们的工作磨合期,这是入职人员与单位双方都关注的问题。

大学生初涉职场最易出现三方面问题:一是心态浮躁,对工作急于求成;二是眼高手低,不愿意从小事做起;三是生活自理能力差。

对于习惯了传统学校教育、生活方式的大学生来说,在最短的时间内适应新的工作环境的确不容易。刚刚担任某公司总经理助理的林林说:在工作当中,没有人会告诉你该怎么做,所有的答案都要自己找,刚开始真不能适应,为此还跑到洗手间偷偷哭过几次。而"迟到一分钟就要扣十元",这对习惯于睡懒觉的小张来说,更是不能想象。小张所在的电器集团的人事经理说:公司每年都要接收不少大学生,不少大学生把经常迟到的坏习惯也带到了公司。但在这里大学生已是企业人,就要遵守公司的规章制度。所以,在新员工入厂仪式上,公司会发给他们每人一个小闹钟,以培养他们的时间观念。

3.3　敬业好学,培育职业精神

企业文化的价值取向可能是多元化的,作为一名企业职工,贯彻企业文化最朴素、最基本的方式就是敬业进取,将自己的价值追求捆绑在企业的价值追求上,一荣俱荣。应该说,敬业是最完美的工作态度。具体而言,应该做到以下几点:

(1)树立正确的人生观、价值观,保持积极向上的态度。现在企业中普遍存在着三种人:得过且过、牢骚满腹、积极进取。其主要区别在于对工作的态度。一个人的态度直接决定了他的行为,决定了他对待工作是尽心尽力还是敷衍了事,是安于现状还是积极进取。可以说,态度也是竞争力。

(2)养成"工作中无小事"的工作习惯。"把每一件简单的事做好就是不简单,把每一件平凡的事做好就是不平凡。"这句看似简单的话蕴涵了一定的哲理。据统计,我们日常从事的工作90%是一些重复性、事务性、琐碎性的简单工作。但没有任何一件事情,小到可以被抛弃;没有任何一个细节,细到应该被忽略。大事是由众多的小事积累而成的,忽略了小事就难成大事。工作中无小事,每一件事不应该敷衍应付或轻视懈怠;相反,应该付出你的热情和努力,尽职尽责地去完成,养成"工作中无小事"的习惯。

(3)心中常存责任感。工作就意味着责任。每一个岗位所规定的工作内容就是一份责任。你做了这份工作就应该担负起这份责任。我们每个人都应该对所担负的责任充满责任感。

(4)将忠诚作为生存方式。在当今这样一个竞争激烈的年代,谋求个人利益,实现自我价值是天经地义的事。但是,个性解放、自我实现与忠诚和敬业并不是对立的,而是相辅相成、缺一不可的。现代管理学普遍认为,企业和职工是一对矛盾的统一体,从表面上看起来,彼此之间存在着对立性;但是,在更高的层面上,两者又是和谐统一的——企业需要忠诚和有能力的职工,业务才能进行;职工必须依赖企业的业务平台才能获得物质报酬和满足精神需求。因此,企业的生存和发展需要职工的敬业和忠诚;对于职工来说,要得到基本的物质回报和精神上的成就感就离不开企业这个赖以生存的家园。

忠诚是人际交往中最值得称颂的品质,同样也是职场中最受尊重的美德,只有所有的职工对企业忠诚,才能发挥出团队的力量,才能拧成一股绳,心往一处想,劲往一处使,推动企业走向成功。一个企业的生存除依靠少数精英职工的能力和智慧外,还需要绝大多数职工的忠诚和勤奋。

(5)对工作、对岗位心怀感激之情。感恩已经成为一种普遍的社会道德。对工作也应怀有一颗感恩之心:岗位为你展示了广阔的发展空间,工作为你提供了施展才华的平台,工作保证你丰衣足食,每个人对工作为自己所带来的一切,都要心存感激,并力图通过努力工作来表达自己的感激之情。当你以一种感恩图报的心情工作时,你的心情会更愉快,你才能认真履责、尽职尽责,你才会工作得更出色,才会真正达到"工作快乐,快乐工作"的状态。

人生在世,谁都想成就一番事业。然而,事业的成功并非人人都能如愿以偿,原因何在?如何做才能使事业获得成功呢?这是每个即将踏上工作岗位的毕业生都非常关心的问题。在电视剧《城市女孩》中,李超是一位股市交易所的老总、资深股市分析师,王佳是一名旅游专科学校毕业生,因为找不到合适的工作,又不愿意依靠家人,就甘愿做了一名钟点工。在全剧结尾时有这样一段精彩的对白:当李超不辞辛劳终于找到了自己心仪的钟点女工王佳时,问她:你为何有这样一种胸怀大气与自尊?王佳的回答是:一年前刚涉社会时,柏伯伯跟她说过的一句话:你想过没有,明天、明年、十年后,你的生活将是什么样子……的确,她的职业似乎微不足道,她的形象却靓丽清纯;她的工作看似谁都能干,她的精神却无与比肩,一个城市女孩用自己的敬业和诚信,给我们提供了答案:大学生就业仅有专业知识是不够的,还需要具备一种职业精神。

3.3.1 职业精神:职业成功之必需

长期以来,人们以为,职业生涯的成功就是换了更好的工作,或是得到了职位的提升,或是增加了工资。但这只是职业生涯成功的部分形式。美国一所著名的经管学院曾做过一个调查,结果发现,虽然大多数学生在入学时都想追逐名利,但在拥有最多名利的校友中,有90%是入学时追逐理想,而非追逐名利的人。爱因斯坦是世界著名的科学家,以色列国会曾邀请他回国当总统,被他婉言谢绝。爱因斯坦认为:自己的性格适合当科学家,搞研究,不适合当总统,搞政治。如果一定要让他当总统,那可就总统当不好,科学研究也搞不出,因为谁也做不到又当总统又搞科研,两边都能干出成绩来。爱因斯坦是伟人,伟人与常人的不同地方就在于他们比常人看得远、看得深，绝不随波逐流，绝不为尘世间的一点名利轻易地改变自己，去干对别人来说也许是梦寐以求的但却是不适合自己的事。我们设想一下，如果爱因斯坦真的去当总统，结果会怎样？极有可能是以色列多了一个无足轻重的总统，而人类却少了一个伟大的科学家。爱因斯坦给我们的启示是，他热爱的并不是庸俗的、一元化的名利，他的名利是他的理想和激情带来的。

为了进一步理解职业精神的内涵，有必要引入外职业生涯、内职业生涯和职业锚三个概念。外职业生涯是指从事职业时的工作单位、工作地点、工作内容、工作时间、工作职务、工作环境、工资待遇等因素的组合及其变化过程，我们可理解为职业条件，因为它不是你自己的、内在的，而是你所从事的职业赋予你的。内职业生涯是指从事一项职业时所具备的知识、观念、心理素质、经验、能力、内心感受等因素的组合及其变化过程，尽管内职业生涯各项因素可以通过别人的帮助而得到，但主要的还是由自己的努力追求而得到。我们也可以将内职业生涯理解为职业精神，这是因为内职业生涯的各构成因素内容一旦取得，别人便不能收回或剥夺，它已融入到你的机体，成为你特有的品质。为了便于理解职业锚这个概念，可以做个形象的比喻：你驾驶着你的职业生涯之舟在人生社会的海洋中航行或漂泊。有一天早上，在明媚的阳光下，你突然发现一处风景秀丽的港湾，于是决定停船下锚，在此处创业发展。这个锚，就是你的职业锚，这个区域就是你职业生涯的最佳贡献区，我们可以理解为职业匹配。一个人的职业生涯的成功应该表现在职业条件的改善、职业精神的形成及职业匹配合理三个方面，但是职业条件的改善、职业的匹配往往取决于人的职业精神。

有的人一生追求外职业生涯的成功，但内心世界极为痛苦。因为他们往往不了解，外职业生涯发展是以内职业生涯发展为基础的。仍以《城市女孩》为例，有一个很奇怪的现象，某些人只是计较钱，什么东西都只用钱来估算，结果反而抓不到钱。而王佳在工作时追求的是工作本身的内在价值，用心地去做，虽然许多钟点工都被雇主辞退，但是她却想辞都辞不了。这说明内职业生涯的发展是外职业生涯发展的前提，内职业生涯发展带动外职业生涯的发展，它在人的职业生涯乃至人生成功中具有关键性作用。因而，在职业生涯的各个阶段，我们都应重视内职业生涯的发展，即职业精神的打造。

确立好自己的职业锚至关重要。我们大多数人的第一份职业往往不会是我们的终身职业。一个人的职业锚是经过若干年的实际工作后才被发现的。职业锚明确的人一开始就选准方向，就可以在一个地方围绕一个职业长期稳定地发展，对自己的资历和经验都会有助益，更有希望成为某一领域的资深人士。可是有的大学毕业生频繁更换职业岗位，今天在这，明天到那，对职业生涯成长肯定弊多利少。有这样一个案例：在沈阳市的一次大型招聘会上，毕业于某名牌高校的小何向浙江一家汽车公司申请一个机械工程师的岗位。他学的是机械专业，在大学期间各门功课优秀，毕业后的五六年时间里，干过医药、空调、摩托车等产品的销售、主管，换了六七个工作，但是没有机械方面的工作经历。招聘者看了他的情况后认为，如果他毕业后稳定从事过机械方面工作，则正是公司需要的人选，月薪3 000元也不在话下，但是因为没有这方面的工作经验，公司无法用他。一句话说得这名高材生后悔不已。那么，如何确立好自己的职业锚，主要取决于一个人是否具备职业精神的一些基本要素，即能否全面地认识自己的兴趣、个性、价值观，能否学会选择、懂得放弃等。

3.3.2 职业精神:需要个人精心打造

3.3.2.1 目标明确

学生生涯设计确定目标可以成为追求成功的驱动力,俗话说:志不立,天下无可成之事。志向是事业成功的基本前提,没有志向,事业成功也就无从谈起;没有目标,如同驶入大海的孤舟,四野茫茫,不知该走向何方。立志是人生的起跑点,反映着一个人的理想、胸怀、情趣和价值观,影响着一个人的奋斗目标及成就的大小。下面我们举个例子,你会从中悟出些道理。假如,你现在住在平房,想在院内盖个小厨房。当你确定盖厨房这个目标后,就会注意收集砖块、瓦片等材料。你走在街上就会注意哪里有砖块、哪里有瓦片,拾块砖头、捡块瓦片,用不了多长时间,你就会把原料备全,小厨房就会盖起来了。如果你没有盖厨房这个目标,走在街上就不会注意砖块,也不会注意瓦片,甚至摆在你的面前,你也不会认为它有用。这就是说,两个人在同一条街上走过,一个有目标意识的人和一个无目标意识的人,其收获大不相同。人生在世,要干一番事业,就如同盖厨房一样,只有树立了明确的目标,才能向着目标的方向努力,才能有意识地收集有关素材,创造有利条件,使你的事业尽快获得成功。

3.3.2.2 职业可以平凡,但工作不可平庸

弗雷德是美国邮政的一名普通邮差,然而他实现了从平凡到杰出的跨越,他的故事改变了2亿美国人的观念。一天,职业演说家桑布恩迁至新居,邮差弗雷德前来拜访,当他得知桑先生经常出差旅行时,他向桑先生分析了由于他经常不在家,可能会造成的邮箱塞满,一些窃贼由此会发现主人不在家而以为有机可乘。他告诉桑先生,只要邮箱的盖子还能盖上,他就把信放到里面,塞不进去的邮件会搁在房门和屏栅门之间,如果那里也放满了就先把信留着直到桑先生回来。两周后,演说家出差后回来,发现擦鞋垫跑到门廊一角了,下面还遮着什么东西。原来,美国联合递送公司把他的一个包裹送错了地方,弗雷德把它拿回来,送回原处,还留了张字条。演说家被弗雷德的行为震动了!他四处演说,使成千上万的人得到启示:如果弗雷德赋予邮差以如此多的新意,那么你和我在工作中,难道不能更为奋发,有更多的创新吗?无论你从事的是一个什么样的工作,每天早晨醒来,你都是一个全新的人,你可以按照自己的选择,来塑造自己的工作和生活。

3.3.2.3 潜心学习,构建合理知识结构

任何职业都离不开专业的知识、专门的技能和独特的经验。在这个职业化的社会里,一个人是否受到认可,是否受到重用、获得发展,与他的专业知识、专业技能和经验的保有程度密切相关。这里,我们所指的专业知识,不仅是你获得学位的专业知识,更是指你所从事的那份工作所需要的专业知识。也许你不是那个专业毕业的,但是你通过自学掌握了那份工作所要求的专业知识,你就是专业的了,你就具备了专业的知识、技能和经验,从而具备了竞争力和战斗力。

新世纪对未来人才的知识综合性结构提出了更高的要求,要求大学生既能很好地适应社会需要,又能充分体现个人特色;既能满足专业要求,又有良好人文修养;既能发挥群体优势,又能展现个人专长。构建合理的知识结构没有捷径可走,只能是学习和积累,采取适合自己的科学方法,持续不断地付出艰辛的劳动,辛勤耕耘。

3.3.2.4 立即行动

职业生涯规划能否实现,在很大程度上取决于能否立即行动。俗话说:心动不如行动。因为只有行动,才有成功的可能性,只有从现在做起,才能完成你的人生规划。可是有些人总是有拖延的毛病,对于今天应该做的事情,总是用种种借口拖着不办,今天拖明天,明天拖后天;今年拖明年,明年拖后年,最后直到把事情拖垮。歌德曾有一句名言:"仅有知识是不够的,我们必须应用;仅有愿望也是不够的,我们必须行动。"

第六章 职业发展规划的设计与实施

1 确立职业目标

职业目标是指人们对未来职业表现出来的一种强烈的追求和向往,是人们对未来职业生活的构想和规划。一个人事业的成败,很大程度上取决于有无正确、适当的目标。没有目标就如同驶入大海的孤舟,四野茫茫,没有方向,不知道自己该走向何方。只有树立了目标,才能明确奋斗方向,犹如海洋中的灯塔,引导你避开险石暗礁,走向成功。因此,在制定职业生涯规划时,关键是要确立好职业目标。职业目标又分短期和长期目标。长期目标一般是以后职业规划的顶点,需要一个人经过长期艰苦努力、不懈奋斗才有可能实现,确立长远目标时要立足现实、慎重选择、全面考虑,使之既有现实性又有前瞻性;短期目标更具体,对就业的影响也更直接,也是长期目标的组成部分。

职业目标的确定,是个人理想的具体化和可操作化;是指可预想到的、有一定实现可能的最长远目标。按照马斯洛的需求层次理论,人一般具有生理需求(基本生活资料需求,包括吃、穿、住、行、用)、安全需求(人身安全、健康保护)、社交需求(社会归属意识、友谊、爱情)、尊重需求(自尊、荣誉、地位)、自我实现需求(自我发展与实现)五种依次从低层次到高层次的需求。职业目标的选择并无定式可言,关键是要依据自身实际,适合于自身发展。分析自我,了解自我,分析环境,了解职业世界,使自己的性格、兴趣、能力与职业相匹配,这一点对即将步入社会选择职业的高职生来说非常重要。值得注意的是,伴随现代科技与社会进步,大学毕业生的就业观念也要相应地改变,打破传统的"一业定终身"的理念,就业、再就业是大趋势,职业生涯规划也随之根据各种变化来调整。所以,个人要随时注意修订职业目标,尽量使自己职业的选择与社会的需求相适应,一定要跟上时代发展的脚步,适应社会需求,才不至于被淘汰出局。

1.1 兴趣、性格、能力与职业目标定位

在确定职业目标时,自我分析占据着最重要的位置,一个人选择什么样的职业,常与其兴趣、爱好、性格及能力等有密切关系。从某种意义上来说,兴趣、性格是一个人在选择职业时首先要考虑的问题,所以在求职过程中,应对自己各方面的情况作全面的自我分析。

1.1.1 兴趣与职业目标定位

1.1.1.1 什么是兴趣?

兴趣是人们力求认识、掌握某种事物,并经常参与该种活动的心理倾向;或者说,兴趣是人们积极探究某种事物的认识倾向。例如,你对某种职业感兴趣,就会对该种职业活动表现出肯定的态度,并积极思考、探索和追求。

兴趣可分为物质兴趣、精神兴趣和社会兴趣。物质兴趣与你的需要相关联，表现为对物质的迷恋和追求，例如收藏的兴趣；精神兴趣主要是指对文化、科学和艺术的迷恋与追求，例如旅游、写作、绘画、书法、摄影、发明创造等兴趣；社会兴趣主要是指对社会工作等活动的兴趣。兴趣又可分为直接兴趣和间接兴趣：你喜欢跳舞、打球，可能是因为这些活动本身对你有吸引力，通过这些活动你会获得愉快和满足——这就是直接兴趣；你可能感到学外语是一件很枯燥的事情，但对它仍然兴致很浓，这并不是学外语本身会给你带来轻松愉快，而是学外语可以继续攻读学位，可以直接了解国外最新信息，可以找到满意的工作，可以出国学习或交流等，是这些结果在吸引你学习——这就是间接兴趣。直接兴趣和间接兴趣可以相互转化，也可以相互结合，从而更有效地调动你的积极性。

兴趣对人生事业的发展至关重要，所以兴趣自然是职业选择应考虑的重要因素之一。如果一个人对某种工作产生兴趣，在工作中就会具有高度的自觉性和积极性，在工作中做出成就；反之，则会影响积极性的发展，有可能一事无成。爱因斯坦曾经说过："兴趣是最好的老师。"兴趣是努力的原动力，是成功之母。走自己的路，做自己喜欢的事情，选择自己感兴趣的职业，是当今社会最具有典型性的择业观念。

一般来说，兴趣是在后天生活实践中形成的，但兴趣有相对的稳定性，它与一个人的个性有内在的联系。因此，大学生在选择职业过程中应适当考虑自己的兴趣和爱好，不能为了暂时的眼前利益而选择自己不感兴趣的职业，这样不仅不能充分施展自己的才能，而且可能贻误终生。但兴趣爱好在职业选择中，也并不总是起着正向的驱动作用，有时它也是一种耗散力，给大学生带来职业选择的困惑，如有的同学对什么都感兴趣，但没有形成自我特色，在职业选择时就没有竞争优势；有的同学兴趣面太窄，以至于不能满足社会需要；还有的同学因种种客观因素，个人兴趣与所学专业不一致，也不可避免地造成职业选择的困难。所以，即将毕业的大学生，要对自己的兴趣有一客观的分析，同时还要树立正确的人生志向，调整自己的兴趣爱好，适应社会的需要，争取找到适合自己兴趣的职业，使自己的才智得到最大程度的发挥。

1.1.1.2 兴趣对职业目标定位的影响

(1)兴趣是目标定位的重要依据——兴趣是最好的老师，是一种强大的精神力量。兴趣可以使人集中精力去获得你所喜欢的职业知识，启迪智慧并创造性地开展工作。当一个人对某种职业发生兴趣时，他就能发挥整个身心的积极性，积极地感知和关注该职业知识、动态，并且积极思考，大胆探索；就能情绪高涨、想象丰富；就能增强记忆效果，增强克服困难的意志。反之，"强摁牛头不喝水"，是不会取得良好效果的，当然也就很难在该职业上发挥个人的优势、做出巨大贡献了。正像你在日常生活中喜欢从事自己感兴趣的活动一样，具有一定兴趣类型的你更倾向于寻找与此有关的职业，特别是在外界环境限制较小时，你更倾向于选择自己感兴趣的职业。

(2)兴趣可以提高你的工作效率，充分发挥你才能——一个人对某一方面的工作有兴趣时，枯燥的工作会变得丰富多彩、趣味无穷。兴趣使工作不再是一种负担，而是一种享受。因为兴趣可以调动人的全部精力，以敏锐的观察力、高度的注意力、深刻的思维和丰富的想象力投入工作，促进你能力的发挥，兴趣和能力的合理结合会大大提高工作效率。曾有人进行过研究：如果你从事自己感兴趣的职业，则能发挥你的全部才能的80% ~

90%，而且长时间保持高效率而不感到疲劳；而对所从事工作没有兴趣，只能发挥你全部才能的20% ~30%。

(3)兴趣是保证职业稳定、职场成功的重要因素——对某一职业有浓厚的兴趣，是智力开发的“孵化器”。兴趣是工作动力的主要源泉之一。对于一个人来说，对工作感兴趣，就愿意钻研，就会出成就——这正是兴趣的作用所在。一般来说，兴趣是你职业生涯适应的一个基本方面，可以为职业生涯选择提供有效的信息。兴趣主要用于预测你的工作满意感和工作稳定性，工作满意是职业生涯适应的一大标志。在其他条件相似的情况下，从事自己感兴趣的职业不仅让你感到满意，而且能够让你的工作单位感到满意，并由此导致工作的长期性和稳定性。此外，多方面的兴趣可以使人善于应付多变的环境。如需变换工作，只要自己感兴趣，就能够很快地学会这门工作，求职成功，并能够在新的岗位很快地熟悉和适应新的工作。因此，兴趣是职场成功的一个重要因素，它能将你的潜能最大限度地激发起来，使你长期专注于某一方向，做出艰苦的努力，取得令人注目的成绩。

一个人如果能根据自己的兴趣去选择职业目标定位，他的主动性将会得到充分发挥。即使十分疲倦和辛劳，也总是兴致勃勃，心情愉快；即使困难重重，也绝不灰心丧气，而且能想尽办法，百折不挠地去克服它，甚至废寝忘食、如醉如痴。爱迪生就是个很好的例子，他几乎每天都在实验室里辛苦工作十几小时，在那里吃饭、睡觉，但丝毫不以为苦。“我一生中从未间断过一天工作”，他宣称：“我每天其乐无穷。”难怪他会成功。

因此，在选择长期、稳定的职业目标定位时，不仅需要知道自己有能力从事什么样的工作，更重要的是需要知道自己对哪类工作感兴趣。只有将能力和兴趣结合起来考虑，才更有可能规划好职业生涯并取得成功。

相关链接

加拿大职业分类词典中各种职业兴趣类型的特点与相应的职业

1. 兴趣类型：愿与事物打交道

特点：喜欢接触工具、器具或数字，而不喜欢与人打交道。

可能适应的职业：制图员、修理工、裁缝、木匠、建筑工、出纳员、记账员、会计、勘测、工程技术、机器制造人员等。

2. 兴趣类型：愿与人打交道

特点：喜欢与人交往，对销售、采访、传递信息一类的活动感兴趣。

可能适应的职业：记者、推销员、营业员、服务员、教师、行政管理人员、外交联络人员等。

3. 兴趣类型：愿干有规律的工作

特点：喜欢常规的、有规律活动。习惯于在预先安排好的程序下工作。

可能适应的职业：邮件分类员、办公室职员、图书馆管理员、档案整理员、打字员、统计员等。

4. 兴趣类型：愿与大自然打交道

特点：喜欢地理地质类的活动。

可能适应的职业:地质勘探人员、钻井工、矿工等。

5. 兴趣类型:愿从事农业、生物、化学类工作

特点:喜欢种养、化工方面的实验性活动。

可能适应的职业:农业技术员、饲养员、水文员、化验员、制药工、菜农等。

6. 兴趣类型:愿从事社会福利类的工作

特点:喜欢帮助别人解决困难,这类人乐意帮助人,他们试图改善他人的状况,帮助他人排忧解难,喜欢从事社会福利和助人工作。

可能适应的职业:咨询人员、科技推广人员、教师、医生、护士等。

7. 兴趣类型:愿做组织和管理工作

特点:喜欢掌管一些事情,以发挥重要作用,希望受到众人尊敬和获得声望,愿做领导和组织工作。

可能适应的职业:组织领导管理者,如行政人员、企业管理干部、学校领导和辅导员等。

8. 兴趣类型:愿研究人的行为和心理

特点:喜欢谈涉及人的主题,对人的行为举止和心理状态感兴趣。

可能适应的职业:心理学、政治学、人类学、人事管理、思想政治教育研究工作以及教育、行为管理工作、社会科学工作者、作家等。

9. 兴趣类型:愿从事科学技术事业

特点:喜欢通过逻辑推理、理论分析、独立思考或实验发现和解决问题的、推理的、测试的活动,善于理论分析,喜欢独立地解决问题,也喜欢通过实验做出新发现。

可能适应的职业:生物、化学、工程学、物理学、自然科学工作者、工程技术人员等。

10. 兴趣类型:愿从事有想象力和创造力的工作

特点:喜欢创造新的式样和概念,大都喜欢独立的工作,对自己的学识和才能颇为自信。乐于解决抽象的问题,而且急于了解周围的世界。

可能适应的职业:社会调查、经济分析、各类科学研究工作、化验、新产品开发,以及演员、画家、创作或设计人员等。

11. 兴趣类型:愿做操作机器的技术工作

特点:喜欢通过一定的技术来进行活动,对运用一定技术、操作各种机械、制造新产品或完成其他任务感兴趣,喜欢使用工具特别是大型的、马力强的先进机器,喜欢具体的东西。

可能适应的职业:飞行员、驾驶员、机械制造人员等。

12. 兴趣类型:愿从事具体的工作

特点:喜欢制作看得见、摸得着的产品并从中得到乐趣,希望很快看到自己的劳动成果,并从完成的产品中得到满足。

可能适应的职业:室内装饰、园林、美容、理发、手工制作、机械维修、厨师等。

在选择职业过程中,人的兴趣和爱好往往具有一种强大的推动作用。但是,个人的兴趣和爱好只能作为职业选择的重要依据,而不是全部依据。因为,只有把它们建立在一定能力的基础上,并与社会需要相结合,兴趣、爱好才会获得现实的基础,也才有实现的可

能。因此,求职者应该培养自己多方面的兴趣和爱好,努力发展自己的专长,从而使自己的兴趣爱好有明确的针对性,确保在求职时拥有一个更为广泛的选择余地。

1.1.2　性格与职业目标定位

性格是个人对现实的稳定态度和与之相适应的习惯化的行为方式中表现出来的个性心理特征。从广义讲,性格是人的自然追求和精神欲求的追求体系,是行为方式、心理方式、情感方式的总和,集中反映了一个人的心理面貌。在求职中,性格是构成相识和吸引的重要因素,与职业选择的关系极为密切,既彼此制约,又相互促进。

性格中的意志特征与职业的选择有密切的关系,缺乏坚强意志的人常常不能顺利地选择职业,今后也难以胜任工作,往往一事无成或成就平平。由于意志薄弱,一遇挫折、困难就产生被动、退缩,因而失去许多成功的机会。缺乏坚韧性的人无法从事要求耐力很强的工作,如科研人员、外科医生等,而缺乏自制、任性、怯懦的人也不适宜去做管理和社会工作。

一般说来,开朗、活泼、热情、温和的性格,比较适合从事外贸、涉外、文体、教育、服务等方面的工作以及其他同人交往的职业;多疑、好问、倔强的性格,比较适合从事科研、治学方面的工作;深沉、严谨、认真的性格,比较适合做人事、行政、党务工作;勇敢、沉着、果断与坚定是新型企业家和管理者不可缺少的性格。

性格就类型而言,可以分为外向型和内向型。就求职而言,在面对面的交谈中,一般是外向性格为好。一项调查显示,在求职面试时,性格外向的人其求职成功率高于性格内向的人。在求职过程中,有时其他条件皆占优势的个性内向者,却竞争不过其他条件不如他的性格外向者。这是因为性格外向的人更善于把自己展示给对方,特别是把自己的长处展示出来。性格内向的人即使有真才实学,但由于不善于展示自己,人家也就无法通过感性印象认识他。求职面试中的感性印象,对于用人单位的招聘者来说有着不可忽视的作用。所以说,求职者的性格是影响其求职成败的重要因素。

相关链接

职业匹配理论

美国心理学家霍兰德是著名的职业指导专家,提出了性格类型——职业匹配理论。他认为,学生的性格类型、学习兴趣和将来的职业密切相关。他将人的性格分为六种:现实型、研究型、艺术型、社会型、企业型和常规型。

(1)现实型。他们通常喜欢有规则的具体劳动和需要基本技术的工作,这类人擅长技能性职业、技术性职业,但往往缺乏社交能力。他们粗犷、强壮和务实,情绪稳定,有吃苦精神,生活上求平安、幸福、不激进,倾向于用简单的观点看待事物和世界。适合职业主要有需要用手工工具或机器进行工作的手工工作和技术工作。

(2)研究性。他们喜欢智力的、抽象的、分析的、推理的、独立的定向任务。这类人喜欢独立,不愿受人督促,对自己的学识与能力充满自信;擅长解决抽象问题,尊重客观事实而不愿毫无疑问地接受传统;具有创造精神,不喜欢做重复工作,但往往缺乏领导能力,这类人擅长科学研究和实验工作。

(3)艺术型。他们喜欢通过艺术作品来表达自己的思考和情意,爱想象,感情丰富,不顺从,有创造力,习惯于自省,擅长于艺术、文学方面的工作,但往往缺乏办事员的能力。适合职业主要指艺术创作工作(包括音乐、摄影、绘画、文字、表演等)。

(4)社会型。喜欢社会交往,喜欢有组织的工作,喜欢能让他们发挥社会作用的工作。喜欢讨论人生观、世界观、人生态度等问题。关心他人利益,关心社会问题,愿为团体活动工作,对教育活动感兴趣,往往缺乏机械能力。社会型的职业主要指为大众做事的工作(包括教师、医生、服务员、社团等工作者)。

(5)企业型。他们喜欢竞争,乐于使他们的言行对团体行为产生影响;自信心强,善于说服别人,喜欢加入各种社会团体;喜欢权力、地位和财富,性格外倾,爱冒险,喜欢担任领导角色,具有支配和使用语言的技能,但缺乏耐心和科研能力,擅长管理、销售等工作。

(6)常规型。他们喜欢有系统、有条理的工作,具有安分守己、务实、友善和服从的特点,此类人适宜从事办公室职员、办事员、文件档案管理员、出纳员、会计、秘书等工作。

一般而言,具有六种典型的职业个性的人是极少数的,多数人的职业个性具有多重性,是这六种典型个性的交叉。我们可以通过"霍兰德职业爱好问卷"测试自己的职业兴趣。

1.1.3 能力与职业目标定位

能力是指才干、技能或能胜任某项工作的主观条件,人们成功地完成某种活动所必须具备的个性心理特征,是人们在社会实践中所表现出的身心力量。一个人的能力高低会影响他掌握各种活动的成绩,影响一个人的活动效果。

能力是在先天素质的基础上,在生活条件和教育的影响、熏陶下,在个体的生活实践中形成和发展起来的,对从事任何职业都是十分必要的。能力包括一般能力和特殊能力,不司的职业要求人有不同的能力。人的职业能力通常可分为一般言语能力、数理能力、空间判断能力、察觉细节能力、书写能力、运动协调能力、动手能力、社会交往能力、组织管理能力等九个方面。如教师、播音员、记者等职业要求有较强的言语能力,统计、测量、会计等职业要求有较强的数理能力,而画家、建筑师、医生等职业对形态知觉能力要求颇高,手指灵活能力较强的人则适于从事外科医生、乐师、雕刻家等职业。

能力还存在着性别差异,女性在哲学界、经济学界、自然科学界所占比例较小,而在文学、新闻、医学、教育、艺术等领域所占比例较大,也就是说,需要形象思维和细致情感的工作更适合女性。

能力与择业的关系十分重要,是择业的重要依据,是求职者开启职业大门的钥匙。我国近代职业教育的倡导者黄炎培先生说过:"一个人职业和才能相不相当,相差很大,用经济眼光看起来,要是相当,不晓得增加多少效能,要是不相当,不晓得埋没了多少人才;就个人论起来,相当,不晓得有多少快乐,不相当,不晓得有多少怨苦。"因此,大学生对自己的能力要有一个自我评价,在择业时,大学生应根据自己的能力,扬长避短,选准与自己职业能力倾向相同的职业,才能在强手如林的竞争中立于不败之地。

随着社会生产力的日益提高,社会分工愈来愈精细,各种职业都对人们提出了更高的要求。因此,求职者在选择职业时,必须先了解自己的优势所在,了解自己能力的大小、自己的能力在哪方面表现得更突出之后,再作出选择。这有助于我们择业的成功,并保证在今后的工作中做到扬长避短,取得较大的成就。

能力,是一个人能否进入职业的先决条件,是能否胜任职业工作的主观条件。无论从事什么职业总要有一定的能力作保证。没有任何能力,根本谈不到进入职业工作,对个人来讲也就无所谓职业生涯可言。能力,是指完成一定活动的本领。人在其一生之中,要从事各种各样的社会生活和社会生产活动,必须具备多种能力与之相适应。我们这里所言的能力,是指劳动者从事社会生产活动的能力,亦即职业工作能力。

人们的能力可分为一般能力和特殊能力两大类。一般能力通常又称为智力,包括注意力、观察力、记忆力、思维能力和想象力等,一般能力是人们顺利完成各项任务都必须具备的一些基本能力。特殊能力是指从事各项专业活动的能力,也可称特长,如计算能力、音乐能力、动作协调能力、语言表达能力、空间判断能力等。由此可见,能力是一个人完成任务的前提条件,是影响工作效果的基本因素。因此,了解自己的能力倾向及不同职业的能力要求对合理地进行职业选择具有重要意义。能力的不同,对职业选择就有差异。从能力差异的角度来看,在职业选择时应遵循以下原则。

1.1.3.1 注意能力类型与职业相吻合

从能力差异的角度。人的能力类型是有差异的,即人的能力发展方向存在差异,对职业的研究表明,职业也是可以根据工作的性质、内容和环境而划分为不同的类型的,并且对人的能力也有不同的要求,因而应注意能力类型与职业类型的吻合。能力水平要与职业层次一致或基本一致。对一种职业或职业类型来说,由于所承担的责任不同,又可分为不同层次,不同的层次对人的能力有不同的要求。因而,在根据能力类型确定了职业类型后,还应根据自己所达到或可能达到的能力水平确定相吻合的职业层次。只有这样,才能使能力与职业的吻合具体化。

充分发挥优势能力的作用。每个人都具有一个多种能力组成的能力系统,每个人在这个能力系统中,各方面能力的发展是不平衡的,常常是某方面的能力占优势,而另一些能力则不太突出,对职业选择和职业指导而言,应主要考虑其最佳能力,选择最能运用其优势能力的职业。同样,在人事安排中,如能注重一个人的优势能力并分配相应的工作,会更好地发挥一个人的作用。

1.1.3.2 注意一般能力与职业相吻合

一般能力包括注意力、观察力、记忆力、思维能力和想象力等。不同的职业对人的一般能力的要求不同,有些职业对从业者的智力水平有绝对的要求,如律师、工程师、科研人员、大学教师等都要求有很高的智商;智力在相当大的程度上决定着其所从事的职业类型。

1.1.3.3 注意特殊能力与职业相吻合

特殊能力是指从事某项专业活动的能力,也可称特长,如计算能力、音乐能力、动作协调能力、语言表达能力、事务能力、空间判断能力、形态知觉能力、手指灵活度与灵巧度等。要顺利完成某项工作,除要具有一般能力外,还要具有该项工作所要求的特殊能力,如从事教育工作需要有阅读能力和表达能力;从事数学研究需要有计算能力、空间想象能力和逻辑思维能力。如法官就应有很强的逻辑推理能力,却不一定要很强的动手能力;建筑工应有一定的空间判断能力,却不需要良好的语言表达能力。

大学生客观分析自我,对自己的兴趣、性格、能力等个性特征有一个比较正确的认识,不仅对职业选择十分必要，而且与心理健康有重要联系。

1.2　各专业工作岗位群及其职业素质要求

1.2.1　工程测量技术专业工作岗位群及其职业能力与素质要求

1.2.1.1　工作岗位群

(1)地形图的测绘。

(2)建筑物或构筑物施工放样。

(3)建筑物变形监测。

(4)工程测量监理。

(5)测绘工程管理。

1.2.1.2　职业能力与素质要求

(1)掌握土木工程概论、工程识图、AutoCAD 绘图、测量学基础、测量平差基础、全站仪使用与数字化测图、线性代数等职业基本理论。

(2)具备职业基础知识初步应用能力。

(3)掌握地形测量、控制测量、工程测量的专业技术知识。

(4)掌握地形测量、施工放样、地籍测量、变形监测、GPS 测量技术、摄影测量以及测量数据处理的基本技能知识，具备应用专业技能解决实际问题的能力。

(5)取得测量高级工证书。

1.2.2　基础工程技术专业工作岗位群及其职业能力与素质要求

1.2.2.1　工作岗位群

(1)岩土工程测试员。

(2)基础工程施工员。

(3)岩土工程勘查、设计与地基处理方面的辅助技术工作人员。

(4)地基基础的长期观测、维护和管理等方面的工程技术工作人员。

(5)其他土木工程的施工和管理人员。

1.2.2.2　职业能力与素质要求

(1)具备工程力学基础知识的应用能力。

(2)具备建筑工程制图和识图能力，并能利用计算机绘图。

(3)具备建筑材料、工程测量和建筑结构基本知识的应用能力。

(4)具备岩土力学与工程地质基本知识的应用能力。

(5)具备岩土工程性质的检测试验能力。

(6)具备一般工程建筑物基础的初步设计能力。

(7)具备编制单位工程概、预算及进行决算的能力。

(8)具备工程钻探技术、工程建设监理和深基坑支护技术基本知识的应用能力。

(9)具备一般工程建筑物地基勘察设计、地基处理、基础工程与地下工程施工等某一方向的基本技能。

(10)取得施工员、质检员、土木试验工中的一种职业资格证书。

1.2.3 水利工程专业工作岗位群及其职业能力与素质要求

1.2.3.1 工作岗位群

(1)中小型水利水电工程规划、设计人员。

(2)水利水电工程施工技术人员。

(3)水利水电工程造价编制人员。

(4)水利水电工程管理人员。

(5)水利水电工程监理人员。

(6)其他建设单位、施工企业、房地产公司的技术管理工作。

1.2.3.2 职业能力与素质要求

(1)掌握工程制图、工程力学、建筑材料、水力学、工程地质与土力学、建筑结构、工程水文、工程测量等的基本理论。

(2)具备职业基础知识初步应用能力。

(3)掌握灌区灌溉与排水的规划、中小型水利工程的设计等专业技术知识。

(4)掌握水利水电工程施工、工程造价、工程监理、工程运行管理等基本知识,具备应用专业技能解决实际问题的能力。

(5)取得施工员、预算员、材料员、质检员、安全员、监理员职业资格证书中的一种。

1.2.4 水利水电建筑工程专业工作岗位群及其职业能力与素质要求

1.2.4.1 工作岗位群

(1)水利水电工程施工技术工作。

(2)水利水电工程造价编制工作。

(3)中小型水利水电工程规划、设计工作。

(4)水利水电工程监理工作。

(5)水利水电工程管理工作。

(6)其他土木工程施工及管理工作。

1.2.4.2 职业能力与素质要求

(1)掌握工程制图、工程测量、建筑材料、工程力学与水工钢筋混凝土结构、水文水力学、工程地质与土力学等基本理论。

(2)具备职业基础知识初步应用能力。

(3)掌握中小型水利水电工程设计、水利水电工程施工的专业技术知识。

(4)掌握水利水电工程施工、水利水电工程造价、水利水电工程监理、水利工程运行管理等某一专业方向基本技能知识,具备应用专业技能解决实际问题的能力。

(5)取得施工员、预算员、材料员、质检员、安全员、监理员职业资格证书中的一种。

1.2.5 道路桥梁工程技术专业工作岗位群及其职业能力与素质要求

1.2.5.1 工作岗位群

主要在公路、铁路、桥梁、城建等土建工程施工企业、公路交通部门、道路桥梁相关土建工程建设、监理公司、公路、铁路等勘测设计院所等企业就业。

(1)以道路桥梁施工企业为一线的项目施工员为主要就业岗位。

(2)以项目技术员、预算员、资料员、材料员、质检员、安全员、测量员、监理员等为就业岗位群。

1.2.5.2　职业能力与素质要求

(1)识读建筑工程图的能力。

(2)常用建筑材料的应用能力。

(3)基本建筑构件验算及一般的设计能力。

(4)建筑施工测量的能力。

(5)建筑施工技术管理能力。

(6)建筑施工组织能力。

(7)工程成本控制能力。

(8)安全施工管理能力。

(9)施工质量检验能力。

(10)技术资料管理能力。

(11)主要工种操作能力。

(12)取得施工员、预算员、材料员、质检员、安全员、监理员中的一种职业资格证书。

1.2.6　建筑装饰工程技术专业工作岗位群及其职业能力与素质要求

1.2.6.1　工作岗位群

(1)建筑装饰工程施工技术员。

(2)建筑装饰工程施工监理员。

(3)建筑装饰工程预算员。

(4)建筑装饰装潢设计、装饰效果图设计。

(5)建筑装饰装潢材料采购、质检员。

1.2.6.2　职业能力与素质要求

(1)识读建筑工程图的能力。

(2)常用建筑材料的应用能力。

(3)建筑结构基础知识。

(4)电气、管道工程识图能力。

(5)建筑施工组织能力。

(6)建筑安装工程施工图预算编制能力。

(7)投标报价及合同索赔的基本能力。

(8)施工项目管理能力。

(9)预算软件的应用能力。

(10)技术资料整理能力。

(11)取得施工员、预算员、材料员、质检员、安全员、监理员中的一种职业资格证书。

1.2.7　建筑工程技术专业工作岗位群及其职业能力与素质要求

1.2.7.1　工作岗位群

主要在建筑施工、房地产开发、造价咨询、招标代理、工程设计、工程监理等企业就业。

(1)以建筑施工企业一线的项目施工员为主要就业岗位。

(2)以项目技术员、预算员、资料员、材料员、质检员、安全员、测量员、监理员等为就业岗位群。

1.2.7.2　职业能力与素质要求

(1)识读建筑工程图的能力。

(2)常用建筑材料的应用能力。

(3)基本建筑构件验算及一般的设计能力。

(4)建筑施工测量的能力。

(5)建筑施工技术管理能力。

(6)建筑施工组织能力。

(7)工程成本控制能力。

(8)安全施工管理能力。

(9)施工质量检验能力。

(10)技术资料管理能力。

(11)主要工作操作能力。

(12)取得施工员、预算员、材料员、质检员、安全员、监理员中的一种职业资格证书。

1.2.8　工程造价专业工作岗位群及其职业能力与素质要求

1.2.8.1　工作岗位群

主要在建筑施工、房地产开发、造价咨询、招投标代理、工程设计、工程监理等企业就业。

(1)以建筑施工企业或造价咨询企业的造价员为主要就业岗位。

(2)以预算员、施工员、资料员、材料员、质检员、安全员、监理员等为就业岗位群。

1.2.8.2　职业能力与素质要求

(1)识读建筑工程图的能力。

(2)常用建筑材料的应用能力。

(3)建筑结构基础知识。

(4)电气、管道工程识图能力。

(5)建筑施工组织能力。

(6)建筑安装工程施工图预算编制能力。

(7)投标报价及合同索赔的基本能力。

(8)施工项目管理能力。

(9)预算软件的应用能力。

(10)技术资料整理能力。

(11)取得施工员、预算员、材料员、质检员、安全员、监理员中的一种职业资格证书。

1.2.9　工程监理专业工作岗位群及其职业能力与素质要求

1.2.9.1　工作岗位群

主要在工程监理、建筑施工、房地产开发、造价咨询、招标代理、工程设计等企业就业。

(1)以土建专业监理员为主要就业岗位。

(2)以项目技术员、施工员、预算员、资料员、材料员、质检员、安全员、测量员等为就业岗位群。

1.2.9.2　职业能力与素质要求

(1)识读建筑工程图的能力。

(2)常用建筑材料的应用能力。

(3)基本建筑构件验算及一般的设计能力。

(4)建筑施工测量的能力。

(5)建筑施工技术管理能力。

(6)质量与安全控制能力。

(7)进度控制能力。

(8)成本与投资控制能力。

(9)合同管理能力。

(10)信息管理能力。

(11)协调能力。

(12)主要工种操作能力。

(13)取得监理员职业资格证书。

1.2.10　会计电算化专业工作岗位群及其职业能力与素质要求

1.2.10.1　工作岗位群

面向各类行政企事业单位及会计职业机构,从事会计核算、财务管理、经济管理等工作。

(1)会计:各类企事业单位的会计、稽核等工作。

(2)出纳:各类企事业单位的出纳工作。

(3)收银:各类企事业单位、商业机构等的收银工作。

(4)报税:各类企事业的税务工作,以及税务机关的相关工作。

(5)工程会计:各类企事业单位的工程会计工作。

(6)审计助理:各类企事业单位的审计工作,以及会计师事务所相关工作。

1.2.10.2　职业能力与素质要求

(1)计算能力(点钞、珠算等)。

(2)计算机操作能力。

(3)财经写作阅读能力。

(4)信息获取及处理能力。

(5)经济业务会计处理能力。

(6)经济分析能力。

(7)财务分析决策能力。

(8)数据管理能力。

(9)查账能力。

(10)取得助理会计师职业资格证书。

1.2.11　市场营销专业工作岗位群及其职业能力与素质要求

1.2.11.1　工作岗位群

面向武汉及沿海发达地区的水利水电行业及机电制造、物流行业等企业,从事营销策划助理、营销经理助理、业务助理、业务员、销售经理、项目营销经理、市场调查分析员、销售内勤的工作岗位。

(1)营销策划助理:市场调研,运作项目分析,文案制作,销售统计等。

(2)营销经理助理:协助营销经理处理公司日常事务,协助经理制订薪酬方案,协调沟通,人力资源规划,营销策划等。

(3)业务助理:处理销售订单,开发客户,处理报价,确定订单内容,交货,与客户结清货款,提供销售后勤服务等。

(4)业务员:市场工作(获取订单、客户拜访、销售拜访、卖场维护等),促销,市场开拓,回款及售后服务等。

(5)销售经理:销售任务制定及完成,处理日常销售事务,处理售后服务,销售队伍建设及管理,销售激励等。

(6)项目管理经理:负责部门管理制度、工作标准、业务流程的建立、完善和监督执行,市场调研,项目定位策划,营销管理,营销承包商管理等。

(7)市场调查分析员:市场调查及信息搜集,汇总、统计、录入调查的市场信息数据,分析信息数据,发现问题并提供建议等。

(8)销售内勤:日常业务洽谈;客户服务;销售政策、会议的传达及业务信函的发送;建立销售档案;建立销售费用台账;销售资料、数据保管;同类产品竞争品牌资料的分析与建档;各种报表的统计、汇总,报告的打印、转发等。

1.2.11.2 职业能力与素质要求

(1)掌握推销、营销策划、组织、管理的基本知识和技能。

(2)掌握市场信息收集、统计、市场分析知识。

(3)具备一定的计算机应用能力。

(4)具备一定的识图知识和能力。

(5)具备市场营销工作所需的基本技能。

(6)具备较强的文字表达、人际沟通能力。

(7)具备开展市场调查,进行市场预测和营销策划的能力。

(8)具备组织商务谈判、开展公关活动的能力。

(9)具备运用计算机等现代科学手段,从事营销设计和管理的能力。

(10)具备一定的从事推销工作、市场管理的能力。

(11)具备一定的识图知识和能力,并在此基础上具备一定的项目管理能力。

(12)取得营销策划师或推销员中的一种职业资格证书。

1.2.12 物流专业工作岗位群及其职业能力与素质要求

1.2.12.1 工作岗位群

面向医药物流、汽车生产物流及其他第三方物流企业,从事仓储、配送、运输管理、物流信息处理、物流营销等工作岗位。

(1)仓储管理员:日常物资的验收、入库、码放、保管、盘点、对账、拣选、复核、装车及发运工作;仓储5S管理;相关单证的保管与存档;仓库数据的统计、存档、账务和系统数据的输入等。

（2）配送员：核对送货单；在途货物保管，并按时上交回单；传达客户意见和产品问题的反馈；换货、退货处理；按时填写“配送日清表”、“回单登记表”，负责记录商超经销商的批号记录。

（3）运输计划管理员：根据库存情况及客户货物要求，通过计算或操作相关软件安排最优出货方法；货物配载管理；根据运输路线、货物要求做好最优线路的安排；车辆排程等。

（4）物流信息处理员：熟练操作 ERP/MRP/WMS/TMS 等物流应用软件；材料入库接受、分类整理与保管、出库，以及所有出入库的 ERP 登记；对库存数据、生产所需材料数据的分析并制订材料需求计划；全面负责采购订单录入及管理工作。

（5）理货员：根据配送单要求进行货物分拣、码盘；及时收回零星物品和处理破损包装商品；整理库存区；负责商品的收、理、发以及退货的入库、整理和货位管理；定期商品库存；配合储运主管制定仓库货品的分类及存放标准，确保账、卡、物相符。

（6）配送中心采购员：操作采购信息管理系统进行订单处理；采购交期跟催；货比三家，控制降低采购成本；对供应商进行管理及考评；搞好供货渠道建设；负责客户部项目执行中与技术部、财务部的协调及结算信息的传递。

（7）医药物流营销经理：进行医药物流市场调查与预测；向下游客户进行物流系统整体解决方案的营销等。

（8）经理助理：协助经理开展日常事务处理工作。

1.2.12.2　职业能力与素质要求

（1）具备较强的语言表达能力，能够在工作中进行经济应用文写作；在工作中具备基本的商务礼仪，具备和同事和谐相处的能力；掌握管理学基本原理，具备初步的现代企业管理能力。

（2）了解物流的八大功能，了解物流的现状和趋势，了解物流信息管理系统相关基础技术，了解和遵守物流操作过程中的法律和法规；具备一定的物流市场调查与预测知识；掌握物流行业中的专业英语术语，具备日常外语会话的能力；具备数据库应用基础能力。

（3）具备物流管理操作中的基础能力、仓储管理与库存控制能力、配送和运输管理能力。

（4）具备提升物流管理质量的能力、其他物流行业操作的拓展能力。

（5）取得助理物流师职业资格证书。

1.2.13　旅游管理专业工作岗位群及其职业能力与素质要求

1.2.13.1　工作岗位群

面向旅行社、景区、星级酒店等企业，从事旅游服务管理工作。

（1）旅行社导游人员：旅游带团、讲解、导游、服务等。

（2）旅行社计调人员：旅游线路的计划、联系、开发等。

（3）旅行社前台接待：咨询服务。

（4）旅游风景区：服务、开发、管理、咨询工作。

（5）高星级酒店各部门工作人员：咨询、各部门对客服务、基层领导工作。

1.2.13.2 职业能力与素质要求

(1)掌握旅游行业的基本构成,能够对旅游行业有所了解,区别旅游和旅游行业的不同,具备职业素质。

(2)掌握酒店和旅行社两大行业的基本业务组成,机构设立,人员分工,各自职责以及各自的运作规律。

(3)熟悉基本的旅游行业相关法律法规,并且结合旅游案例分析,能够合理合法地解决对客服务中出现的问题。

(4)熟悉旅游行业的市场情况,能够分析市场变化,合理地开发旅游产品,并且运用合理的营销手段,构思旅游营销方案。

(5)掌握旅游行业英语,提高英语听说能力,能够运用英语进行基本沟通,解决实际工作中可能出现的问题。

(6)基本掌握前厅、客房和餐饮管理、餐饮客房营销实务及酒店管理等专业知识。

(7)掌握旅行社工作的基本导游服务、线路策划、旅游资源分析开发等能力。

(8)了解中国主要客源国的风俗习惯、历史概况、民族组成、宗教文化,以及各自的主要景区景点。

(9)能够运用心理学的基本原理,解决对客服务中出现的问题。

(10)掌握现代商务活动中基本的礼貌礼仪规范,具备商务沟通交往协调能力,解决旅游商务活动中出现的矛盾问题。

(11)了解中西餐饮的差异,并且对中国的饮食文化有充分的掌握,结合营养和卫生的知识,从客人兴趣爱好习惯出发,合理为客人安排饮食。

(12)取得酒店管理师或导游证中的一种职业资格证书;取得普通话二级乙等证书。

1.2.14 商务英语专业工作岗位群及其职业能力与素质要求

1.2.14.1 工作岗位群

面向外资企业、合资企业、涉外星级酒店、对外物流等企业,从事对外商务服务工作。

(1)国际贸易:外贸业务员、报关员、制单员、外贸函电及其他涉外贸易业务和服务。

(2)外企文员:涉外商务秘书、商务助理、办公室翻译、文员。

(3)涉外旅游服务:涉外旅游接待、酒店前台接待、酒店管理。

(4)其他:国际会务接待、贸易会展接待。

1.2.14.2 职业能力与素质要求

(1)具有一定的语言文字表达能力,能够运用恰当的语言表达商务活动中的具体要求以及掌握经济文的写作技巧。

(2)掌握必要的商务礼仪基础知识,具备商务交往协调能力。能够掌握国际商务活动中的礼仪规范知识,处理国际商务交往过程中的各种情况。

(3)熟练掌握英语语音、语调、语法等英语基本知识。具有英语听、说、读的能力。能够以英语为工作语言,具备熟练、流利的日常英语会话交际能力,具有较高的听力理解水平。能阅读相关的英语文字材料,理解国际经济形势,能用英语进行涉外商务洽谈和外贸业务洽谈。

(4)具备基本的商务基础知识,掌握基本的国际贸易法规知识。能将所学的基本经济学基础知识、国际贸易法规与政策等运用到实际工作中。

(5)掌握一门第二外语的入门知识并有能力进一步自学,初步能进行所学第二外语的简单日常会话。

(6)具有一定的英语应用文写作能力及外贸函电写作能力。具备独立完成日常外贸英语函电的交流和处理能力,能够通过书信、网络等方式与外商进行文字交流。

(7)具有基本的英汉互译能力。能承担一般的翻译工作英语翻译能力,能够胜任日常和专业知识方面的口头和书面翻译工作。

(8)涉外业务技能。能够进行涉外商务谈判、对外贸易业务以及外事业务管理等,具有签订和履行对外贸易合同的能力,具有制作对外贸易单证和审单的能力。

(9)涉外商务和外贸业务流程操作能力。能将所学的商务和外贸知识运用到涉外商务活动和外贸操作实践中去,熟悉基本外贸流程的操作和基本商务运作。

(10)具备一定的涉外旅游、酒店的基本知识,能够从事涉外旅游接待、酒店前台接待和管理等工作。

(11)具有处理办公室日常工作能力,能够接听、拨打英文电话。

(12)取得酒店管理师或商务英语资格证书中的一种职业资格证书;取得普通话二级乙等证书。

1.2.15 文秘专业工作岗位群及其职业能力与素质要求

1.2.15.1 工作岗位群

面向行政事业单位、服务行业及商务企业。

(1)秘书:文秘工作。

(2)行政管理:办公室事务管理。

(3)档案员:管理档案。

(4)信息收集与整理:信息处理。

(5)公关及前台接待:人际沟通处理及礼仪接待。

(6)打字员:计算机数据及文字处理。

(7)文案策划:文案策划与写作。

1.2.15.2 职业能力与素质要求

(1)掌握秘书必备的实务操办、档案管理、信息收集与处理、会议会展管理、公关礼仪等专业基础知识。

(2)掌握计算机基本应用、办公设备使用维护和多媒体设备使用技术知识。

(3)掌握本专业相关的英语知识。

(4)初步掌握行政管理、企业管理、出纳实务知识。

(5)了解市场经济运作规律,熟悉现代企业商务运作知识和法律知识。

(6)具有较强的办公室事务处理、公关协调和策划、调查能力及一定的协助管理能力。

(7)具有较强的语言和文字表达能力、基本办公室英语会话和外贸函电处理的能力。

(8)具有熟练使用计算机进行文字表格及幻灯片处理。搜集分析资料和办公自动化设备操作能力。

(9)具有良好的人际沟通能力、一定的个人防卫能力和团队合作精神。

(10)会驾驶,初步具有一定的商务活动能力。

(11)取得普通话二级乙等证书、国家三级秘书资格证书,根据情况取得汽车驾驶执照。

1.2.16　环境艺术设计专业工作岗位群及其职业能力与素质要求

1.2.16.1　工作岗位群

面向建筑设计院、城市规划设计院、景观设计公司、装饰设计公司、建筑公司、装饰公司、房地产公司、监理公司等单位和企业,从事设计与管理工作。

(1)家装设计师:主要从事家装设计与管理等工作。

(2)公装设计师:主要从事酒店、宾馆、商场、银行等公共建筑的室内设计与管理工作。

(3)景观设计师:主要从事风景园林、城市景观、小区规划等设计与管理工作。

(4)绘图员:主要面向规划院、设计院以及大型建筑装饰企业从事施工图的绘制工作。

(5)施工员:大型建筑装饰施工企业从事施工现场的一般性管理工作。

(6)预算员:大型建筑装饰企业从事招投标管理和预决算的编制工作。

1.2.16.2　职业能力与素质要求

(1)基础造型能力。

(2)基础色彩运用和表现能力。

(3)基础设计与审美能力。

(4)基础色彩设计能力。

(5)空间思维及造型能力。

(6)艺术设计基本素养。

(7)室内设计基础理论知识的掌握与应用能力。

(8)施工图的阅读与绘制能力。

(9)CAD 软件应用能力。

(10)材料应用能力。

(11)技术指导能力。

(12)手绘能力。

(13)计算机绘制效果图的能力。

(14)居住空间的设计能力。

(15)公共空间的设计能力。

(16)景观规划与设计能力。

(17)施工指导与质量控制能力。

(18)预算书的编制能力。

(19)施工管理能力。

(20)会展策划与展示设计能力或家具设计能力。

(21)取得室内设计师证书,可根据情况取得景观设计师、施工员、预算员、材料员、资料员、安全员职业资格证书。

1.2.17 汽车运用专业工作岗位群及其职业能力与素质要求

1.2.17.1 工作岗位群

(1)机动车管理部门:车辆检验员、检查设备调试员、计量员。

(2)交通运输企业:驾驶员、设备维修工、计量员。

(3)汽车修理厂:汽车维修质量检验员、汽车维修工、设备维修工、养护工等。

(4)保险部门:车辆定损员、理赔员、车辆保险销售员。

(5)4S店:汽车销售员、车辆凋试员、技术咨询。

(6)汽车配件销售:采购员、销售员。

(7)汽车及零配件制造厂:检验员、调试员、生产人员等。

1.2.17.2 职业能力与素质要求

(1)能够运用机械制图、汽车机械基础等专业基础知识,阅读机械图的能力。

(2)掌握所学专业基础知识并运用于实践的能力。

(3)具有熟练的汽车驾驶技能,获得驾驶执照。

(4)具有良好的汽车性能检测与故障诊断、维修的能力。

(5)具有一定的销售汽车及汽车零配件的能力。

(6)取得汽车驾驶证、汽车维修工、维修钳工职业资格证书;取得高级车工、高级钳工、数控加工操作证中的一种职业资格证书。

1.2.18 数控加工技术专业工作岗位群及其职业能力与素质要求

1.2.18.1 工作岗位群

(1)数控机床及普通机床操作。

(2)零件加工工艺设计及数控程序编制。

(3)计算机辅助设计与制造。

(4)设备管理与维护。

(5)机电产品销售。

1.2.18.2 职业能力与素质要求

(1)具有工程制图和识图能力,并能利用计算机绘图。

(2)具有操作1~2种普通机床的能力。

(3)具有熟练操作数控机床的能力。

(4)具有一般机械零件加工工艺、工装设计和实施的能力。

(5)具有编制数控机床加工程序并熟练使用MasterCAM软件的能力。

(6)具有利用CAD软件AutoCAD、SolidWorks(UG或Pro/E)进行计算机应用及辅助设计能力和技术创新的能力。

(7)具有对数控机床进行调试、日常维护和检测的能力。

(8)取得中级车工、中级钳工、中级数控加工操作证中的一种职业资格证书。

1.2.19 机电一体化技术专业工作岗位群及其职业能力与素质要求

1.2.19.1 工作岗位群

(1)机电设备的操作人员。

(2)机电及数控设备销售与技术服务人员。

(3)机电及数控设备的安装、调试及维修维护人员。

(4)利用 CAD/CAM 软件进行机械设计的技术人员。

(5)数控机床操作与编程人员。

1.2.19.2　职业能力与素质要求

(1)掌握机械制图及机械设计基础、机械制造技术基础、机械加工技术基础等机械工程学科的基本知识,具有良好的识图、制图能力,具备机械加工工艺编制和工装设计能力。

(2)掌握电气控制、PLC 原理与编程、数控机床操作与编程、传感器与检测技术、变频调速技术等基础知识。

(3)掌握计算机应用方面的知识,并且能够熟练使用 AutoCAD、MasterCAM (SolidWorks 或 UG、Pro/E)、CAD/CAM 软件。

(4)掌握常规机床设备电气控制部分安装、检修、调试的基本知识。

(5)掌握数控设备的安装调试及相关维修及维护能力。

(6)具备有关职业规范方面的基本知识。

(7)掌握机电设备的安装、调试及维护、数控机床操作与编程、利用 CAD 软件进行机械零件的初步设计以及机电设备故障处理等某一方向的基本知识。

(8)掌握工业生产管理方面的基本知识。

(9)具有一般机械零件加工工艺的编制和实施的能力。

(10)具有机电设备安装与维修能力。

(11)具有操作 1 ~2 种通用机床的能力。

(12)具有基本操作数控机床的能力。

(13)具有数控机床加工编程的能力。

(14)具有利用 CAD 软件(AutoCAD、SolidWorks 或 UG、Pro/E)进行计算机应用及辅助设计的能力。

(15)具有正确使用电工电子仪器仪表和常用测试仪器在本专业中应用的能力。

(16)取得劳动部颁发的数控机床操作中级技能证书和上岗证及其他相关工种的岗位资格证书。

1.2.20　发电厂及电力系统专业工作岗位群及其职业能力与素质要求

1.2.20.1　工作岗位群

(1)各类发电厂、电力网的电力运行、安装、维护、检修和调试。

(2)各类发电厂、电力网的电力设备选型及技术改造。

(3)各类发电厂、电力网的常规电气试验。

(4)发配电、供用电单位电力生产、调度及技术管理。

(5)企业生产设备电气系统的安装、调试、运行、维护和检修。

(6)企业及电力系统中微机控制技术的应用和微机监控设备的运行和维护。

(7)电气设备及控制产品的制造、营销和技术服务。

(8)企业电气工程师助理。

1.2.20.2　职业能力与素质要求

(1)掌握电工、电子、电机学、水轮机、汽轮机、单片机和 PLC 技术等基本理论。

(2)具有正确使用电工、电子仪器设备进行测试和电气试验的能力。

(3)具备技术资料的阅读和使用能力。

(4)具备电力生产现场管理能力。

(5)具备制订电力作业计划的能力。

(6)掌握各类发电厂及电力网设备的基本理论及安装和运行的基本知识。

(7)具有从事各类发电厂电力设备安装、运行、使用、调试及维修的基本技能。

(8)具有电力网的运行、调度及潮流计算的初步能力。

(9)具有微机监控的操作及利用微机进行信息处理的初步能力。

(10)具有对常用电力设备、供电线路进行技术改造的初步能力。

(11)具有阅读和翻译一般专业英文科技资料的能力。

(12)具备本专业所必需的综合职业能力。

(13)取得与本专业工种相关的中级电工、中级电气设备安装工、中级电气运行工职业资格证书中的一种。

1.2.21 小型水电站及电力网专业工作岗位群及其职业能力与素质要求

1.2.21.1 工作岗位群

(1)小型水电站、电排站及电力网的机电运行、安装、维护、检修和调试一般电气试验。

(2)小型水电站、电排站及电力网的机电设备选型及技术改造。

(3)企业电气工程师助理。

(4)发配电、供用电单位电力生产、调度及技术管理。

(5)企业生产设备电气系统的安装、调试、运行、维护和检修。

(6)企业及电力系统中微机控制技术的应用、设备运行和维护。

(7)电气设备及控制产品的制造、营销和技术服务。

1.2.21.2 职业能力与素质要求

(1)掌握电工、电子、电机学、水轮机、单片机和 PLC 技术等基本理论。

(2)具有正确使用电工、电子等仪器设备进行测试和电气试验的能力。

(3)具备技术资料的阅读和使用能力。

(4)具备电力生产现场管理能力。

(5)具备制订电力作业计划的能力。

(6)掌握水电站及电力网机电设备的基本理论及安装、运行的基本知识。

(7)具有从事水电站机电设备安装、运行、使用、调试及维修的基本技能。

(8)具有电力网的运行、调度及潮流计算的初步能力。

(9)具有微机监控的操作及利用该微机进行信息处理的初步能力。

(10)具有对常用机电设备、供电线路进行技术改造的初步能力。

(11)具有阅读和翻译一般专业英文科技资料的能力。

(12)具备本专业所必需的综合职业能力。

(13)取得与本专业工种相关的中级电工、中级电气设备安装工、中级电气运行工职业资格证书中的一种。

1.2.22 楼宇智能化工程技术专业工作岗位群及其职业能力与素质要求

1.2.22.1 工作岗位群

(1)在智能楼宇或安防、消防、网络等弱点集成公司中从事智能楼宇系统的安装、调试和维护等工作。

(2)在政府部门、大型企事业单位、大型公共场馆、大型小区等单位从事已竣工大型智能楼宇工程、安防工程、消防工程、网络工程的技术服务及系统运行维护工作。

(3)大型智能楼宇、网络、安防、消防等产品制造企业的技术服务及销售工作。

1.2.22.2 职业能力与素质要求

(1)电工基本操作能力,常用电工仪器使用能力,建筑防雷与安全用电能力。

(2)一定的建筑识图能力。

(3)建筑电气识图与绘图能力。

(4)PLC在建筑智能化控制中的应用能力。

(5)安装、调试、使用、维护建筑智能化设备的能力。

(6)管理与维护火灾报警、安全防范、通信网络、广播电视等建筑智能化系统的能力。

(7)管理与维护智能化楼宇弱电布线的能力。

(8)一定的智能弱电工程设计、测试、项目管理和验收能力。

(9)取得助理智能楼宇管理师职业资格证书,根据情况取得办公自动化中级职业资格证书。

1.2.23 电气自动化专业工作岗位群及其职业能力与素质要求

1.2.23.1 工作岗位群

本专业毕业生主要面向电力行业及工矿企业,从事电气设备及其控制系统的安装、调试、运行、检测、检修和技术管理等工作。

(1)电气设备运行、安装、调试和检修。

(2)企业中继电器控制、PLC控制的生产设备电气系统的安装、调试、编程、运行、检修和售后服务。

(3)企业中计算机控制技术的应用和计算机控制设备的运行、检修。

(4)一般电气试验。

(5)车间生产组织与管理工作。

(6)电气设备及控制产品的制造、营销、技术服务。

(7)企业电气工程师助手。

1.2.23.2 职业能力与素质要求

(1)掌握电工、电子、电机与拖动、智能电气设备、程控电气设备技术等基本理论。

(2)掌握本专业所需制图方面基本知识。

(3)具备正确使用电工、电子仪器及有关专用设备进行测试和电气试验能力。

(4)具备应用一般计算机软件处理文件、绘制并初步设计电气工程图的能力。

(5)掌握电气设备及控制系统的基本知识。

(6)掌握计算机监控方面基本知识。

(7)掌握供用电及控制系统运行、安装、检修、调试、管理以及技术改造的基本知识。

(8)具备从事供用电单位电气设备及控制系统安装、使用、运行、调试及检修的基本能力。

(9)具备对一般电气设备、供电线路和控制线路进行技术改造的初步能力。

(10)取得与本专业工种相关的中级电工、中级电气设备安装工、中级电气运行工职业资格证书中的一种。

1.2.24 计算机应用技术专业工作岗位群及其职业能力与素质要求

1.2.24.1 工作岗位群

主要面向广告、平面、图书出版公司;企事业、股份制企业的企划部;图书出版和广告行业。

(1)平面设计师。

(2)UI 界面设计师。

(3)网站设计师。

(4)Flash 动画设计师。

1.2.24.2 职业能力与素质要求

(1)具备熟练进行标志设计,包装设计,海报、广告设计,图像后期处理,特效处理,企业 VI 设计的能力。

(2)具备进行书籍排版与印刷前后期工作的能力。

(3)能运用网站开发工具开发网站,并能制作网站特效,结合基础能力开发整套企业网站。

(4)能使用 ActionScript 脚本语言进行 Flash 游戏、动画、网站设计与开发。

(5)取得图形图像处理高级证书。

1.2.25 应用电子技术专业工作岗位群及其职业能力与素质要求

1.2.25.1 工作岗位群

(1)电子产品设备装配、调试、检测、销售及售后服务。

(2)基本电子电路的计算机辅助设计。

(3)计算机控制系统的运行、维护与管理。

(4)智能电子设备企业进行技术服务及新产品的局部设计、技术开发。

(5)工矿企业 PLC 设备的安装调试及程序设计员。

(6)电子产品调试员;电路板设计及绘图员。

(7)教学部门从事实验、实习、实训等实践教学工作。

1.2.25.2 职业能力与素质要求

(1)掌握电工、电子等专业基础知识及电子产品电路原理图的读图与分析能力。

(2)掌握电子产品常用电源的原理、选用能力,数字设备(计算机、单片机、PLC)的基本原理和应用能力,以及电子产品生产工艺与管理能力。

(3)具备良好的政治素质、文化修养、职业道德、服务意识。

(4)具备电子设备的安装、调试、维护和销售服务能力,初步具备计算机辅助设计及计算机控制技术的能力。

(5)掌握工矿企业自动控制系统的基本原理及其运行、检修、安装、维护、管理的基本知识。具备从事工矿企业电子设备安装与调试、运行与维护、事故处理、故障诊断与检修、生产与管理的初步技能。具备从事工矿企业生产设备自动化生产线安装、编程与调试、运行与维护的基本技能。

(6)能进行智能电子系统集成及产品开发设计、技术服务。

(7)取得电子产品中级维修工证书,根据情况取得中级电工证书。

2 制订职业生涯发展规划方案

2.1 职业生涯影响因素分析

对每个人而言,职业生涯将贯穿人的一生,在不同的阶段,每个人的职业生涯受各种不同因素的影响会产生各种截然不同的结果。人们一生的职业历程、成就有着种种不同的可能,职业生涯影响既有个人因素也有环境因素。对于有些人来说,他们所喜欢的职业或许正好需要一些他们并不具备的能力;对于有些人来说,他们所受的教育、所学的专业并非自己的兴趣爱好所在;对于有些人来说,他们的健康状况束缚了他们的职业选择,等等。个人职业生涯规划虽因人而异,但在制定规划时,需要考虑的因素却基本相同。因此,在进行职业生涯设计时要仔细分析影响自己职业生涯的每一个因素。

2.1.1 个人因素

个人因素在人的职业生涯发展中起着基础作用,决定着人的发展方向和前景。它包括:个人的兴趣;个人的性格与价值观;个人的教育背景与能力;个人的生理状况,包括性别、健康等诸多因素。

兴趣。兴趣在职业生涯发展中起到重要作用。一个人从事自己有兴趣的工作,这会成为他事业成功的强大动力。在求职中,人们常会考虑到自己对某方面的工作是否有兴趣,从有趣开始逐渐产生乐趣,进而与奋斗目标相结合发展成为志趣,表现出方向性和意志性的特点,使人坚定地追求某种职业,并为之尽心竭力。所以,兴趣是制定职业生涯规划时要考虑的重要因素。

性格。近年来,许多用人单位出现一种新的选人观念,他们认为,性格比能力重要。其原因是,如果一个人能力的不足,可通过培训提高,但一个人的性格不好,要改变起来可就困难多了。所以在招聘新人时,往往将性格的测试放在首位,当性格与职业相吻合时,才会有进一步对其能力进行测试考察的意愿。

价值观。一个人的价值观在制定职业生涯规划和取得职业成功中起重要作用。价值观涉及指导一个人行动的信仰和情感,表达了一个人所真正想要的。每个人都有自己的价值观,当你对自己的价值观认识得比较清楚时,择业时遇到的问题就会小一些。

受教育程度。教育是赋予个人才能、塑造个人人格、促进个人发展的社会活动。它对人的职业生涯影响巨大。首先,获得不同教育程度的人,在个人职业选择与被选择时,具有不同的能量,这关系着职业生涯的开端与适应是否良好。一般来说,受过较高程度教育的人,能够找到比较好的职业,在就业以后一般都有较大的发展,在职业不如人意的时候调动工作的动机和能力也较强。其次,人们所接受的教育的专业、职业类别,对职业的选择有着决定性的影响。即使人们转换职业,也往往与原所学专业有一定的联系;此外,不同教育水平、不同门类科别、不同院校和不同的教育思想,会带来受教育者不同思维模式与意识形态,从而使人们以不同的态度对待自己、对待社会、对待职业选择、职业境遇与职业生涯的发展。一般来说,企业要找的是既受过正规教育,又具备某些没有固定规范的个人发展潜力的人。

能力。能力是作为掌握和运用知识技能的条件并决定活动效率的一种个性心理特征。能力分为两种:一般能力和特殊能力。一般能力通常人们又称为智力,包括注意力、观察力、记忆力、思维能力和想象力等;特殊能力是指从事某项专业活动的能力,也可称为一个人的特长,如计算能力、语言表达能力、空间判断能力等。能力是一个人完成任务的前提条件,是影响工作效果的基本因素。同样,对任何一种职业而言,必须要求从业者具备相应的能力。因此,大学生在择业时,必须考虑到能力与职业的吻合问题。

生理状况。生理状况包括身体状况、性别、身高、体重、视力以及外貌。健康的身体是任何人职业生涯开始的首要条件,几乎所有的职业都需要有健康的身体。现在很多职位歧视女性,对人的体型和外貌要求也有所不同(如航空服务、酒店管理等职业),许多职业对人的裸眼视力也有要求。这些从生理上限制了一个人可能从事的职业。

2.1.2 环境因素

在制定个人的职业生涯规划时,要分析环境条件的特点、环境的发展变化情况、自己与环境的关系、自己在这个环境中的地位、环境对自己提出的要求以及环境对自己有利的条件与不利的条件等。只有对这些环境因素充分了解,对各种可能影响到职业的外部力量加以衡量、评估并做出反应,才能做到在复杂的环境中趋利避害,使你的职业生涯规划具有实际意义。

社会环境。社会环境主要指社会的政治经济发展大背景、职业的社会评价、涉及人的职业方面的劳动人事管理制度等。这些环境因素决定了社会各种职业岗位的数量,决定了社会职业结构的变动,决定了人们对职业根本的看法和步入职业、调整职业的决策。

(1)经济发展水平。在经济发展水平高的地区,企业相对集中,优秀企业也比较多,个人职业选择的机会就比较多,因而就有利于个人职业发展;反之,在经济落后地区,个人职业发展也会受到限制。

(2)社会文化环境。社会文化环境包括教育条件和水平、社会文化设施等。在良好的社会文化环境中,个人能受到良好的教育和熏陶,从而为职业发展打下更好的基础。

(3)政治制度和氛围。政治和经济是相互影响的,政治不仅影响到一国的经济体制,而且影响着企业的组织体制,从而直接影响到个人的职业发展;政治制度和氛围还会潜移默化地影响个人的追求,从而对职业生涯产生影响。

家庭环境。家庭是人的生活的重要场所,是影响职业的最重要的因素之一,人的社会化,实际上从出生的一瞬间就已经开始。一个人在幼年时期,受到家庭的深刻影响,以后长期潜移默化的结果,会使人形成一定的价值观和行为模式,必然从根本上影响着一个人职业选择的种类、选择中的冒险与妥协程度、理想目标的树立和职业岗位的工作态度、发展倾向等。此外,父母兄长、亲戚朋友等在一个人择业和就业以后的流动上,往往给予一定的帮助,也会给人的职业生涯以巨大的影响。陈佩斯演电影、侯耀文说相声、邓亚萍打乒乓球,这类"子承父业"的现象更是反映了家庭对子女职业生涯的多方面影响。

组织环境。个人所在的组织环境对个人职业发展有着重要的影响,当组织环境适宜于个人发展时,个人职业更容易取得成功。组织环境同社会环境一样,也在不断地变化,这些变化同样对职业提出了不同的要求。因此,在制定职业生涯规划时,个人所在的组织环境也是应考虑的重要因素。从组织内部环境看,影响职业发展的因素也是多方面的,主要包括企业的一般特征、组织的发展战略、企业文化、组织的人力资源状况与制度和人力资源规划等。

经济环境。经济环境对人的职业生涯发展有一定的影响,诸如经济增长率、经济景气度、经济建设的重点转移等。当经济振兴时,百业待举,新的行业不断出现,新的组织不断产生,为就业及晋升创造了条件;反之,就带来不利条件。在经济发展水平高的地区,企业相对集中,优秀企业也就比较多,个人职业选择的机会就比较多,因而有利于个人职业的发展;反之,在经济落后的地区,个人职业选择的机会就比较少,个人职业生涯也会受到限制。

分析和了解影响职业的环境因素,有助于我们个人制定正确的职业生涯规划,使个人在变化的社会环境中不断取得职业生涯的新发展。

在仔细分析了影响自己职业生涯的各种因素之后就可以较好地解决职业生涯规划中"做什么"、"在什么地方做"、"如何做"这三个最基本的问题。这三个问题解决好了,职业生涯发展就会比较顺利。

2.2 职业生涯发展决策及行动计划

2.2.1 职业生涯发展决策

2.2.1.1 职业生涯决策的定义

"生涯决策"概念最早源自英国经济学家凯恩斯的理论,它是指一个人选择目标或职业时,会选择使用使其获得最高的报酬,并将损失减至最低所用的方法。职业生涯发展过程中会面临许多抉择的情境,需要个人作出明智的决定,这就是"职业生涯决策"。

2.2.1.2 职业生涯决策的特性

(1)职业生涯决策意味着一次选择与放弃。作决定通常意味着前面有几种道路可供选择。当我们选择这一条时,就意味着对其他的放弃。而每一个选项可能都有优势,但又都有挑战。

(2)职业生涯决策意味着目标的确立和行动。作决定不是许下一个愿望,然后静等愿望成真的那一天,而是在作出选择的基础上确立阶段性的目标,然后采取行动。唯有如此,才能够真正接近自己的愿望,否则,愿望将永远是空想。

(3)职业生涯决策没有标准答案。在不同的情况和环境下,有不同的适当选择。而即使面临相同的选择情境,由于我们个体的不同,决策是否适当也会有不尽相同的答案。如果一定要寻找一个标准来衡量我们的决策正确还是错误,这个标准还只能从我们自己内部去找——适合自己的,才是正确的。

2.2.1.3 职业生涯决策的要素

生涯决策的过程涉及复杂的个性心理和各种各样的行为,面对的情境也不尽相同,但通过分析现有的各种决策理论、类型和模式，我们发现目的、选择、结果和评价这四个要素是每一个决策都不可缺少的。

目的：决策者的决策动机和所要达到的职业目标期望。

选择：决策者可能作出的若干行为选择、决策策略或模式、类型。

结果：每一个选择的可能结果。

评价：对各个结果的价值评估。

2.2.1.4　职业生涯决策的步骤

职业生涯发展是一个持续不断的过程，因此职业生涯决策也同样是一个不断循环的过程。职业生涯决策的步骤如下：根据自己暂定的职业生涯目标，探索不同的可行方案，一般的备选方案要大于等于3个；比较各种方案所得后果的优劣、得失；根据对后果的价值评估进行选择；接受现实的考验；评估实施结果并作出相应的调整和最后的决定。

在这些步骤中，如何科学、正确地对各种方案的后果进行价值评估是最关键也是最难完成的一步，在后面的内容中我们将会介绍两种科学的评估、决策方法，帮助你正确地分析你生涯的选择方案，并最终确立你的生涯目标和路径。

2.2.1.5　生涯决策的常见误区

误区一："在我的生涯发展中，我只能做一次决策"，"绝对不能后悔"，"如果我改变了决策，那就是我失败了"……

有些人认为，生涯决策是一旦选择了一个职业或专业就不能改变，否则一定会被别人瞧不起，因为那是当初自己坚持的决定。

事实上，这种情况并不是理智的。美国研究显示，有三到五成的大一新生打算改变主修学科。与其固守某一个专业或职位，终日郁郁寡欢、怨天尤人，倒不如放眼未来、另起炉灶。

误区二："我一定要马上决定"。有些人认为，迟迟无法决定是懦弱、不成熟的表现。"别人都知道自己要做什么，只有我太差劲，所以我应该立即作决定"。

虽然，在作决定时不能犹豫不决，但草率鲁莽则更加要不得。在没有充分了解自己和工作要求的情况下，暂时不作决定或许是最明智的决定。希望大家能多了解自己，充实能力，最终作出成熟和明智的决定。

误区三：世界上仅有一种最合适我的职业。

决策者1："我会凭直觉找到最适合我的职业"。

决策者2："我所做的工作应该要满足我所有的需求"。

决策者3："我选择的职业也应该要让我的家人、亲友都感到满意"。

2.2.1.6　职业决策风格及类型

所谓职业决策风格，就是作决策者一贯的处事反应以及决策制定的行为模式。

四种常见的职业决策风格如下：

(1)冲动直觉型。冲动直觉型的人作决定是基于一时的冲动，基于当时自己强烈的感受和情绪反应。其典型的表现是："先做了再说，以后再想后果"，"感觉还不错，就这么决定了"，等等。

(2)依赖宿命型。依赖宿命型的人知道需要作出决定，但通常是等待或依赖他人为自己作出决定,或者以为一切都是命运的安排,自己作不作决定都一样。其典型的表现是:“爸妈叫我那样做”,“他们认为我适合”,等等。

(3)犹豫逃避型。犹豫逃避型的人知道需要作出决定,但是经常处于拖延或挣扎的状态,迟迟作不了决定,或者到最后一刻才作决定。其典型的表现是:“急什么?明天再说吧”,“我决不能轻易决定,万一选错了,那就惨了”,等等。

(4)系统理性型。系统理性型的人作决定时会分析自己内在的状况,也会考虑外在环境的要求,广泛收集信息,用系统分析的方法检视各种选项的利弊得失,从而作出适当而且明智的选择。其典型的表现是:“一切操之在我。我是命运的主宰,是自己的主人”。

2.2.2 职业生涯行动计划

职业生涯规划与规划实施并非是两个截然分开的过程,两者相互影响、相互包含,并且不断循环。“计划赶不上变化”,影响你职业生涯规划的因素诸多,有的变化因素是可以预测的,而有的变化因素难以预测。在实施生涯规划的过程中,要不断地进行评估,看生涯规划是否正在被达成,如果答案是肯定的,则继续实施原来的生涯规划;如果发现生涯规划部分或全部没有被达成,则要看生涯规划是否合理,如果答案是肯定的,说明计划合理,是在实施中出现了偏差,需要分析造成偏差的原因,针对原因进行绩效改进;如果答案是否定的,说明规划本身存在缺陷,需要对生涯规划进行调整,即进行生涯规划的再设计。

2.2.2.1 大学生职业生涯规划的主要内容

职业生涯规划是对个人职业发展道路进行选择和设计的过程,规划的内容和结果应该在规划过程中及规划后形成文字性的方案。我们认为,一个完整有效的职业生涯规划方案应该包括以下八项内容:

(1)标题:包括姓名、规划年限、年龄跨度、起止时间。

(2)目标确定:确定职业方向、阶段目标和总体目标。职业方向即从业方向,是对职业的选择;阶段目标是职业规划中每个时间段的目标;总体目标即当前可预见的最长远目标,也是在特定规划中的终极目标。

(3)个人分析结果:包括对自己目前的状况分析和自己将来的基本展望,同时也包括对自己职业生涯有一定影响的角色建议。

(4)社会环境分析结果:指对政治、经济、文化、法律和职业环境等社会外部环境的分析。

(5)组织(企业)分析的结果:主要是对职业、行业与用人单位的分析,包括对用人单位制度、背景、文化、产品或服务、发展领域等的分析。

(6)目标分解与目标组合:分析实现目标的主要影响因素,通过目标分解和目标组合的方法作出果断明确的目标选择。

(7)实施方案:首先找出自身观念、知识、能力、心理素质等方面与实现目标要求之间的差距,然后制订具体方案逐步缩小差距以实现各阶段目标。

(8)评估标准:设定衡量此规划是否成功的标准,如果在实施过程中无法制定的目标或要求,应当如何修正和调整。

需要注意的是,方案内容的顺序与规划的步骤不是完全一致的。其实这并不矛盾,因为方案的形成是建立在按正常步骤进行规划的基础之上的,将职业方向与目标提前,是为了阅读上的方便,突出核心主题——规划的目标,并有利于与实施方案进行对照、检查和修订。

2.2.2.2 高职生职业生涯规划的实施

高职生在具体实施自己职业规划的过程中,最容易出现的问题就在于眼高手低,心浮气躁,急功近利,见异思迁。在就业过程中,很多刚刚踏上社会岗位的毕业生,往往不能以平和的心态对待现状,一旦碰到小小的钉子,或感觉自己所处的环境和理想中的目标有所差距,便会产生极大的心理落差。马上开始怀疑自己的能力和以前制定的目标。认为以前制定的人生规划是个人的能力和在现有工作环境下是不可能达成的。开始自暴自弃,得过且过,轻率地抛开以往的职业规划,选择一条最为急功近利的速成路线,没有为后期发展留下任何可拓展空间。

(1)发展目标的适当调整。高职生必须要对自己的特长、爱好、性格等进行反复的剖析和衡量,对社会现况进行深入的体会,在制定目标的过程中不断地向老师和有经验的学长或父母讨教,争取在初期便定制出一套比较符合自身的性格、特长的规划,脚踏实地地按照规划中的目标,一步一个脚印地向前迈,当然计划总是不如变化快,因而这就需要我们在实践中在不变大方向的前提下不断地对职业规划进行反复的校正,在这个过程中切记不可好高骛远和见异思迁。高职生需要一进学校就有一个高职期间的奋斗目标,不过这往往是有一定难度的。高职新生就好比一条久困鱼缸的小鱼突然置身于茫茫大海却不知该游向何方,他们哪里知道该往什么方向发展呢!要求一个大一的学生制定一个高职阶段一成不变的职业规划书是多么的不现实。但有规划远比没有规划要好,规划书可以给自己一个大概的指引与压力感。很多高职学生喜欢考虑换专业,这也属于目标的修正问题。出于对兴趣与就业形势的考虑,高职生想调换专业无可厚非,但调换专业前一定要弄清楚自己究竟喜欢和适合什么专业,不可盲目冲动。

(2)目标实现中的阻力分析。在目标的实现过程中不可能总是一帆风顺的,面对挫折与失败,有的人愈战愈勇,有的人却晕头转向,为什么会有这么大的区别呢?究其原因,在于不同的人分析与解决问题的能力不一样。

对目标实现过程中的阻力进行分析是很有必要的,大学阶段目标实现的阻力主要有以下几种情况:

目标设置不合理。比如说某大学生在大学期间,既想学习成绩一流,又想当个好的学生干部;既想恋爱成功,又想打工赚钱,这显然是不太可能的。以上目标如果分割成阶段性目标是可以实现的。就业、出国、创业均可以作为大学期间的发展目标,但必须具体和现实。如选择先就业,那就要想清楚去什么地方就业、在什么行业就业、从事什么职位与性质的工作、希望拿多少工资等;如选择出国留学,那就要考虑家庭经济承受能力、个人学习成绩尤其是外语水平等;如果琢磨着毕业后自主创业,那就必须积累经验、学会分析市场行情、制订创业计划等。目标没有好坏、对错之分,适合的就是最好的。如果选定的目标不合理,那就已经失败了一半。

制定目标的当事人缺乏毅力。“性格决定命运,细节决定成败”。这话讲得非常有道理。经常听一些大学生讲:“我要考全日制的专升本。”可是没过多久,他就改变主意了。

还有的大学生说:“从下周开始,我要好好学英语。”大家可能会问:“为什么非要从下周开始而不是从今天开始呢?”这就是缺乏毅力造成的表现。

目标实现的外在条件不具备或者发生改变。事物在各种外部条件的影响下,其内部矛盾的双方的力量处在此消彼长的不断变化之中,一旦矛盾双方的力量对比发生根本性的变化,便会引起双方地位的相互转化,于是新矛盾取代旧矛盾,新事物取代旧事物。可见,事物的发展是内因和外因共同起作用的结果,矛盾是事物发展的动力。

外在条件虽然有不可控制性,但它毕竟要通过内部条件才能起作用。人是有主观能动性的,人不仅可以利用与改造外部条件,还可以创造条件实现目标。

2.2.2.3 高职生职业生涯不同阶段的任务

评价高职生职业生涯发展良好与否必须把握阶段性原则。各年级高职生的主要任务如下:

(1)一年级高职生的主要任务是:自我认识,树立正确的学习观,了解专业性质、专业能力要求、专业学习的价值和专业前景等,提升学习动力,适应大学学习生活和人际交往,尽快完成角色转变。了解自己的特长与潜能、优势与不足,正确认识自我。初步认识生涯发展规划的重要性,树立正确的职业价值观。学习通用性技能,提高基本素养,为未来的职业发展做好专业准备。

(2)二年级高职生的主要任务是:自我拓展,培养较强的责任感、使命感,树立正确的成才观和事业观。通过职业测评、职业咨询、了解职业信息等方式,认识职业;根据自身条件、职业志向和未来职业的发展进行初步的职业生涯规划。结合职业生涯规划,做好职业生涯决策,参加职业培训、社会实践、创业锻炼等活动,拓展职业知识技能,提升自我素质,培养高度责任心和精益求精的精神,提高人际沟通、团队合作和创新能力。

(3)三年级毕业班高职生的主要任务是:自我发展,树立开拓务实的职业观、创业观和择业观。通过职业生涯规划、职业生涯决策的修正,形成现实而正确的个人职业发展评价,确定合理的职业定位和择业期望标准。通过毕业实习、个人辅导、职业信息的搜集和选择、就业技巧培训等多种形式,提高职业成熟度和职业行为的“自主、自尊、自信、自强”意识。树立爱岗敬业精神,实现人生发展与社会需要的内在统一,敢于去祖国最需要的地方和行业建功立业,完成向社会职业人的角色转换。

注意提高自身的基本素质。通过参加学生会或社团等组织,锻炼自己的各种能力,同时检验自己的知识技能;开始尝试兼职、社会实践活动,在课余时间从事与自己未来职业有关的专业类工作,提高自己的责任感、主动性和受挫能力。

3 职业生涯发展规划的落实

好的计划要有好的落实。没有落实的计划只是空想,落实不了的计划更等同于幻想。保证计划的落实是整个规划价值体现的核心环节,规划之初就应该给予充分的重视,实施的时候更要念念不忘。对于计划落实不力的人来讲,下面三个方面的工作是必须完善、解决的。

3.1 时间管理与风险管理

3.1.1 时间管理

在我们的生活和工作中,有很多这样的现象:每天规定的目标只能完成一半,却不知为何;由于随手乱放,无法找到重要的文件,不得不耗费时间四处寻找;漠视自己的行动计划越拖越长。

怎么才能让一逝而过的时间变得更加有效率呢?怎么才能控制自己的时间呢?怎么合理分配自己的时间呢?我们要对时间进行管理,以便充分、合理、有效地利用这种资源。

时间管理,就是用最短的时间或在预定的时间期限内把事情做好。它是一种个人的作业计划。个人通过制定具体的生活、工作目标,学会分配工作次序,按计划做事,从而有效地利用时间,提高生活和工作效率。

很多人都知道时间的重要性,但在生活中却总是不知不觉地浪费时间。"一寸光阴一寸金"、"时间就是金钱"、"时间就是生命"……这些关于珍惜时间的谚语、古训我们大多都耳熟能详,可是很多人却并没有真正地做到珍惜时间,等到光阴一去不复返的时候,便独自地为逝去的时间感叹。珍惜时间的关键就是从现在做起,立即行动。

生活在象牙塔里的大学生,没有生活的压力,学习生活也比较轻松,所以时间观念并不强。上网聊天、打游戏、看影片占据了大学生许多宝贵的时光。适当的休闲是必要的,但凡事都要讲个度,如果过度沉迷于享乐,那么毕业后就乐不起来了。

大学生要想合理安排好自己的时间,首先就必须要有时间观念。青春短暂,年华易逝,人生一共才短短的几十年,如果我们不珍惜,等到年老了的时候便悔之晚矣。说实话,毕业几年,对时间的感觉和在大学的时候就不一样,现在总感觉一年一晃就过去了,一年的时间好像比以前上学的时候一个月的时间还短。所以,正当人生好时节的大学生朋友一定要树立时间观念,科学合理地安排自己的时间,把更多的时间放在有意义的事情上。

要科学合理地使用自己的时间,就要避免拖拉和等待。很多时候,我们在做事情之前总喜欢给自己找借口:现在心情不好,等心情好的时候再做吧;或是我先睡觉明天早点起来做,一定会做得更好……想做的事情就这样一天天地拖下去,结果不是把这件事情忘记了,就是想起来的时候还是没有时间做。教育学家苏霍姆林斯基曾经写信给他的儿子:"要改掉某些坏习惯,我指的是:开始工作以前闲坐 15 分钟;毫无必要地翻阅那些明明知道不需要阅读的书;睡醒了,在被窝里躺 15 分钟,等等。"拖延是一个很不好的习惯,就像是侵入木头里面的蛀虫,如果任其发展,就会毁掉自己的前途。

有些人总认为时间多着呢,不急,一再地把自己想做的事情往后拖。最后结果是,追悔莫及。只要你从早上睁开眼睛那一刻开始,就立刻行动起来,一直行动下去,对每一件事都告诉自己立刻去做。那么,你会发现,你整天都会充满着行动带来的充实的快感,只要这样持续两个星期左右,你就能养成立刻行动的好习惯了。

此外,还要学会利用零散时间,并提高效率。时间效率专家阿列斯·伯雷说:"一天的时间就像一个大旅行箱,只要知道装东西的方法,就可以装两倍的东西。开始不要把东西扔到箱子的中间,而是不留缝隙地往四个角和箱子的边缘填充,最后再向旅行箱的中间填。如果毫不浪费地使用了四个犄角旮旯的时间,你就可以把一天的时间当做两天用了。”大学生在学校里除上课、吃饭、睡觉外，多数时间都是自由的。如果坚持每天把所有的琐碎时间都利用上，那么日积月累，你就会发现你完成了自己都不敢相信的事情。

有些人虽然精心地规划自己的时间，运用每一个空闲做事情，但是效率却不高。比如，有时候你在看书，眼睛盯着书，可是就是无法进入角色，半个小时过去了，你还是一页未翻。这种做法同样是在浪费时间。我们在做任何事情的时候都要全神贯注，如果看书的时候想着其他事，那样肯定不会有什么效果。比如能看书的时候，如果实在静不下心来，就不要硬撑着了，可以去户外活动活动，让自己的大脑放松放松，然后再学习，这样效果会好些。

在时间管理中，最重要的是要有清晰的工作计划及目标，确定先后次序，如果不能掌握时间管理重点，就会事倍功半。因此，管理时间的水平高低，会决定你职业生涯的成败。

3.1.2 风险管理

无论是在日常生活方面，还是在策划大型活动方面，我们常常在决策时追求100%的稳妥。但是事实上，这样的稳妥是不存在的，因为事物的发展过程是变化的，事物的变化要求我们以一种非常状态做出反应，而不是有了十拿十稳的把握之后做出反应。同样，很多人追求100%严密的控制，希望能有一套完善到极致的制度可以防范所有的一切违规，我们可以假定这样的规范是存在的，但是必然要附以严格的监督及监督机制以及高昂的维护和运行成本，且不说经济上是否合理，就是办事的效率之低下足以等白了少年头，也就不知何时才能真正实现经营的目标了。

我们的职业生涯规划也蕴涵着这样的辨证道理，我们不能追求绝对完美，无论是完美的工作，还是工作的完美。过去营销学里讲一个“适销对路”的观念，就是把合适的商品卖给合适的消费者，讲究的是“适时适地适人适货”，我们在职业生涯中的很多时候，就是要有这样的“适销对路”的观念和举措，恰如其分地实现自身的价值，而不要因为执着于本无所谓的细节影响了整个职业生涯的节奏——正如，我们看一场高水平的足球赛，就不能苛求在整场比赛中没有一个瑕疵，没有一次失误！因为所有的一切都是相互关联的，要进球、要速度，就不能再苛求无瑕疵。

因此，在职业生涯发展过程中，对于已知风险和可预知风险我们要采取积极的措施进行防范，具体防范可以从以下几个方面着手：

(1)识别风险：主动地去寻找风险。

(2)风险评估：对风险可能造成的灾难进行分析。

(3)风险驾驭：解决风险评估中发现的问题，从而消除预知风险。

(4)风险监控：当旧的风险消除后，可能又会出现新的风险，所以风险识别、风险评估、风险驾驭这几个环节要连续不断地进行下去，形成有效的监控机制。

在一段时间以后，要对风险进行再分析，确保对风险制订的驾驭方案能够切实有效地进行，并且要对执行中的问题进行再评估。同时要注重总结经验，为将来的风险治理提供参考。

3.2 信心与毅力

信心是一个人事业成功的动力源泉。美国著名教育家马斯洛说：“事实上，我们绝大多数人，一定有可能比现实中的自己更伟大些，只是我们缺乏一种不懈努力的自信。”

毅力也叫意志力，是人们为达到预定的目标而自觉克服困难、努力实现的一种意志品质。毅力，是人的一种“心理忍耐力”，是一个人完成学习、工作、事业的“持久力”。当它与人的期望、目标结合起来后，就会发挥巨大的作用；毅力是一个人敢不敢自信、会不会专注、是不是果断、能不能自制和有没有忍受挫折的结晶。

在我们的现实生活中，一些人在求学、求职等过程中，往往因为缺乏信心而失去更好的求学、谋职、升迁和取得事业成功的绝好机会，令人遗憾。其原因就是这些人总以为自己总不如别人，找出一大堆理由长他人的志气而贬低自己。如“张三比自己聪明，李四比自己优秀，王五家境优越，赵六父母有权势……”一句话，就是自己不行。长此以往，如何树立起信心？

有很多学生就是因为缺乏毅力，稍一碰钉子，就马上否定自己的方向，踏上速成路线混上几年后，发现可供行走的路越来越窄，最后被逼上死角。不得以进行反思，又重新跳回到以往的职业规划中来。然而如此反复的过程中你就错失了很多学习和发展的机会，到最后极有可能越做越累，甚至一无所获。正如小猫钓鱼的寓言故事。

老子曾经在《道德经》里这样说：“合抱之木，生于毫末；九层之台，起于累土；千里之行，始于足下。”意思是说：“需要几个人合抱的树木，都是从细如针毫小苗长起来的；九层高的亭台，也是一筐土一筐土筑起来的；而千里的行程，是需要用脚一步一个脚印迈出来的。”世界上任何事都是这样的，总有个从量变到质变的过程，而这个过程只有有毅力的人才能坚持下来。

人生就是一场马拉松赛，开始跑在最前面的未必能一直领先，成为一名胜利者；原来落在后头的并不一定就永远不能后来居上，命中注定做一名失败者。有人老是在别人的成就和荣耀面前哀叹自己起步太晚，其实每一位马拉松参赛者都明白，迟个三步五步，甚至十步百步也不算晚，关键是能否坚持到终点。

要去判断人生道路上的这场胜负，在于用毅力换来的成绩，正如判断一棵果树的优劣，是看它结的果实是否丰硕，而不苛求它的叶子是否葱郁。成功者常常用毅力去写迷人的胜利传奇。

缺乏信心往往导致萌芽的天才走向自我扼杀，缺毅力，则是自我断送前程。我国有句谚语叫“勇敢与成功如影随形”，说明了勇敢和毅力是人取得成功不可或缺的因素。

世上无难事，只要肯登攀！珠穆朗玛峰再高，再危险，有人攀登过，他们凭借着一颗强烈的爱国之心，面对黑夜、寒冷和缺氧毫不畏惧，毅然前进。他们是在无数次摔倒中爬起来，凭着心中的信念，凭着毅力、勇气、智慧挑战极限，超越自我而到达了顶峰。所以说，毅力和信心决定成败。

我们在职业生涯设计时对自己的未来要充满强烈的信心，建立必胜的坚强信念，要相信自己的力量，相信通过艰苦的努力，理想是可以变为现实的。要充分挖掘自己的潜能，在职业生涯发展过程中只有坚韧不拔地朝着自己确立的职业目标前进，才能取得职业生涯的成功。

3.3 职业发展需要知识更新

知识经济时代的核心思想是把知识作为能影响职业发展的重要因素。这是因为人所具有的能力与他所掌握的知识、技能是相互联系与制约的。一个人的能力直接决定着自己职业的状态,所以最终是知识增进职业进程的。

当今社会知识更新迅猛,技术每年的淘汰率是20%。在美国,15年来,淘汰了8 000种职业,同时诞生了6 000种职业。今天专家级的技能知识,明天将可能成为行业入门的基础知识,知识更新速度是如此之快。因此,我们对知识的学习与探索必须是终身的、无止境的。

每个人是不可能囊括人类的全部知识的。一个人要想使职业发展有个良好基础,首先要进行自我定位,并且确立职业目标战略。接下来就是用一定的时间与构成去构建它,但构建不是一步到位,而是逐步完善。以职业目标为核心,构建促进自己职业发展的知识结构。若想追求卓越,就必须构建适应的知识结构作为支撑。因为结构的不同,他的功能也就不同。

在知识经济领域里,知识与能力概念的外延将相互包容。有些知识就是能力,有些能力本是知识,知识与能力相互转化水平的高低就代表了一个人创造能力的发达程度。当然,这里的知识指的是高质的知识,即合理知识结构中的知识成分,是"活"的知识,不是一般意义上的堆砌在头脑中的东西。这就是说,知识经济时代里的学习是高质量的、有意义的学习,不再是将书本搬进脑袋里,而是结构要合理。每一个人都有自己独特的知识结构。知识结构具有全球人类普遍价值和意义。

知识结构的构建并不(完全)依靠正规教育。在职业发展的过程中边干边学(通过实践学习)是最重要的,学习的基本方面是将沉默知识转化为归类知识。随着职业发展的需要,不断通过非正规教育和培训完善与充实自己的知识结构。知识结构是一个人进行创新的基础,是职业发展的基石。个人要进步,职业要发展,就必须建立符合时代需要的合理知识结构,促进职业发展。

一个人的知识结构并不是一成不变的,随着形势的发展,知识也需要不断地补充和更新。为使知识结构处于最佳状态,应根据需要及时进行调整,围绕选定的目标不断积累并更新、完善自己的知识结构。大量事实证明,一个人在学生阶段所获取的知识仅仅是一生中所需要知识的很少部分,大部分知识都要靠日后在工作中根据需要自学而获得,不断补充、更新知识,以保证最佳的知识结构。

终身学习的能力,即在人的一生尤其是职业发展的过程中,不断学习新知识的能力。现代社会的发展,使人们更新知识结构、提高多种技能和素质的任务变得异常艰巨和繁重,甚至成为社会持续发展的一大课题。终身学习能力已成为职业人满足生存与发展的需要,它是立足社会的基本能力。

自主创业篇

第七章 自主创业者必须具备的素质与能力

1 创业者必须具备的基本素质

1.1 创业者的基本素质构成

作为一个创业开拓者，应当具备优良的道德品德、坚韧不拔的精神、坚定不移的信念、必胜的信心、巨大的魄力、充沛的精力、丰富的经验、渊博的知识、优异的才能等素质特征。

1.1.1 雄伟的战略

当今市场，已不是狭隘的市场经济，是国际性的世界大市场，它已没有国界限制、没有意识形态限制。市场的变化受到经济、政治、自然等诸多因素的影响。一个企业要想在开放的国际市场上求生存、求发展，其领头人必须有长远的战略眼光，根据外部环境的变化或者说将来的变化作出运作战略，它影响着企业发展中带有全局性、长远性和根本性的问题。决策活动最能体现战略家的特质。在决策活动中，经营管理人员通过"谋"和"断"两大职能来决定组织中的重大问题。企业领导人关心和参与智囊机构的整个谋划过程，使其对最终备选方案的"背景"了如指掌，只有这样，最后才会充满信心、胸有成竹地作出决断。

1.1.2 有鼓动力

创业者要高瞻远瞩、明晰动静，运用思想家、演说家、评论家的天才，阐述观念、扭转看法、鼓舞士气，引导众人形成明确的价值观，从而使企业内部全体员工产生持久的凝聚力，并在组织外部社会大众的心里植下一种亲切友好的形象，使企业有一个轻松的外部环境和社会环境，更广泛地传播自己的企业文化，提高自己企业的知名度、增加无形资产。

1.1.3 敢于创新的胆略

创业本身就是有计划地创新、冒险，只有敢闯敢干、不怕失败的人，才有可能走出一条属于自己的新路、好路来。艰苦创业精神，对于开拓者而言，也是非常重要的。因为在创业期间，必会因资金、经验、人事等的阻碍而令事业暂时的休克，站在这个边缘上的创业者千万不可半途而废，一定要坚持下去，要相信成功就在不远处。

1.1.4　敢于充分展现自己的个性

创业者最重要的素质主要表现在个性上。个性能使人的才干增添无比的光彩。作为创业开拓型人才的个性特征包括:旺盛的斗志、强烈的求知欲和好奇心。敏锐的洞察力、富于直觉,可以觉察到别人未注意到的情况和细节。善于变通、思想灵活,能从有限资料中举一反三设想出见解独到的可行方案。善于提问,不盲目跟随别人。富于独创力,有别出心裁的见解,勇于弃旧图新,别开生面。自信,相信自己所做事情的价值,即使受到阻挠和诽谤也不改变信念。有百折不挠、坚持不懈的毅力和意志。有想象力,以合理的联想、幻想产生出思想中新的观点、形象。思想严密,既善于抓住刹那的灵感火花,又能深思熟虑、精敲细推,直到完美、可行。开朗、胸怀宽广,不被外界的冷嘲热讽影响自己的斗志。有韧劲、有勇气,可以忍受常人无法忍受的挫折和困难。有野性、有狂劲,对外表现为试图突破常人以为难于突破的主客观障碍,达到自己想要达到的光辉顶点。对内,既是一种对自己实力的信任,又是一种对较高目标的大胆追求。

相关案例

朱升华在杭州的文三路上,开有一个书屋,书屋的名字叫做“枫林晚”,取自唐人杜牧的《山行》:“停车坐爱枫林晚,霜叶红于二月花。”令人一看就感觉到浓浓的文化气息。

朱升华毕业于厦门大学经济学系,毕业后在杭州一个大的公司集团坐办公室,日子过得本来很惬意,可是他却觉得这样做下去没有意思,想出来创立一番事业。为了做什么,他考虑了很久,最后想到自己是一个读书人,平时最爱的就是书,最喜欢逛的也是书店,就想不如自己也开一个书店吧。

他的选择遭到了全家人几乎一致的反对。朱升华刚刚开始参加工作,自己没有积蓄,家里又不肯支持,眼看美梦即将变成一枕黄粱,这时候是一个好朋友伸手救了他。好朋友慷慨地借了他5万元钱。朱升华选来选去,就选中了文三路这个地方。之所以选这个地方,是因为这里属于杭州的文教区,周围有多所大学,平时街上成群的大学生和教授们走来走去,文化气息非常浓郁。

朱升华的生意几乎没有经过什么波折,一炮打响。因为从一开始,他就采取了有针对性的营销策略,面对什么样的环境,什么样的消费者,就进什么样的货,卖什么样的东西。他之所以选择在文三路开店,就是看中了这里的两多:大学生多、大学教师多。所以,他进的图书大多也是迎合大学生和大学教师口味的。以普通书店不多见的学术类书籍为主。还有些书,在整个杭州市场上可能也只有那么几个人会买,只有那么几个人需要,可他照样会去进货,就专门为那几个人准备。不为别的,因为他已经看出来,只要在你这里有一次买到了好书,买到了他们需要而别处买不到的书,以后他们就会老到你这里来。从长期来看,这些人的图书购买量非常大,价值非常高,属于那种“金卡”型和“贵宾”型的客户。时间长了,朱升华这里的忠诚顾客积了一大批。朱升华做过统计,在他的顾客中,回头客要占到80%。虽然店面较小,只有20多平方米,但因为卖的图书附加值较高,顾客的回头率较高,单个顾客购买量较大,朱升华的收入非常不错。现在他已经在金华浙江师范大学后门开了一个分店。

1.2 创业成功的内在条件

创业是有风险的游戏,面对创业,除胆大心细外,更要客观冷静。成功创业者应具备一定的内在条件。

1.2.1 成功创业者应具备激情与平常心

对成功有强烈的欲望,或为名或为利,或为了亲情,或为了爱好,有渴望成功的激情。很多成功人士是由于家境贫寒,为了生存,迫不得已,中国香港地区富豪排行榜上查查家庭背景和历史,当年闯南洋时连裤子都穿不起的,后来经过三代努力,成为资产丰厚的富豪的大有人在。渴望成功,会给你很大的动力。但是创业都会遇到危机,如果你从来没有遇到,那赶快去普陀山叩谢神灵保佑你吧,不过还是要当心时刻都可能出现的危机。当危机出现时,应该以平常心对待,能够清晰地看时局,审时度势,避免因为阵脚大乱而忙中出错。在商业竞争中,因为没有平常心而惨败的例子比比皆是。

1.2.2 成功创业者应具备敏锐的观察力

对产品的选择、市场的需求都需要有超强的观察力,对未来的把握是基于现实的真实。常用的有效方法是分析现状,然后制定目标,再查找现状和目标之间的差距,然后研究如何做来减少差距,最终实现目标。这些都是建立对现状充分了解的基础上的。

1.2.3 成功创业者应具备清晰的判断力

观察得来的信息被清晰地判断,判断力需要大量的社会阅历来支撑,对各方面的知识都要有了解,要根据需要决定深入或者简单了解。这些积累是日常生活中无时不在的,非到用时才凸显的,因为如果没有平时的积累,很多商机你是看不出来的。积累的途径有很多,看书,上网,新闻,电视节目,朋友聊天,工作经验,广告,每时每刻都在积累经验为你的判断做支持,所以创业者通常是个有心人。

1.2.4 成功创业者应具备高效的行动力

想到就去做,做了再总结,总结后再改进,认准目标后要实干、勤奋,尤其是创业初期,为了节省成本,应该少聘人,尤其是比较关键核心的部分,最好自己实践。如果关键核心部分是别人做的,你早晚会有被踢出局的危险。勤奋,是几乎所有人都公认的创业必备素质。但勤奋并不代表辛苦,如果做的是自己真正想做的事情,或者结果是自己希望的,再辛苦都会被当做幸福吧。看看沉迷于游戏里的人,连续玩多少个小时也不觉得难受,这就是兴趣带来愉悦而坚持的明证。

1.2.5 成功创业者应具备诚信的品质

在创业时候,人脉是重要的资源,无论是新朋还是旧友,无论是进货商还是客户、合作伙伴,种种人际关系中,最重要的法则是诚信,并赢得良好的信誉。对于商家来说,信誉是生命,信誉可以让你得到更多的客户,不重视信誉的商家几乎没有,因为现在这个世界,你想做个独一无二的产品还是比较难的,真的出来,销的好的话,复制的速度是很快的。因此,良好的人缘常常可以让你和各种人群建立牢固的信任关系,从而生存下去。

1.2.6 成功创业者应培养自己的情商

除了诚信,情商也非常重要,尤其是在合作伙伴交流、营销策略和技巧上,高的情商都会让别人获得愉悦感,从而获得合作伙伴或者顾客对你的依赖和习惯。任何人都是趋乐避苦的,让别人快乐的本事是作为创业者需要练习的,它在与各种商业关系的交流、员工管理上都起着重要的作用,在自我激励上也非常重要,如果你自己觉得情商不够,那还是要认真钻研一下再开动吧。

一个成功创业者还必须有脚踏实地的工作作风、非常强的沟通能力,并熟悉本行的专业知识。只有具备宽厚胸怀和坦荡的人格,才能带领自己的团队同心协力完成既定的目标。

1.3 创业者素质的内容

1.3.1 强烈的创业欲望

"欲",实际就是一种生活目标,一种人生理想。创业者的欲望与普通人欲望的不同之处在于,他们的欲望往往超出他们的现实,往往需要打破他们现在的立足点,打破眼前的樊笼,才能够实现。所以,创业者的欲望往往伴随着行动力和牺牲精神。这不是普通人能够做得到的。

因为只是想得到,而凭自己现在的身份、地位、财富得不到,所以要去创业,要靠创业改变身份,提高地位,积累财富,这构成了许多创业者的人生"三部曲"。

因为欲望,而不甘心,而创业,而行动,而成功,这是大多数白手起家的创业者走过的共同道路。

或许我们可以套用一句伟人的话:"欲望是创业的最大推动力。"

1.3.2 超乎想象的忍耐力

在创业的路上,付出怎样的代价,付出怎样的努力,忍受了多少别人不能够忍受的憋闷、痛苦甚至是屈辱,这种心情只有创业过的人最清楚!有多少人愿意付出与他们一样的代价。

对一般人来说,忍耐是一种美德;对创业者来说,忍耐却是必须具备的品格。

老话说:"吃得菜根,百事可做。"对创业者来说,肉体上的折磨算不得什么,精神上的折磨才是致命的,如果有心自己创业,一定要先在心里问一问自己,面对从肉体到精神上的全面折磨,你有没有那样一种宠辱不惊的"定力"与"精神力"。如果没有,那么一定要小心。对有些人来说,一辈子给别人打工,做一个打工者,是一个更合适的选择。

相关链接

在校大学生创业成功与失败案例分析

大学生创业网讯 据统计,我国2007年的高校毕业生达到495万,是2002年的3.4倍多,带来了极大的就业压力。解决这一矛盾的方式除增加就业岗位之外的最好办法就是引导学生进行创业。政府出台了一系列的鼓励大学生自主创业的优惠政策。与此同时,调查显示:毕业生选择创业的比例不到总数的1%,而发达国家一般占20%~30%。因此不难发现,要真正改变这种状况,单纯依靠优惠政策或措施是难以解决问题的,必须从学生本身入手,让学生在学习阶段就了解创业、接触创业、学习创业、体验创业。随着创业教育的开展,很多在校大学生开始了他们的创业体验。现通过对长沙高校较为典型的在校学生创业案例进行分析，找出其中的一些特点，用以丰富创业教育的素材，指导学生创业。

案例 1

季某，女，中南大学艺术设计专业 2005 级学生，开设一家画室，从事美术类高考考生的考前培训。

季某在创业之前有着非常丰富的勤工俭学的经历，曾先后代理过手机卡的销售、米高轮滑鞋的销售，代理福森造林有限公司的市场拓展业务，参加湖南软件学院的招生工作，自制圣诞礼物出售，还在超市等地方打工。在经历了一系列的兼职后，进入大二学习的季某开始了自己的第一次创业：她投资了 10 000 多元和别人合伙开了一家奶茶店。当时的创业初衷是想为家里谋一些福利，可由于对合伙人的了解不足，在经营中产生了矛盾，不久奶茶店的经营以失败告终，不但没有盈利，还个人亏损了 4 000 多元。第一次创业的失败对季某的打击很大，身心交瘁，病了一个月。但一段时间后，她调整状态，以一种不甘失败的心态，和同学一起投资办起了一个工作室，主要进行广告板和封面的设计，开始了第二次创业。工作室经营一段时间之后，收回了成本，并且能解决自己的生活费，但因为工作室的业务与自己的学习课程产生冲突而取消经营。在有了两次创业的经验和教训的基础上，季某投资 2 000 多元，办起了一家画室。因为季某本人对美术很有激情，而且具有通过美术考试升学的亲身体会和成功经验，画室的经营目前较为顺利，并有一定的盈利。对于毕业以后将会选择就业还是创业，季某还没有明确的想法，如果画室的发展很好的话，还会继续经营下去。

案例 2

谭某、陈某，湖南大学机械制造 2005 级学生，拥有一家名为“星星”的碟店，从事影碟的出租和电脑软件及游戏碟的出售。

谭某、陈某于 2007 年 9 月盘下一家碟店，开始创业，星星碟店为两间小木屋，店内出租用的碟片大部分是以前经营者留下来的，租金是每月 330 元，水电费另算，目前经营正常，但经营业绩有下滑的趋势。两人都有较强的管理能力，曾做过一些保健产品的促销。两人最初的创业目标并不是经营碟店，而是食品及保健品的销售，但由于目前资金及人力资源的限制而选择经营碟店来积累资金和经验。目前，谭某为加强创业能力，正在辅修工商管理和商务英语。碟店现阶段面临的困难主要是市场需求饱和，DVD－9 类影碟的出售逐渐取代了原有 DVD 影碟的出租，造成原有碟片的淘汰，损耗了较多成本。

案例 3

欧阳某，男，湖南师范大学国际经济与贸易专业 2003 级学生，经营拥有自己品牌的轮滑专卖店——风火轮滑，主要经营成人轮滑装备，进行轮滑技术培训与咨询，并承接各类有关轮滑的商业表演。目前拥有三家连锁店，两家设在长沙，一家设在北京。

欧阳某本人酷爱轮滑运动，升入大学后，他发现很多人也有同样的爱好，于是萌生了开创品牌轮滑店的想法，并进行了一定的市场调查，确定了创业方案。通过向朋友借款和自己的部分存款，欧阳某筹集了 8 万元资金，于 2005 年创办了“风火轮滑”专营店，开始了自己的创业历程。通过一个多月辛苦的筹备，“风火轮滑”诞生了。但初期的经营却不令人满意，少有人来问津，没什么人了解他的“风火轮滑”。为了改变这种局面，扩大品牌的知名度，推广轮滑运动，欧阳某频繁在长沙各大高校演出，结交志同道合的朋友，吸引更多热爱轮滑的人，推广自己的品牌，同时也培养了一批新的轮滑爱好者。经过两年的摸索，“风火轮滑”已经初具规模，拥有三家连锁店、500 余名会员，成为了轮滑协会的合作伙伴，风火轮滑是轮滑协会的推荐产品，为长沙高校大学生所熟知。

大学毕业后，欧阳某继续经营着壮大中的“风火轮滑”，并且有意其他体育运动装备的经营。

案例 4

黄某等 7 人，均为长沙理工大学自动化专业 2005 级本科生，合伙经营一家名为“久创科技”的电脑服务公司，主要业务包括组装电脑的导购，电脑及配件的代售，电脑故障维修。

2006 年，黄某等人参加了学校的创业计划大赛，虽然比赛结果并不很突出，但却激发了他们的创业热情。比赛结束后，黄某就和同学商量成立电脑服务公司，准备进行真实的创业。他的这一想法得到了其他 8 位同学的响应，通过商议，黄某出资 2 000 元，其他人每人出资 1 000 元，共计 10 000 元启动资金。同年 7 月，正式成立久创科技公司。在后来的经营当中，有两名同学因为自身经济困难而撤资，其他 7 人继续维持经营。经营的 7 名同学根据自身特点和专业特长，分块负责公司的各项业务；店面的营业人员由 7 名同学轮流充当。由于关系良好，平常的工作量和业绩并不直接与利益挂钩，而采取平均分配利润的方式。公司营业一年多来，业绩尚可，已收回投资，并于 2007 年 6 月开始盈利，当然，这没有计算 7 名同学的人力投资。在经营中，公司成员发现自身存在很多不足，于是有意识地参加了一些管理知识和专业技能的培训，公司承担部分培训费用。现在公司准备搬迁至位置较好商业区，但存在资金短缺的问题。谈起以后的个人发展，公司的成员都较为乐观，较倾向于往大型的高科技电子企业就职，但对于创业也很有信心。

创业特点

1. 创业者绝大多数采取合伙经营

大学生心中虽然有些富于“传奇色彩”的创业者，但大家更清楚地知道，很多小企业是通过合作起步的。对于经济实力薄弱、学习任务繁重的在校大学生来讲，团队合作成了创业的必由之路。上面案例的 1、2、4 中的创业者都采取了合伙经营的方式，通过合伙经营来筹集资金和人力。良好的合作关系是新企业生存的基础，季某第一次创业的失败就反证了这个命题。但大多数新企业中的合伙关系建立在同学的友谊之上，缺乏牢固的法律基础，因而也存在较大的散伙的隐患。

2. 低年级学生的创业动机高于高年级学生

调查的结果显示，在校大学生有着较高的创业动机，对创业的认识是积极客观的，但在选择自己是否创业时有畏难情绪，并且高年级学生的创业动机低于低年级学生。案例中的创业者在创业时是大二或是刚刚步入大三的学生。究其原因，低年级学生仍处于青春期，还多处于心目中“理想自我”的状态，不能够较为准确地判断自身的能力，随着年龄的增长，大学生在高年级阶段会对自我进行重新定位，拉近“理想自我”和“现实自我”的距离，对创业成功的期望值提高所带来的难度和风险降低了创业的激情，同时，高年级学生面临着考学、就业的压力，缺少足够的时间和精力。

3. 大多数创业者选择与自己专业或特长相关的产业

在校大学生相比较社会创业者而言，缺乏足够的资金和人力支持，不得不尽量发挥创业者自身的专长。欧阳某的“风火轮滑”能够让广大消费者接受，得益于他自己精湛的轮滑技艺；黄某等人的“久创科技”的技术服务部分就完全依赖他们自身的计算机专业；季某之所以开办画室做考前美术培训，是因为她本身就是画室的美术老师，而且还是“过来人”。利用自己的专长进行创业大大降低了创业成本，在创业的同时对自身技能又是一种很大的提高。这不但是在校学生创业的特点，在社会上创业行为中也较为多见。

创业心理特征

1. 勇于创新，不惧挑战

创业，在很多大学生看来是一种富于浪漫主义和英雄主义的行为，将自己推向社会，用自己的智慧和双手取得“第一桶金”的人。这个群体虽然人数很少，但极富影响力，因为他们是勇于创造、不畏困难的“代言人”。创业，意味着创造，需要创业者具有开拓精神，需要面对从来没有面对过的工作内容，解决从来没有碰到过的各类问题；创业，意味着风险，需要创业者时刻考虑企业的生存和发展的同时，也要关注行业和竞争对手的状况，努力付出也并不一定意味着成功。欧阳某的“风火轮滑”专卖店取得了较大的成功，就是他善于发现潜在的商业机会，并通过合理的手段开拓市场。黄某等人的“久创科技”也是看准了学生电脑需求量大，而同为学生的他们比社会商家更有亲和力，更易于交流与服务。这些都是赋予创造精神、敢于投身创造的一种表现。

2. 锻炼为主，盈利为次

很多在校大学生的创业并不能给他们带来丰厚的利润，而能维持现状并略有盈利就已经被看做成功，甚至不考虑自身精力的投入是否应计为成本之一。究其原因，绝大多数的在校大学生创业时并没有把自己所创办的企业作为自己追求的事业，而更看重创业过程。谭某、季某、黄某等人在创业过程当中更注重经验的积累和技能的提高，对于企业以后的发展和个人的资金回馈并不是考虑的重点，甚至于做好了毕业时关闭企业的准备。当然企业的经营状况也是创业者关心的重点，是新生企业能否继续生存的前提，是衡量创业是否成功的标尺。如果企业的发展能达到预期，也可能成为学生毕业后的事业，比如欧阳某。

3. 充满自信，坚持不懈

在调查过程中，发现绝大多数大学生创业者都充满自信——对自身能力、企业生存的自信。甚至创业失败的同学也自信地认为，虽然是失败的创业经历，却是一次难得的创业体会和经验积累，大大增强对于今后的创业或择业的信心。与此同时，在企业的经营过程中，年轻的创业者们表现出了不同于普通学生的坚韧与决心。像很多创业者一样，黄某等人表示，如果不出现企业难以为继的现象，就一定会坚持经营，一直到毕业。季某更是经历了一次较为严重的失败后坚持进行第二次、第三次的创业。

1.3.3 开阔的眼界

对于创业者来说，只有具备广博的见识，开阔的眼界，才能有效地拉近自己与成功的距离,使创业活动少走弯路。

从众多成功创业者创业思路的几个共同来源分析如下:

(1)职业。俗话说,不熟不做,由原来所从事的职业下海,对行业的运作规律、技术、管理都非常熟悉,人事、市场也熟悉,这样的创业活动成功的概率很大。这是最常见的一种创业思路的来源。

(2)阅读。比亚迪老总王传福的创业灵感来自一份国际电池行业动态,一份简报似的东西。1993 年的一天,王传福在一份国际电池行业动态上读到,日本宣布本土将不再生产镍镉电池,王传福立刻意识这将引发镍镉电池生产基地的国际大转移,意识到自己创业的机会来了。果然,随后的几年,王传福利用日本企业撤出留下的市场空隙,达到创业的目的。因此,很多人将读书与休闲等同,对创业者来说,阅读就是工作,是工作的一部分,一定要有这样的意识。

(3)行路。俗话说,"读万卷书,行千里路"。行路,各处走走看看,是开阔眼界的好方法。

眼界意味着什么?如果你是一个创业者,开阔的眼界意味着你不但在创业伊始可以有一个比别人更好的起步,有时候它甚至可以挽救你和你企业的命运。

眼界的作用,不仅表现在创业者的创业之初,它会一直贯穿于创业者的整个创业历程。"一个创业者的眼界有多宽,他的事业也就会有多大"。

(4)交友。很多创业者最初的创业 IDEA(主意)是在朋友启发下产生的,或干脆就是由朋友直接提出的。所以,这些人在创业成功后,都会更加积极地保持与从前的朋友联系,并且广交天下朋友,不断地开拓自己的社交圈子。与朋友们进行头脑风暴,就能够不断地有新思路、新点子。有空一定要到处多走一走,多和朋友谈一谈天,多阅读,多观察,多思考。"机遇只垂青有准备的头脑",让自己"眼界大开"就是最好的准备。

1.3.4 善于把握趋势又通人情事理

势,就是趋向。做过期货的人都知道,要想赚钱关键是要做对方向,这个方向就是势。比方说,大势向空,你偏做多;或者大势利多,你偏做空,你不赔钱谁赔钱!反过来说,你就是不想赚钱都难。

势分大势、中势、小势。创业的人,一定要看准形势,要研究政策。这是大势。很多创业者认为政策研究"假、大、虚、空",没有意义。实则不然。对一个创业者来说,大到国家领导人的更迭,小到一个乡镇芝麻小官的去留,都会对自己有影响。在政策方面,国家鼓励发展什么,限制发展什么,对创业之成败更有莫大关系。做对了方向,顺着国家鼓励的层面努力,可能事半功倍;做反了方向,比如说,某个行业、某类型企业,国家正准备从政策层面进行限制、淘汰,你偏赶在这时懵懵懂懂一头撞了进去,一定会鸡飞蛋打。顺势而作,才能顺水行舟。观察政府,研究政策,是为了明白大势。

中势指的就是市场机会。市场上现在时兴什么,流行什么,人们现在喜欢什么,不喜欢什么,可能就标明了你创业的方向。俞敏洪如果不是赶上全国性的英语热和出国潮,他就是使再大的劲,洒再多的泪,流再多的汗,也不会有今天的成功。

小势就是个人的能力、性格、特长。创业者在选择创业项目时,一定要找那些适合自己能力、契合自己兴趣、可以发挥自己特长的项目,这样才有利于你做持久性的全身心的投入。创业是一项折磨人的活动,创业者要有受罪的心理准备。

一个创业者要懂得人情事理。俗话说:“世事洞明皆学问,人情练达即文章。”创业的首要目的是为了合理合法地赚钱,不是为了改造社会。改造社会是等你发达以后,还需要你有那样的兴趣。创业更不是为了要跟谁赌气,你非要如何如何,非要让对方觉得你这个人如何如何,你才觉得心里舒服,你那是自己为自己设绊。

创业是一个在夹缝里求生存的活动,尤其处于社会转轨时期,各项制度、法律环境都不十分健全,创业者只有先顺应社会,才能避免在人事环节上出问题。作为对照,很多原先很牛气的外资企业,认为本地人才这样不行,那样不行,只有外来和尚才能念好经,现在也都认识到了人才本地化的重要。人才为什么要本地化?因为本地的人才更熟悉本地的情况,能够按照“本地的规矩”做事,也就是说更能入乡随俗。创业者一定要明势,不但要明政事、商事,还要明世事、人事,这应该是一个创业者的基本素质。

1.3.5　敏锐的商业嗅觉,即商业敏感性

创业者的敏感,是对外界变化的敏感,尤其是对商业机会的快速反应。潘石屹现在是商场的红人,潘石屹成为红人有他成为红人的理由。有谁能够从别人的一句话里听出8亿元的商机,而且是隔着桌子的一句话,是几个不相干者的一句话?

1992年,潘石屹还在海南万通集团任财务部经理。万通集团由冯仑、王功权等人于1991年在海南创立。冯仑、王功权都曾在南德集团做过事,当年都是“中国首富”牟其中的手下谋士。万通成立的头两年,通过在海南炒楼赚了不少钱。1992年,随着海南楼市泡沫的破灭,冯仑等人决定将万通移师北京,派潘石屹打前锋。

潘石屹奉冯仑的命令,带着5万元差旅费来到了北京。一天,潘石屹在怀柔县政府食堂吃饭,听旁边吃饭的人说北京市给了怀柔四个定向募集资金的股份制公司指标,但没人愿意做。在深圳待过的潘石屹知道指标就是钱,他不动声色地跟怀柔县体改办主任边吃边聊:“我们来做一个行不行?”体改办主任说:“好哇,可是现在来不及了,要准备6份材料,下星期就报上去。”

潘石屹立即将这个信息告诉了冯仑,冯仑马上让他找北京市体改委的一位负责人。这位负责人说:“这是件好事,你们愿意做就是积极支持改革,可以给你们宽限几天。”做定向募集资金的股份制公司,按要求需要找两个“中”字头的发起单位。通过各种关系,潘石屹最后找到中国工程学会联合会和中国煤炭科学研究院作为发起单位。万事俱备,潘石屹用刚刚买的4万元一部的手机打电话问冯仑:“准备做多大?”冯仑说:“要和王功权商量一下。”王功权说:“咱们现在做事情,肯定要上亿。”潘石屹在电话里催促冯仑快作决定:“这边还等着上报材料呢。”冯仑就在电话那头告诉潘石屹:“8最吉利,就注册8个亿吧。”北京万通就这样,在什么都没做的情况下,拿到了8亿元的现金融资。

这就是潘石屹那个“一言8亿”的传奇故事。后来万通在海南做赔了本,多亏了潘石屹这一耳朵“听”来的8亿元,才有了万通的今天。潘石屹能赚到这笔钱不是出自偶然,而是源于他的商业敏感。

总之,更多人的商业感觉是依靠后天培养的。如果你有心做一个商人,你就应该像训练猎犬一样训练自己的商业感觉。良好的商业感觉,是创业者成功的最好保证。

1.3.6 拓展人脉

创业不是引“无源之水”,栽“无本之木”。每一个人创业,都必然有其依托的条件,也就是其拥有的资源。一个创业者的素质如何,看一看其建立和拓展资源的能力就可以知道。

创业者资源,可分为外部资源和内部资源两种。内部资源主要是创业者个人的能力,其所占有的生产资料、知识技能、家族资源等。拥有一份良好的内部资源,对创业者个人来说无疑是重要的。

外部资源的创立。最重要的一点是人脉资源的创立,即创业者构建其人际网络或社会网络的能力。一个创业者如果不能在最短时间之内建立自己最广泛的人际网络,那他的创业一定会非常艰难,即使其初期能够依靠领先技术或者自身素质,比如吃苦耐劳或精打细算,获得某种程度上的成功,我们也可以断言他的事业一定做不大。

创业者人际资源,从其重要性来看,第一是同学资源。

在许多成功者的身后都可以看到同学的身影,有少年时代的同学,有大学时代的同学,更有各种成人班级如进修班、研修班上的同学。赫赫有名的福布斯中国富豪南存辉和胡成中就是小学和中学时的同学,一个是班长,一个是体育委员,后来两人合伙创业,在企业做大以后才分了家,腾讯马化腾也是与大学同学一起创业。

实际上,同学之间本来就有守望相助的义务,在现今这个时代,带着商业或功利的目的走进学堂,也并没有什么不妥当。

同学之间因为接触比较密切,彼此比较了解,同时因为少年人不存在利害冲突,成年人则大多数从五湖四海走到一起,彼此也甚少存在利害冲突,所以友谊一般都较可靠,纯洁度更高。对于创业者来说,是值得珍惜的最重要的外部资源之一。

与同学相似的,是战友;可以与同学和战友相提并论的,是同乡。共同的人文地理背景,使老乡有一种天然的亲近感。曾国藩用兵只喜欢用湖南人,中国历史上最成功两大商帮,徽商和晋商不管走到哪里,都是老乡拉帮结派,成群结伙的。正是同乡之间互为犄角,互为支援,才成就了晋商和徽商历史上的辉煌。同学资源和同乡资源,可并称为创业者最重要的两大外部资源。

第二是职业资源。对创业者来说,效用最明显首推职业资源。所谓职业资源,即创业者在创业之前,为他人工作时所建立的各种资源,主要包括项目资源和人际资源。充分利用职业资源,从职业资源入手创业,符合创业活动“不熟不做”的教条。尤其是在国内目前还没有像美国或欧洲国家一样,普遍认同和执行“竞业避止”法则的情况下,选择从职业资源入手进行创业,已经成为了许多人创业成功的捷径和法宝。前中学数学教师、“好孩子”创始人宋郑还是通过一位学生的家长,得到了第一批童车订货,这才知道世界上原来还有童车这样一个赚钱玩意儿的。同时,宋郑还做童车的第一笔资金也是通过一位在银行做主任的学生家长获得的。如果没有学生家长的帮助,宋郑还可能会一事无成。

第三是朋友资源。朋友应该是一个总称。同学是朋友,战友也是朋友。老乡是朋友,同事一样是朋友。一个创业者,三教九流的朋友都要交,谈得来,交得上,就好像十八般兵器,到时候不定就用上了哪般。朋友尤如资本金,对创业者来说是多多益善。“在家靠父母,出门靠朋友”、“多一个朋友多一条路”是至理名言。一个创业者如果不能交朋友,没有几个朋友，肯定只有死路一条。人际交往能力应列在创业者素质的第一位。

1.3.7 谋略

商场如战场，一个有勇无谋的人，早晚会成为别人的盘中餐。

创业是一个斗体力的活动，更是一个斗心力的活动。

创业者的智谋，将在很大程度上决定其创业成败。尤其是在目前产品日益同质化、市场有限、竞争激烈的情况下，创业者不但要能够守正，更要有能力出奇。

对创业者来说，无所谓大智慧小智慧，能把事情做好，能赚到钱就是好智慧。当年，当蒋建平决定进军北京时，北京快餐业市场已近饱和。蒋建平剑走偏锋，从承包中科院电子所的食堂做起，做职工餐兼做快餐，这样投入少而见效快；由此推而广之，好像星火燎原，迅速将丽华快餐打入了北京市。假如蒋建平当初进入北京，依循常规，租门面，招员工，拉开架式从头做起，恐怕丽华快餐不会有今天。

谋略或者说智慧，贯穿于创业者的每一个创业行动中。

谋略其实就是一种思维的方式，一种处理问题和解决问题的方法。

对于创业者来说，智慧是不分等级的，它没有好坏、高明不高明的区别，只有好用不好用、适用不适用的问题。创业者智慧：不拘一格，出奇制胜。作为创业者，你的思维是否至今依然因循守旧？

1.3.8 胆量

创业本身就是一项冒险活动。要有胆量，敢下注，想赢也敢输，创业是最需要强大心理承受能力的一项活动。

很多创业者在创业的道路上，都有过“惊险一跳”的经历。这一跳成功了，功成名就，白日飞升；要是跳不成，就只好坠入地狱。当年周枫带人做婷美，一个500万元的项目，做了2年多，花了440万元还是没有做成。眼看钱就没了，合作伙伴都失去了信心，要周枫把这个项目卖了。周枫说，这样好的项目不能卖，要卖也要卖个好价钱。合作伙伴说，这样的项目怎么能卖到那么多钱，要不然你自己把这个项目买下来算了。周枫就花5万元钱把这个项目买了下来。单干的周枫带着23名员工，把自己的房子抵押，跟几个朋友一共凑了300万元。他把其中5万元存在账上，另外的钱，他算过，一共可以在北京打2个月的广告。从当年的11月到12月底，他告诉员工，这回做成了咱们就成了，不成，你们把那5万块钱分了，算是你们的遣散费，我不欠你们的工资。咱们就这样了！这些话把他的员工感动得要哭，当时人人奋勇争先，个个无比卖力，结果婷美就成功了。周枫成了亿万富翁，他的许多员工成了千万富翁、百万富翁。现在很多的大学教授、市场专家分析周枫和婷美成功有诸多原因，其实事情没有这么复杂。说白了，不过是一个合适的产品，加上一个天性敢赌的领导，加上一些合适的营销手段，才有了这样一桩成功的案例。

创业需要胆量，需要冒险。冒险精神是创业家精神的一个重要组成部分，但创业毕竟不是赌博。创业家的冒险，迥异于冒进。什么叫冒险，什么叫冒进？冒险是这样一种东西，你经过努力，有可能得到，而且那东西值得你得到；否则，你只是冒进，死了都不值得。创业者一定要分清冒险与冒进的关系，要区分清楚什么是勇敢，什么是无知。无知的冒进只会使事情变得更糟，你的行为将变得毫无意义。

1.3.9 与他人分享的愿望

作为创业者,一定要懂得与他人分享。一个不懂得与他人分享的创业者,不可能将事业做大。

只有当老板舍得付出,舍得与员工分享,员工的生存需要、安全需要、尊重需要就从老板这里都得到了满足。员工出于感激,同时也因为害怕失去眼前所获得的一切,就会产生“自我实现的需要”,通过自我实现,为老板做更多的事,赚更多的钱,做更大的贡献,回报老板。这样就构成了一个企业的正向循环、良性循环。这应该是马斯洛理论在企业层面的恰当解释。

做生意的人都会算账,只不过有些人算的是大账,有些人算的是小账。商业法则:算大账的人做大生意,做大生意人;算小账的人永远只能做小生意,做小生意人。

分享不仅仅限于企业或团队内部,对创业者来说,对外部的分享有时候同样重要。在南存辉的发家史上,曾经进行过 4 次大规模的股权分流,从最初持股 100%,到后来只持有正泰股权的 28%,每一次当南存辉将自己的股权稀释,将自己的股权拿出来,分流到别人口袋里去的时候,都伴随着企业的高速成长。但是南存辉觉得自己并没有吃亏,因为蛋糕做大了,自己的相对收益虽然少了,但是绝对收益却大大地提高了。

分享不仅是慷慨,对创业者来说,分享是明智。

1.3.10 自我反省的能力

反省其实是一种学习能力。创业既然是一个不断摸索的过程,创业者就难免在此过程中不断地犯错误。反省,正是认识错误、改正错误的前提。对创业者来说,反省的过程,就是学习的过程。有没有自我反省的能力,具不具备自我反省的精神,决定了创业者能不能认识到自己所犯的错误,能不能改正所犯的错误,是否能够不断地学到新东西。

成功创业者都有一个共同之处,就是都非常善于学习,非常勇于进行自我反省。

作为一个创业者,遭遇挫折,碰上低潮都是常有的事,在这种时候,反省能力和自我反省精神能够很好地帮助你渡过难关。曾子说:“吾日三省吾身。”对创业者来说,应该时时刻刻警醒、反省自己,唯有如此,才能时刻保持清醒。

创业者需要的是综合素质,每一项素质都很重要,不可偏废。缺少任一项素质,将来都必然影响事业的发展。有些素质是天生的,但大多数可以通过后天的努力改善。如果你能够从现在做起,时时惕砺,培养自己的素质,你的创业成功一定指日可待。

2 自主创业必须具备的能力

2.1 自主创业必备能力

2.1.1 自主创业必须具备的能力结构

创业是一种层次高、涉及面广且又复杂的劳动。这就要求创业者必须具有较高的素质,具备一定的创业能力。因此,自主创业应当具备一定的自主创业能力,而这种自主创业能力是属于高层次综合性的能力。现将其能力结构状况图表述如图 7-1 所示。

自主创业能力由五种能力组合而成,其中每一种能力都是很重要的,在创业中缺一不

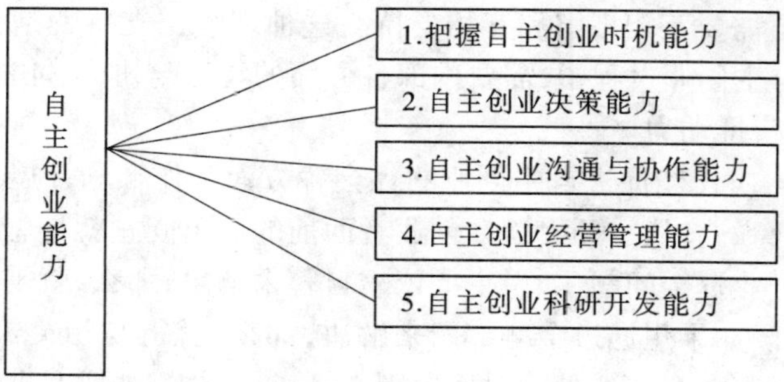

图 7-1　自主创业能力结构图

可。如果缺少其中某种能力或某种能力比较薄弱,这就会直接影响到创业能否成功的重要问题。

2.1.2　自主创业能力分析

2.1.2.1　把握自主创业时机能力分析

现代社会是一个信息社会,又是一个高科技社会,当处在科技发展日新月异、信息瞬息万变的社会里,形势复杂多变,处处有机会,但机会转瞬即逝。要想把握自主创业的时机非常不容易,需要有相当丰富的知识(创业知识)和扎实的技能。这就要求自主创业主体有意识地加强自主创新学习技能与观察技能的训练,提高观察的敏锐性,及时捕捉创业机遇,提高把握自主创业时机的能力。

2.1.2.2　自主创业决策能力分析

是否具备这种自主创业决策能力,主要从以下两个方面来体现:

(1)自主创业者要对自己创业组织的内部环境和外界社会环境的情况了如指掌。要想做到这一点,自主创业者就必须深入第一线全面而广泛地调查了解,耐心而细致地观察现象,在大量获得第一手资料的情况下,再进行深入地研究分析。发展的方向、目标和战略都是创业的重大问题,做到因地制宜、科学与正确。首先,自主创业者要对当地(创业组织所在地)、创业的政策环境(创业的软环境)做到了解透彻,看看能否从政策中找到优势和动力,或者应该回避哪些不利的政策因素。然后,还须对创业定位(准备在哪个行业方面生产哪一类产品或提供哪一类服务和创业规模等问题的定位)、市场方面的各种不同的情况趋势作全面而深入地了解。最后,综合以上情况,研究分析各种因素,科学正确地确定自主创业的发展方向、目标和战略。

(2)自主创业者因地制宜地选择具体实施的自主创业方案。自主创业者在以上两点的良好基础上,制订出具体的自主创业的计划和步骤。制订方案时要充分利用当地的创业优惠政策。同时,还须充分考虑发挥每一个自主创业者各自的优势,形成一个最佳的搭配与组合。最后,制订出最优的自主创业的实施方案。

2.1.2.3　自主创业沟通与协作能力分析

沟通与协作在自主创业过程中的作用表现在:

(1)通过沟通与协作促进提高自主创业组织(单位)的凝聚力。沟通与协作对于一个组织(单位)内部来讲是一种黏合剂。作为一个自主创业组织(单位)的内部,特别需要沟通与协作。因为在自主创业过程中最容易碰到难题也最容易出问题,所以,该组织(单位)的人与人之间更需要互相理解和互相支持。这种理解与支持就是一种很好的沟通协作方式。因此,在自主创业过程中,需要内部各方面的沟通与协作,才能提高组织凝聚力,从而对自主创业产生推动力。

(2)通过沟通与协作能促进自主创业的社会各方面工作顺利开展。自主创业的艰难性和风险性都是很高的。从一开始摆在创业者面前的突出问题就是怎样与社会的方方面面去沟通。比如,创业资金问题,如果主要依靠自筹来解决,那么,就需要与相关的亲戚朋友沟通来筹措资金。如果想通过金融部门来解决,那么,就得与相关银行沟通,获得银行的支持,给予贷款筹措资金。这种面对面向别人开口借钱的沟通,是非常难的。怎样去说服对方,使对方从理解到同情,从同情到动心,从动心到动钱,最后,自愿地把钱借出或贷出,这才是真正的成功的沟通与协作。所以说,理想、完美的沟通与协作能促进自主创业在社会方方面面工作的顺利开展。这种沟通与协作是非常讲究技巧的,需要加强沟通与协作能力的训练。

学生平时要注重自主创业沟通与协作能力的基础训练,须针对自主创业特点的内容有机结合到创业的实践之中。比如,在自主创业中,难免会出现和对方进行关于业务方面的谈判,在谈判中首先要善于倾听对方表述的观点、态度与要求;当谈判进入紧张阶段,不妨巧用幽默语言来打破紧张的谈判气氛,起到调节双方情绪的作用;当谈判进入涉及双方经济利益的关键阶段,巧用赞美的语言赏识对方,使得对方心情愉悦而不再斤斤计较等。通过这种紧密结合自主创业特点内容训练出来的沟通与协作能力将更加符合需要,并在自主创业中发挥更大的沟通与协作的作用。

2.1.2.4 自主创业经营管理能力分析

自主创业经营管理,涉及的因素很多,其中首要的是自主创业者主要的理念因素,其次是在经营管理中的人、财、物、质量等方面的因素。

1)自主创业者的理念

主要的理念是创业者能否成功的关键性因素。其主要的理念有:

(1)诚信理念。诚信乃社会立身之本,"言而无信,不可交也"。自主创业者如果不讲信誉,说话不算数,别人就不愿交往,也不敢交往。久而久之,就会失去社会信用,到那时就会寸步难行。在这种情况下,哪能还谈得上创业的成功?所以,自主创业者从创业第一天开始,就得言出必行,说到做到,以诚信感人,以诚信服人。

(2)经营管理的理念。经营管理理念是指系统的、根本的经营管理的思想。经营管理是一个系统工程,涉及方方面面。如产品质量、售前与售后服务、人员调动、财务制度、广告效应和社会交际等。在进行这些经营管理活动中,必须有一个根本的原则,必须围绕一个根本的核心思想进行,这个核心思想就是经营管理的理念。台湾著名的称之为"经营之神"的台塑集团老板王永庆曾经说过这样一句话:"没有夕阳机构,只有夕阳管理。"这是从他的经营管理总结经验中的高度概括。其意思是从事任何形式的生产经营活动,有好的管理才有好的效益,才会使"夕阳产业"创造出奇迹;但是,没有好的管理,即使是从事好的产业也会变成"夕阳产业"。这就是蕴藏在经营管理中的深刻哲理。

2)人才的选用和资金管理因素

人才的选用。现代企业的竞争,说到底是人才的竞争。谁拥有人才,谁就拥有顾客和拥有市场。选用人才首先要知人善任,就是不仅要全面了解认识人才,还要善于使用人才。我们到人才市场去物色人才,除了要细看资料,还要经过一至三次的面试,目的是要全面地深入地去了解人才。有的企事业招聘人才,还须经过严格的笔试。这也是为了增加一个了解人才的渠道和方法。通过现代人才市场招聘选定人才以后,就得考虑怎样使用人才。"金无足赤,人无完人"。要用其所长,避其所短,知人善任,因才施用。比如一个人在学术上非常有成就,把他安排到管理岗位上去当什么长,也许是埋没了他的才干;如果将他安排到科研或技术岗位上,可能如鱼得水,成绩出色。

资金管理。资金管理是企业的理财问题,关键是要开源节流。所谓开源节流就是指一方面培植财源,广辟资金来源,聚储资金;另一方面要节省开支,勤俭节约。另外,还要管理好资金。这里主要掌握好以下几点:一是要掌握好资金的预决算,做到用钱有计划,严防超支;二是要掌握好资金的进出口和周转,做到每笔资金来源和支出有账可查;三是掌握好资金投入的科学论证,做到资金投入科学而可靠,既规避风险,又有利可图。

3)生产中的质量和设备的管理因素

质量管理。在生产过程的各个环节始终要贯彻"质量第一"的理念。质量问题不但是产品本身的生命,而且是一个企业的生命。所以,在整个生产过程中必须实施质量管理的一整套科学措施,必须要求全体人员牢固树立"质量第一"的理念,全员参与质量管理。

设备管理。设备与质量是密切相关的。在设备管理方面,不但存在设备本身的质量问题,还存在设备的利用率、维修率和保养等问题。这些都会影响产品的质量。因为产品质量,除人的因素和管理因素外,还涉及生产该产品使用的设备。所以,要加强设备管理,就是要及时发现及时解决设备在运作过程中出现的问题。同时,做好设备的维修与保养工作,促使生产设备始终处于正常运转的状态。

2.1.2.5 自主创业科研开发能力分析

1)自主创业者要具有自主创新学习技能和自主创新能力

自主创新学习技能。所谓自主创新学习技能,就是指人们不断地发挥自主能动作用,主动又快速地学习与应用创新知识、经验、创新事物和创新信息,并促进改变自己行为而形成新习惯过程的技术能力。一个人具备了自主创新学习技能就会相应地提高各种能力。同样,会有力地促进工作能力和自主创新能力的提高。

自主创新能力。所谓自主创新能力,是指创新主体主要依靠自己的力量,能主动充分发挥智慧与能动作用,应用知识、经验与新的信息,通过观念的调整与转变,在独立开展引进与研究开发新事物和有益的创新活动过程中表现出来的综合性能力。具备了自主创新能力,就会在创新活动中发挥出极大的作用。

2)要具有良好的创新团队和先进的创新设施条件

良好的创新团队。良好的创新团队就是指由若干个创新人才组合形成的组织。一旦形成这样的组织,就具备了较强的自主创业的科研开发能力。

创新设施条件。创新也必须具备科研的基础设施,比如,实验设施、试验设施、制作样品设施等。具备了这些设施,自主创新就具备了良好的基础条件。

综上所述,在自主创业活动中,自主创业的主体具备了以上论述的几种能力所综合性地有机组合形成的自主创业能力,那么,自主创业的成功率就高,否则就低。

2.2　高职生创业素质与创业能力的培养

我国高等教育实施大众化教育后，高等职业院校数、在校生人数和毕业生人数持续增长。高等职业教育已成为我国高等教育的重要组成部分。高职院校满足了众多适龄青年接受高等教育的愿望，提高了国民素质的同时，高职生就业问题也成为社会现实的难点和焦点。

创业教育是近20年来世界高等教育发展的大趋势，也是我国推进高等教育大众化进程的必由之路。毕业生将愈来愈不再是求职者，而首先将成为工作岗位的创造者，这是创业教育的宗旨。根据创业教育的宗旨和高职生的特点，探索高职院校开展创业教育的实施策略，提高高职生创业意识和创业能力，具有重大现实意义。

2.2.1　高职生创业的有利条件和不利因素

高职生创业有许多独特的有利条件，但是也有许多不利因素制约和影响着他们的创业计划与实践。

2.2.1.1　有创业动机，却缺乏理念

创业动机是创业实践的原动力，它是指在创业实践活动中对人起动力作用的个性心理倾向，包括需要、动力、兴趣、思想、信念和世界观等心理成分，它支配着创业者对创业活动的态度和行业选择，是创业素质的重要组成部分。

当代高职生较强的创业动机与创业理念的缺乏是一对矛盾。由于高职生创业动机主要来源于成功创业典范的影响、传媒的影响和身边人的影响，因此从他们的创业计划和实践中，我们可以看出许多高职生缺乏团队合作的理念、缺乏从小事做起的理念、缺乏诚信发展的理念。他们身上急功近利、只为赚钱，独享其成、不愿与他人共享，热衷干大事、不屑做小事的印痕十分明显。他们很难理解积累才有发展、合作才能共赢、小节成就大事的道理。

2.2.1.2　有危机意识，却缺乏胆识

不少高职生意识到就业形势的严峻，进行创业不仅为了赚钱，在价值取向上也想通过创业更好地积累经验，完善自己，发展自己，甚至将创业作为自己的职业选择。所以，许多高职生在进行创业设想时会结合自己专业、兴趣、特长进行计划，想让自己所学知识技能如何更好地运用到创业实践中。

但是，在创业实践时高职生往往模仿的多，创新的少；担心风险，害怕失败；依赖性强，难以坚持。没有创新，是缺乏最为人先的奋斗精神；担心风险，胆子太小，是承受挫折能力差；依赖性强，是缺少吃苦耐老、坚韧不拔的精神。因此，高职生创业要学习温州人“四千”精神：千山万水多实践，不断积累经验；千方百计壮胆子，培养自己有胆有识；千言万语多沟通，交流也能产生生产力；千辛万苦勇创新，不仅要抓住机遇，还要创造机遇。

2.2.1.3　有技能专长，却缺乏自信

高职教育人才培养目标是坚持培养面向生产、建设、管理、服务第一线需要的“下得去、留得住、用得上”，实践能力强，具有良好职业道德的高技能人才。所以，高职院校学生实习、实训和参加社会实践机会多，工学结合的要求又使他们在社会、企业等实际工作岗位上接受更多的锻炼，娴熟的技能专长让他们比本科生更具创业优势。

然而,作为最后一批录取的高校生,高职生往往缺乏自信。他们不能全面了解自己,不敢相信自己,认为学校、家人、朋友和社会都看不起他们,总觉得低人一等。许多高职生认为自己没有资金、经验、关系,创业真是难上加难,成功的可能性太小了。他们却忘了每个成功的创业者正是通过创业实践才积累了资金、经验和关系。

2.2.2 高职院校开展创业教育的方法、策略

2.2.2.1 明确高职生创业素质的基本内涵

联合国科教文组织在面向21世纪教育国际研讨会上明确指出:为方便毕业生就业,高等教育应关心培养创业技能和主动精神;毕业生不再是求职者,首先将成为职业岗位的创造者,要求把创业能力提高到目前学术性和职业教育同等的地位。但是,创业是一个复杂的综合性很强的过程,需要许多知识和技能。所以,高职院校开展创业教育,首先需要明确一点:培养高职生良好的创业素质。

关于高职生的创业素质,一般有四个方面:一是创业意识。它是创业素质的重要组成部分,集中表现为主动、自立、自强,能自主学习,自我推销,产学合一,工学结合。二是创业品质。它分为创业人格品质和创业心理品质两部分:创业人格品质包括诚信、踏实、合作等要求;创业心理品质包括坚韧、积极、乐观、宽容等要求,面对挫折与困难,能予以摆脱与超越的能力。三是创业知识。如企业管理、市场营销、税收税务、财务、法律等方面的知识。四是创业技能。它包括创新能力、信息搜集处理能力、分析判断能力、交流能力等。

2.2.2.2 构建高职生创业教育课程体系

创业教育的目标主要是通过创业教育的课程来实现的,所以要构建合理的课程体系。在信息技术和知识经济为背景下的高职院校要普及高职生创业教育,应该将创业教育课程如KAB(Know About Business)作为必修课面向全校学生,让高职生接受系统的创业教育与培训,增强他们的创业意识与能力。创业教育的课程设置及其计划安排必须因区域差别,高职院校、专业等个体差异和创业目标区别对待,避免学术性纯理论的弊端。创业教育课程内容要包括上面所述的创业素质,即创业意识教育、创业品质教育、创业知识教育和创业技能教育。对创业课程的组织可以灵活多样,分阶段有侧重地进行:一年级重点组织学生参观创业成功的企业与案例研讨相结合,培养学生良好的创业意识与创业观念;二年级重点结合专业介绍本专业创业的领域与前景,并邀请自主创业成功的优秀毕业生代表到本校作互动讲座;三年级重点指导学生多进行市场调查,撰写创业计划,在课堂上模仿MBA教育进行创业对抗赛、创业展示赛。同时,高职院校教师在所有课程中都要渗透创业教育,使创业教育成为所有教育课程计划的组成部分,潜移默化地培养学生的创业情怀。

2.2.2.3 组织创业教育实训活动

(1)校内创业实训活动。许多高职院校在有限的校内空间内,开辟了创业街、创业园、创业楼等,为高职生创业教育提供实训平台。学生自己当“小老板”,聘用同学做员工,为师生服务。这种做法既在校内形成良好的学生创业氛围,积累创业经验与树立创业信心,又达到勤工助学的效果,还培养了学生团队合作、诚信经营的职业品质。允许学生入股校办实训公司,参与公司的生产、经营管理与分红,在掌握创业本领的同时,也在经受经营风险的考验,为今后真正创业打下扎实的基础。

(2)校外创业实训活动。学生校外创业实训与学生的社会实践相结合,开展工学结合活动。学生管理部门与教务部门一起有计划地安排假期社会实践活动,以学校定点企业或学生自找企业的形式,让学生走出校门,进入社会,到企业、行业部门做市场调查,进行成本核算、利润分析、打工等工作,将专业知识运用到实践,由感性上升到理性,直接感受创业的艰辛与繁杂,创业的苦与乐。学生参与社会实践时间越长、次数越多,对社会和市场才有真正深入地了解,对创业风险的认识才会深刻,抵御风险的能力才能提升。

2.2.2.4 给予高职生创业政策优惠

高职院校创业教育的成功,还需要一个良好的政策环境。部分高校允许大学生休学保留学籍创办高新技术企业,以增强学生的创业意识和实践能力。如清华大学就制定了政策,允许一部分有创造力、有决心的学生,在创业的关键时期可以申请休学,让他们加入创业阵营,进入社会创办公司,学校为其保留一段时间的学籍,这就是“休学创业”。但是高职院校在学生管理及学籍管理上与普通高校存在较大差别,管理相对严格。由于办学类型、学生来源、传统管理等因素的影响,高职院校学生不一定要“休学创业”,但也要根据高职特色给予一定政策优惠。建议:第一,对参加创业的学生在提供创业证明后,在早晚自习、周末以及作息时间上给予请假放宽要求;第二,在学校条件允许的情况下,给予创业学生资金、场地以及创业导师的支持;第三,实行学生社会实践学分制,没有按要求进行社会实践的学生要参加生产劳动实践补课得学分后才能获取毕业证书。

2.3 在实践中学习创业的技巧

相关链接

金 点 子

创业的点子与构想来源极多,依据一项针对200个杰出创业家的研究,创业点子的主要来源有四个方面:

(1)针对现有的产品与服务,重新设计改良;

(2)追随新趋势潮流,如:电子商务与网际网络;

(3)机缘凑巧;

(4)透过系统的研究,发现创业机会。

一般而言,改进现有商业模式比创造一个全新的商业模式容易。许多创业者都可以由过去任职公司的经验中,发现大量可以立即改进的缺失,包括未被满足的顾客需求、产品品质上的瑕疵、作业程序上的不经济等。事实上,大部分离职创业者的动机,也是以为自己能够做得比原有公司更好,因此才有离职创业的把握。

当一个新兴产业出现之际,必然能够提供许多创业机会,引发大量创业热潮。不过追随新趋势潮流的背后,也存在相当大的风险。这是因为这项新兴产业的规模究竟有多大,如何具体发掘潜在的顾客需求似乎都还不确定。

个人计算机产业出现时,曾引发大量的上下游相关产品与服务的创业机会,但也并非所有的创业都能获得成功。例如，WordStar2000、Atari、Commodore 等产品就未能获得市场的青睐。追随网际网络风潮的创业者，如今也遭受苦果。不过只要这项新兴产业确实具有前景，能掌握产业成长时机并及时投入的创业者，大都最后还是能够获得成功。

有一些人将创业点子的产生，归因于机缘凑巧，即所谓"无心插柳柳成荫"。不过，研究创意的专家以为，创意只是冰山上的一角，没有平日的用心耕耘，机缘也不会如此的凑巧。无数的人看到苹果落地，但却只有牛顿能产生地心引力的联想。所谓的机缘凑巧或第六感的直觉，主要还是因为创业者在平日培养出侦测环境变化的敏锐观察力，因此能够先知先觉形成创意构想。例如，在旧金山淘金热形成之际，很多的贫穷人满怀着美丽憧憬奔向金山，李维公司创办人 Levi Strauss 却机缘巧合地看到了"供应坚固耐用的帆布"这个商机。于是，他立即展开以帆布为布料制成牛仔裤的生产事业，把产品卖给众多淘金客，从而成为日后创业的美谈。

如果创业点子只是依赖改良设计现有产品、追随趋势潮流以及机缘巧合等，其来源仍然相对有限。因此，管理大师杜拉克(Drucker)主张可以透过有系统的研究分析，来发掘可供创业的新点子。这种以科学方法进行系统化分析，进而产生大量创业点子，正是知识经济时代社会创业活力的主要来源。

所谓经由有系统研究分析来发掘创业机会的做法，又大致可归纳为以下七种方式：

(1)经由分析特殊事件，来发掘创业机会。例如，美国一家高炉炼钢厂因为资金不足，不得不购置一座迷你型钢炉，而后竟然出现后者的获利率要高于前者的意外结果。再经分析，才发现美国钢品市场结构已产生变化，因此这家钢厂就将往后的投资重点放在能快速反映市场需求的迷你炼钢技术。

(2)经由分析矛盾现象，来发掘创业机会。例如，金融机构提供的服务与产品大多只针对专业投资大户，但占有市场七成资金的一般投资大众，却未受到应有的重视。这样的矛盾，显示提供一般大众投资服务的产品市场，必将极具有潜力。

(3)经由分析作业程序，来发掘创业机会。例如，在全球生产与运筹体系流程中，就可以发掘极多的信息服务与软件开发的创业机会。

(4)经由分析产业与市场结构变迁的趋势，来发掘创业机会。例如，在国营事业民营化与公共部门产业开放市场自由竞争的趋势中，我们可以在交通、电信、能源产业中发掘极多的创业机会。在政府刚推出的知识经济方案中，也可以寻得许多新的创业机会。

(5)经由分析人口统计资料的变化趋势，来发掘创业机会。例如，大陆的一胎化、单亲家庭快速增加、妇女就业的风潮、老年化社会的现象、教育程度的变化、青少年国际观的扩展，等等，必然提供许多新的市场机会。

(6)经由价值观与认知的变化，来发掘创业机会。例如，人们对于饮食需求认知的改变，造就美食市场、健康食品市场等的新兴行业；当人们对于两岸前景由独而转向统的时候，有关到大陆就学、就业、移居的市场商机，也会相继蓬勃发展。

(7)经由新知识的产生，来发掘创业机会。例如，当人类基因图像获得完全解决，可以预期必然在生物科技与医疗服务等领域，带来极多的新事业机会。

虽然大量的创业机会可以经由有系统的研究来发掘，不过，最好的点子还是来自于创业者长期观察与生活体验。创业就好像十月怀胎，创业构想在创业者心中不断地思索酝酿、反复钻研，一直到创业者感觉时间到了。

许多自主创业成功者也总结了创业成功者的六字真言——“稳、准、狠、短、平、快”。“稳”就是创业前通过详尽的市场调查、市场分析，了解你所要开发的项目发展空间、周期和相关的信息做一份详细的创业计划书，知道什么时间、什么地方、如何操作、如何赢利、如何管理等，有了这些东西，你的创业才会有了根基，有了发展的规划。“准”就是懂得在什么时间进入市场最佳、什么时候要全力一击、一击必中、什么时候该放弃市场转营其他项目，不能死守空城而血本无归。“狠”就是在创业过程中，找到最佳时期，比如销售的旺季、大量投入人力物力，为了实现利润的最大化，全力一击，让你的生意火爆起来，不要错失资本原始积累的黄金时间。“短”充分说明了资本原始积累的投机性和周期性，要在一个相对时间里，完成资本的快速增长，靠的就是对市场摸得透彻，也就是前面说的“准”，从出手到收手，中间的高回报带来的利润让你更有创业实力。这一点比较难，很多人是出手之后就处于满足回报的过程中，没有看到市场上更多的竞争对手出现，市场被大家瓜分的情况。“平”讲的是个风险相对性的大小，当你在为你全力一击大量备货的时候，你的风险就增大了，一旦货物积压，你能低价转手吗？可以折价销售吗？所以，在选择时一定要看清你做的事情风险在哪里，如何转嫁这些风险，找一两条后路，才会把成功率提高。“快”指资本的原始积累是一个由小到大的过程，如果做长线，回收期肯定慢，而且小资本能做的长线项目不多，等有看到大鱼的那天估计也在几年后了，我以为快者要么两三天，要么三到六个月，这是对不同的项目来讲，有些项目根本谈不上能快速原始积累，比如在大学校园附近开餐厅这种，做长线更实在点。又比如在节假日前期在一些旅游景区附近租几套平民房，然后节前节后都会有人来，时间在一到两个月。

相关链接

低成本创业成功案例分析

一、一边打工一边创业

这种方式一般是利用自己的专业经验和在自身的厂商资源在上班时间外进行创业尝试和增加收入，好处是没有任何风险，但应该处理好本职工作与创业的关系。

A 先生是某服装企业采购员，从事了几年的采购工作后颇有心得，对服装有了一定的敏感并熟悉各种服装加工企业。由于服装企业现在很多是虚拟经营，即便是我们熟悉的知名品牌（如班尼路、美特斯邦威）也只是负责产品设计，本身并不设厂，设计出衣服样式后找服装厂加工制成成衣，然后加上品牌标识发往全国的零售终端。现在 A 先生就经常接一些“私活”，客户提供样式，然后 A 先生负责采购面料和找加工厂，最后交付成衣。一单下来少的几千，多则几万，的确非常惬意。这种方式的好处是没有风险，自己在有固定收入的同时可以创造更多价值。

可能有人认为此方法欠妥，有对公司不忠的嫌疑，我认为只要掌握一个度该方法还是非常可行的，利用闲暇时间去开拓自己的事业并且增加收入也无可厚非。

建议：

(1) 应该知道自己发展的主次，在企业打工除了养家糊口，也是个人能力和资历的增长,因此重心是完成好本职工作,推进个人能力和职业发展的进程。

(2)应知道以下几点:客户不要是你打工企业的竞争对手;不要占用任何上班时间,那个时间属于为你提供薪水的公司;不泄露任何公司的商业秘密。保持自己的职业操守和信用对将来个人发展有不可估量的作用。

二、依靠商品市场创业

专业的商品市场(比如眼镜批发市场、服装批发市场等)都会为租户代办个体工商执照,只需一次性投入半年或一年租金,以及店内货品的进货费,所以投入在3万~5万元。只要依靠人气旺盛的商品市场,风险也比较小,在调查中我们发现很多温州人起家就是从商品市场做起来的。

B小姐以前是服装设计师,后来从服装公司辞职后自己创业,转租别人的带照商户(现在有很多商品市场可以买、可以租,有些人买下后通过出租赢利,并且经营的证照齐全),在一家服装市场中经营批发零售业务,凭借自身的设计能力和多年的行业经验,B小姐自己设计,找服装厂加工成衣后在自己的店铺内销售。目前销售良好,已经开出了第二家分店。

建议:

(1)一定要找人气旺的市场,可能比起经营较差的市场租金要高,可是人流量是该商品市场内你的小店存活的最基本条件。

(2)同样的市场也有生意好和差的区别,因此需要你对自己经营的产品比较熟悉(例如熟悉该类商品的消费者喜好;熟悉该商品的进货渠道,能以更低价格进货,等等)。

三、在大卖场租个场地创业

这种方式有点类似代理销售,不过必须眼光独到,风险比较大一点,但是回报也是非常可观。这种方式比较适合有营销经验的人员采用。

C先生出差X市发现松子在当地价格比较便宜,回家后经过简单调查就发现本地松子很少有人销售,而且价格昂贵,因此C先生在春节前很早就到X市订购了一批松子,并且在本地人流最大的家乐福争取到了进门的一块场地,春节期间开始用大缸装着松子进行销售,这一个月下来是令人瞠目结舌的30万元利润。

建议:

(1)用你所代理或销售产品的生产厂家相关证明(卫生许可证、厂商证明等)同卖场的办理手续。

(2)风险比较大,一定要对市场行情有所把握,并且注意产品的销售季节和保质期。有人从外地批水果到卖场销售,运输途中耽搁了一下,结果很多没卖完就烂掉了。

(3)考虑本地人对该产品的接受程度,最好做一个简单的调查。有些东西尽管本地是很少销售,但是可能不一定适合本地口味,例如有的商家曾经在一些城市推广槟榔,但是当地的人并不习惯槟榔的口味,因而失败。

四、加盟连锁创业

现在有很多小的饰品店、冷饮店等加盟的费用不高,但是选对了店铺和产品还是很赚钱的,加盟连锁一定要看准,并且早点介入成功的可能性比较大。

D小姐在某市加盟石头记饰品连锁店,由于当时此类产品市场上比较少见,属于竞争少、利润高的行业,因此短短两年就赚了接近百万,等到各种饰品连锁店低价竞争时,她早就关门转行,开了一家眼镜店。再如加盟有实力的房产中介公司,自己只需要租个门面,有简单的电话、桌椅等设备就可以开展业务,房源信息来自售房户、出租户在中介公司的免费登记,你可以在小区的信箱内投递一些征求房源的信息。

由于房源信息登记是免费的,所以很快你能找到一些房源信息,接下来通过门市会有求购、求租的客户上门,你提供信息并带领看房,双方成交时,出租户和租房者各支付月租金的30%作为佣金,一笔月租2 000元的项目中介成功就可以获得1 200元,收益非常可观,操作也很简单。

建议:

(1)选择行业门槛低但回报高的产业,例如房产中介。

(2)选择新兴产品,一旦竞争产品增多,营业额下降时,立即转向。如以前的小饰品店等。

(3)整个投资不宜过大,找利润高、投入少的小产品加盟,没有经验的人切忌加盟大的连锁项目,没有一定的经营经验注定要失败,千万别太相信加盟企业的"无经验"一样经营、"全程营销辅导"的谎言。

五、工作室创业

E先生与F小姐都是设计专业出身,在广告公司打工几年后想自主创业,他们一起开办一家设计工作室,工作室的好处是手续简便,正规点到工商局登记就可以了,有些工作室实际无须办理任何手续,也没有办公场地的费用支出,在家"生产"即可。他们主动到出版社、学校、印刷厂等机构联系,由于工作室除设计用的纸张和油墨外几乎没有其他成本,因而服务价格相当具有竞争力,再加上多年的设计经验,无论手绘和电脑设计都让客户比较满意,因此现在业务越做越大,几年下来已经买了属于自己的房产和汽车。再有G小姐对时尚饰品比较有兴趣,自己买了许多珠子、贝壳、绳子等,在家开了工作室,专门创作手工饰品然后卖给饰品店,现在她的手工饰品,已经小有名气,供不应求。

建议:

(1)个人要有比较好的专业技能,因为性价比是你在市场中胜出的关键,价格再便宜作品让人不满意也不可能维持经营。

(2)刚开始必须通过各种关系,主动开展业务,同一些有需求的客户挂上钩你才能将自己的作品卖出去。

以上的创业模式只是个人低成本创业的最简单模式,由于风险小、投入少而适合普通的创业人群,但需要强调的是任何创业行为都会存在一定风险,在创业前进行创业前的系统分析以及针对性的知识补充、能力培训等将大大提高创业的成功概率。

第八章　自主创业实务

1　自主创业前期准备

机会始终留给有准备的人。在自主创业的前期，准备工作是至关重要的，创业准备是创业者进入创业实践前所经历的物质力量和精神力量的聚集过程，它为日后的创业实践奠定了物质基础和思想基础。创业准备有助于创业者明确创业方向、找准创业目标，积极把握机遇，不失时机地进行决策，将计划付诸行动。创业准备充分与否，对创业者事业的成败起着决定性的作用，而大学生创业项目的选定是创业准备中最重要的一环，直接关系着创业的成败与否。

1.1　创业项目的选定

1.1.1　创业项目的来源

好的创业项目等于成功的一半。一般来讲，创业项目的来源主要有以下几方面：

（1）市场的需求。创业的根本目的是满足市场某方面的需求，随着社会的发展，社会市场中产生不同的需求，如何满足这些需求，正是创业项目的重要来源。寻找创业项目的一个重要途径是善于去发现和体会自己及他人在需求方面的问题或生活中的难处。比如，一位台商李先生本来在台湾与别人合作创办一家旅行社，他一面带着旅游团到内地游览，一面借机在内地寻找投资机会，他发现大陆沿海城市有许多鞋厂，制鞋所用的鞋布里全依靠进口，于是李先生看到了这里面蕴含的巨大商机，他当即与人合作在福州开办了一家无纺布工厂，专为各鞋厂提供高级鞋布里。

（2）社会的发展变化。创业的机会大都产生于不断变化的市场环境，环境变化了，市场需求、市场结构必然发生变化。著名管理大师彼得德鲁克将创业者定义为那些能"寻找变化，并积极反应，把它当做机会充分利用起来的人"。这种变化主要来自于产业结构的变动、消费结构升级、城市化加速、人口思想观念的变化、政府改策的变化、人口结构的变化、居民收入水平提高、全球化趋势等诸方面。比如居民收入水平提高，私人轿车的拥有量将不断增加，这就会派生出汽车销售、修理、配件、清洁、装潢、二手车交易、陪驾等诸多创业项目。

（3）科学技术的革新。当今世界科技的迅猛发展，造就了许多以高新技术为主导的创业型企业，当出现新的技术和新的科研成果时，就可能激发创业者的思维，形成新的创业项目。当今遍布全国各地的高科技园、开发区中的高新技术企业，正是科技的发展，新技术的出现而推动的创业过程。像计算机、互联网、无线通信、光触媒等技术正是科技的革新所带来的高新技术创业机会，并且它们各自还会衍生出其他更多分支创业项目。

（4）现有企业的薄弱环节。对于生产企业来说，产品存在缺陷是很不幸的事情，但对处于竞争对手地位的创业者来说却是绝好的机会,创业者通过对市场上竞争者已有的产品和服务进行追踪、分析和评价来发现现有产品存在的缺点,从而有针对性地提出改进的方法并以此开发出有巨大市场潜力的新产品。例如"南山奶粉"针对市场上绝大多数奶粉必须用热开水冲才能溶化并且喝后容易上火的缺陷,进行技术攻坚,最后开发出"凉开水即溶,喝了不上火"的新型奶粉,凭借这一优势,"南山奶粉"在奶粉市场中所占的市场份额迅速上升。

(5)发明和专利。发明和专利也是创业项目的重要来源。发明和专利都是具有特创的设想,它如果被开发出来进行产业化生产将会带来巨大的社会财富。现在各个国家为了激励发明创造,都制定了《专利法》来保护发明者,并取得较好的成效。当然也并不是说所有的发明和专利都能顺利地转化为实际的大规模生产,因为要实现产业化还受到许多条件和环境的制约。

(6)管理和经营创新。经营管理者思想、方法或运作模式的改变也可以形成新的创业项目。麦当劳并没有发明任何新事物,它提供的产品是美国任何一家餐馆每天都可以提供的,但是麦当劳运用新的管理方法,使产品生产过程和服务标准化,既大大提高了产品质量,又开拓了新的市场。

1.1.2 选定创业项目需考虑的因素

(1)个人兴趣与特长。一个人只有选择了他喜欢做又有能力做的事情,他才会自觉地、全身心地投入到工作中去,并忘我地工作,才有可能在遇到困难和挫折时百折不挠、勇往直前,千方百计克服困难,实现创业目标。所以,选择自己感兴趣、有特长的项目是创业成功的基础。

(2)对拟选行业的熟悉程度。一般来说,创业者应在自己熟悉的行业里选择创业项目,这样才能提高创业成功的把握度。大量的经验证明,许多工作需要的是熟悉,譬如开饭店、开茶馆、经营服装鞋帽、开办文化娱乐业等等,要深入地了解、熟悉,动动脑筋就可以总结出行业的规律,就可以找到生财的窍门,再加上勤奋和信心就能够取得创业的成功。

(3)市场机会及利用能力。选择创业项目在考虑了个人的兴趣与特长和对拟选项目是否熟悉之后,要认真调查分析拟选项目是否有市场机会以及你本人是否有能力利用这个市场机会。譬如你准备开办服装店经营服装,经过调查发现,很多老太太喜欢穿大襟的布衫,而当地市场上没有人经营这种服装。也就是说,老年妇女对这种服装的需求尚未达到满足,这就是一个市场机会。对于创业者来说,这种客观存在着的市场机会并不一定会成为你的创业机会。因为市场机会成为创业机会是有条件的,这就是:第一,创业者必须具有利用该机会的资源能力和技术能力;第二,创业者利用该机会能够足以实现其经营目标。

(4)能够承受的风险。创业是有风险的,因为创业过程中存在着许多不可控制的因素的影响,一旦把资金投入进去,谁也不敢保证一定能够成功、一定能够赚钱、一定能够长盛不衰。因此,在你选择创业项目投资之前,无论你对该项目多么有把握,都必须考虑"未来最坏的情况可能是什么","最坏的情况发生时,我能不能承受"等问题,如果以上的答案是肯定的,那么,只要项目的预期报酬率符合你的预期目标,就可以投资。

(5)国家的相关政策与法律。选定创业项目必须考虑国家相关政策和法律的因素,包括两个方面:一是拟选定的项目是否属于国家政策和法律禁止或限制的范围;二是拟选定的项目是否属于国家政策和法律鼓励的范畴。

1.1.3 创业项目选择的原则

创业项目的选择是一个非常复杂的系统工程,涉及许多方面,以下是创业项目选择的一般原则要求。

(1)创业项目的立意要新颖且独特。创业投资并不是盲目地乱投资,它对项目可行性的要求近乎苛刻。据统计,有95%以上的创业计划是因为不能得到风险投资者的支持而无法实施。风险投资是一种追求高利润回报率的资金,投资者在愿意承担风险的同时要的是极高的投资回报率。风险投资寻找的就是一些有新意的项目和一些从来没有出现过的项目。如果一个创业计划立意平平,没有什么独特之处,很难想象它将会得到风险投资。

(2)创业项目必须有市场前景。创业项目一般而言要有较高的技术含量,现在一般的风险投资基金和"孵化器"所感兴趣的项目主要有网络技术、软件信息、新材料、新能源、机电一体化、节能领域、生物医药及精细化工等,这些项目有技术含量,而且发展前景也较好。

(3)创业项目要符合国家的产业导向。我国目前还处在工业化程度逐步加深的阶段,但必须注意到一些西方国家,特别是美国已经进入了所谓的后工业化阶段,即所谓的信息经济阶段。为了不落后于西方一个时代,国家大力扶持发展高科技产业,给予政策和经济上的帮助。如果一个创业项目符合国家的产业导向,它成功的机会将会大大提高,反之则很容易夭折。

1.1.4 选定创业项目的方法

(1)分析市场供求差异,选定创业项目。市场需求不仅是多种多样的,而且是不断变化的,因此从宏观上看,市场需求总量和供给总量之间总是存在着一定的差距。创业者通过调查分析市场供求差异,可以从中找到创业机会,选定创业项目。例如,假定通过调查得知,我国城市家庭中洗衣机的需求量为100%,而市场供应量只有70%,那么,对于创业者来说就有30%的市场机会可以开拓。

(2)调查分析人们工作和生活中的困难,选定创业项目。创业者只要善于调查分析人们工作和生活中的困难,就不难找到合适的创业项目。譬如,上海的一位大学毕业生发现远在郊区的本校师生往返市区交通十分不便,创办了一家客运公司,就是把需求转化为创业机会的成功案例。因此,只要创业者能够掌握选定创业项目的基本策略,并能灵活运用这一策略,就可以说处处有创业项目、时时有创业项目。

(3)分析市场上热销商品背后隐藏的商机,选定创业项目。任何商品都有市场生命周期,所谓商品市场生命周期是指商品从投放市场到被市场淘汰所经过的时间。它可分为四个阶段,即投入期、成长期、成熟期和衰退期。当你看到市场上某种商品走俏热销时,通常情况下这种商品已经进入成熟期。这时,你再去经营这种商品往往是开业经营时间还不长、本钱还没有收回,生意就由热转冷了,最后也以赔钱失败而告终。正确的做法应是以热销商品为导向,认真分析热销商品背后隐藏的商机,再选定创业项目进行经营。例如,当看到市场上鸡蛋热销时,要学会分析预测鸡蛋热销背后隐藏的商机:一是马上会兴起养鸡热;二是当养鸡热兴起后,鸡饲料将会供不应求。因此,聪明的创业者,既不去卖鸡蛋也不去养鸡,而是跳过两个阶段去生产鸡饲料。

(4)调查分析市场上现销商品存在的问题,选定创业项目。市场上销售的商品总有一些这样或那样的问题,有的在功能和性能方面不够完善,有的在结构方面不够合理,有的样式呆板,有的颜色单一等。创业者经过调查分析,针对这些商品存在的问题,结合自己的兴趣、特长和熟悉的行业,选择一种有问题的商品进行改进、完善、提高,以此作为创业项目,往往成功率很高。

(5)进行市场细分,选定创业项目。所谓市场细分,就是通过市场调研,依据消费者的需求特点和购买行为及购买习惯等方面的差异,把某种商品的整体市场划分为若干个消费者群的一种市场分类方法。通过市场细分划分出的每个消费者群就是一个子市场。每个子市场都是由具有相同或类似需求倾向的消费者构成的群体。因此,属于同一子市场的消费者对同一商品的需求极为相似;分属不同子市场的消费者对某一商品的需求存在着明显的差异。进行科学的市场细分有利于发现市场机会、选定目标市场、确定创业项目,有利于集中人力、物力和财力生产经营适销对路的商品,有利于制定和调整市场营销策略。

1.1.5 市场调查

市场调查就是运用科学的方法,通过各种途径、手段,有目的、有计划、系统而客观地收集、记录、整理、分析有关市场营销的现状和历史资料,了解创业项目的外部环境、市场需求、现有资源、原材料、竞争对手及创业项目的投资成本并进行价格预测,预测其发展趋势,为企业经营决策和管理提出方案,为企业决策者进行科学决策提供依据的活动。在这里,市场调查主要是指创业项目的实施者在选择项目前所进行的市场调查,它是创业者正确地选择项目的前提条件。在创业的过程中,当预选好一个项目之后,紧跟着的就是要对此项目进行市场调查,以确定是否选择该项目进行投资开发,如不及时进行调查将直接影响后期项目的运作。

(1)市场调查的作用。一是市场调查是了解消费者需要的有效方法;二是市场调查是项目实施者进行市场预测和决策的前提;三是市场调查是企业正确制定市场营销策略的保证。

(2)市场调查的类别。市场调查的类别按调查要完成的任务划分,可分为描述性调查、解释性调查和预测性调查;按调查的基本方法划分,有定性调查和定量调查;按调查对象的特点划分,有宏观市场调查和微观市场调查。

(3)市场调查的主要内容。宏观市场调查的主要内容包括经济环境、政治环境、社会人文环境、自然环境和人口环境;微观市场调查的主要内容包括创业项目的市场需求调查、创业项目的购买力与供应量关系调查和创业项目的竞争力调查。

(4)市场调查的步骤。市场调查的目的和要求不同,其实施步骤也不尽一致,一般分为调查设计阶段、调查资料收集阶段和资料处理阶段。

(5)市场调查的手段。市场调查的手段主要有普查法、访谈调查法(包括走访调查、电话调查、书面问卷调查、邮寄调查法)和运用互联网调查等。

1.2 建立创业团队

1.2.1 团队的概念

不同的学者从不同的角度界定团队(Team)的含义。路易斯(Lewis)认为,团队是由一群认同并致力于去达成一共同目标的人所组成，这一群人相处愉快并乐于工作在一起，共同为达成高品质的结果而努力。其中，路易斯强调了三个重点，即共同目标、工作相处愉快和高品质的结果。盖兹贝克和史密斯(Katezenbach and Smith)认为，一个团队是由少数具有“技能互补”的人所组成。他们认同于一个共同目标和一个能使他们彼此担负责任的程序。盖兹贝克和史密斯也提到共同目标，并提到了成员“技能互补”和分担责任的观点，同时还指出团队是少数人的集合，保证相互交流的障碍较少，比较容易达成一致，也比较容易形成凝聚力、忠诚感和相互依赖感。但是，团队必定是以达到一个既定结果为最终目标，共同的目标是团队区别于群体的重要特征。

团队是介于组织与团体之间最流行的一种合作方式，其精髓是通过沟通、分工、合作、共同进步，以形成一个目标明确、有战斗力的集体。因此，团队可以定义为是由少数具有技能互补的人组成，他们认同于一个共同目标和一个能使他们彼此担负责任的规则，并相处愉快，乐于一起工作，共同为达成高品质的结果而努力。团队就是合理利用每一个成员的知识和技能协同工作，解决问题，达到共同目标的共同体。

1.2.2　创业团队的组成要素

(1)目标(Purpose)。创业团队应该有一个既定的共同目标，为团队成员导航。知道要向何处去。没有目标，这个团队就没有存在的价值。目标在创业企业的管理中以创业的远景、战略的形式体现。

(2)人员(People)。人是构成创业团队最核心的力量。三个及三个以上的人就形成一个群体，当群体有共同奋斗的目标就形成了团队。在一个创业团队中，人力资源是所有创业资源中最活跃、最重要的资源。应充分调动创业者的各种资源和能力，将人力资源进一步转化为人力资本。而目标又是通过人员来实现的，所以人员的选择是创业团队中非常重要的一个部分。

(3)定位(Place)。定位是团队通过何种方式同现有的组织结构相结合，如何产生出新的组织形式。它包含两层意思：一是创业团队的定位。创业团队在企业中处于什么位置，由谁选择和决定团队的成员，创业团队最终应对谁负责，创业团队采取什么方式激励下属。二是团队成员的定位。作为成员在创业团队中扮演什么角色，是制订计划还是具体实施或评估；是大家共同出资，委派某个人参与管理，还是大家共同出资，共同参与管理，或者是共同出资，聘请第三方(职业经理人)管理。这体现在创业实体的组织形式上，是合伙企业或是公司制企业。

(4)权限(Power)。创业团队当中领导人的权力大小与其团队的发展阶段和创业实体所在行业相关。一般来说，创业团队越成熟，领导者所拥有的权力相应越小，在创业团队发展的初期阶段领导权相对比较集中。高科技实体多数是实行民主的管理方式。

(5)计划(Plan)。计划就是将团队的职责和权限具体分配给团队成员，并明确团队成员如何进行分工合作。好的团队工作计划一般包括：团队需要多少成员、团队领导的特征、领导者的权限和职责、团队沟通的方式、团队沟通的工作任务、每位团队成员的工作时限、完成团队任务的界定、评价和激励团队成员的方式。这些内容的确定应根据组织本身特点和实际需要进行合理选择。

1.2.3 高效创业团队的特征

建立团队形式并不意味着一定能够实现高效率,如何管理高效团队,就成为一个重要问题。一般来讲,一个高效团队应具有以下特征:

(1)有坚强的凝聚力。团队是一个整体,成败关系到每个人的利益,如果成员能够同甘共苦,经营成果能够公开且合理地分享,团队就容易形成坚强的凝聚力,这样企业才能有着良好的发展。

(2)专业技能的完美搭配。高效的创业团队,其成员在技能互补、领导能力、调研能力、公关能力、市场开拓能力、谈判能力、财务能力、协调能力等方面相互协调补充,充分发挥每个成员的优势,使团队各项工作完美无缺。而且,各成员要有良好的合作精神和品质,这样才能达到精湛技能和良好品质的完美结合。

(3)成员之间相互信任。成员的目标与团队的目标是一致的,成员之间的个人愿望是统一的。在此基础上形成良好的信任关系是很稳定的,每个成员对其他人的品行和能力都应确信不疑。只有相互信任才能形成良好和高效率的工作氛围,实现团队目标。

(4)团队内部的有效沟通。团队内部在前述特征基础上形成了良好的沟通基础、渠道与形式,包括各种语言和非语言信息的沟通。在成员之间和管理者与团队成员之间形成了规范的、经常的沟通。这种有效的沟通,有助于指导和协调团队成员的行为,消除误解,使成员之间能够迅速而准确地了解彼此的想法和情感,避免内部矛盾消耗企业的资源。

(5)经营成果的合理分享。创业团队通过恰当的形式将经营成果与团队成员进行合理分享是留住员工和招揽人才的关键因素之一。个人的努力需要通过经营成果的分享得到认可,这种认可是个人目标和企业目标相一致的体现,也是对成员的一种激励措施,能够促使成员更加努力工作,在实现团队目标的同时实现自我价值。

(6)正确的领导。正确的领导能够让团队成员跟随自己共同度过最艰难的时期,获得成员的信任,还能够不断鼓舞成员的自信心,使成员发挥自己的潜力,使企业最终能够实现自己的目标。

1.2.4 如何建立高效的创业团队

要使创业团队运作迅捷有效,除达到上述特征外,还需要从以下几个方面入手:

(1)形成一致的创业理念和创业思路。一致的创业理念和创业思路是形成团队凝聚力、相互信任和有效沟通的基础,如果没有达成一致的意见和形成共识,即使前面准备得再充分也很难保证创业计划的顺利实施。

(2)建立共同的行动纲领和纪律制度。一个创业团队如果没有大家认可的行动纲领就如同一盘散沙,各自为阵,形不成战斗力;如果没有有效的纪律制度,就不能保证各个成员之间相互协调一致,因而也就达不到企业的目标。

(3)设计合理的工作绩效评估和激励体系。在企业创立之初就要建立相应的工作绩效评估和激励体系,一个有效的绩效评估体系可以充分调动各成员的积极性,可以为企业的发展提供不竭的动力。绩效考评应是全方位的,主要包括对工作效果、工作潜能、工作态度、工作精神、人际沟通能力以及员工行为过程的考评。绩效考核的方式,可以采取量化或者面对面的交流两种形式,同时注意考核一定要与激励措施紧密联系起来,以最大可能地调动成员参与的积极性。

(4)动态地调整团队成员。优秀的创业团队并非一蹴而就,往往是在企业建立发展过程中逐渐孕育并形成的。对于在团队中不能认同理念、不称职或者有其他打算的成员,在发现问题以后要果断换人,使企业保持行为和意识的一致性,保持企业的活力。

1.3 拟订创业计划

"凡事预则立,不预则废"。创业计划是创业的蓝图,是创业融资的关键文件,一份完整的创业计划能充分体现创业者的创意或企业的价值,是全面介绍企业运作和未来发展前景及融资要求的书面文件,它对后期企业运作至关重要。

1.3.1 什么是创业计划

创业计划又称为"商业计划"(Business Plan),是对构建一个企业的基本思想以及与企业创建有关的各项事项进行总体安排的文件,它从企业内部的人员、制度、管理,以及企业的产品、营销、市场等各方面对即将创建的企业进行可行性分析。

对于创业者来讲,创业计划有四个基本的目标:①分析、确定创业机遇和内容;②说明创业者计划利用这一机遇发展新的产品或者服务所要采取的方法;③分析和确定企业能否成功的关键因素;④确定实现创业所需要的资源以及取得这些资源的方法。在创业之前做一个翔实的创业计划,不仅可以作为自己创业的行动指南,还可以作为吸引风险资本的"敲门砖"。

1.3.2 创业计划的作用

(1)创业计划具有指导作用。创业计划是创业者将要具体实施的计划,是实现其理想的具体实施方案。创业计划为创业者提供了一份全方位的规划方案,它从企业内部的人员、制度、管理以及企业的产品、营销、市场等各个方面对即将展开的商业项目进行全面的可行性分析。对初创企业来说,创业计划的作用尤为重要,一个创意或构思中的产品,往往很模糊,通过制订创业计划,把正反理由都写出来,再逐条推敲,这样将会对这一项目有更为清晰和具体的认识。

(2)创业计划具有争取创业资金支持的作用。一个好的项目需要融资时,仅仅靠创业者口头许诺和述说是不可能赢得潜在投资者的信任的,也不可能激发他们对创业项目的兴趣。美国一位著名创业投资家曾经说过:"创业企业邀人投资或加盟,就像离过婚的女人求婚,而不像和女孩子初恋,双方各有打算,仅靠口头许诺是无济于事的。"对于正在寻求资金的创业企业来说,创业计划就是企业的价值公告,是初步连接创业者和潜在投资者之间的桥梁,是通向成功的一个跳板。创业计划的好坏,往往决定了投资交易的成败。

(3)创业计划具有整合作用。创业计划书的整合作用是一个最根本、最重要的作用。在创业的过程中,各种生产要素是分散的,各种信息是凌乱的,各种工作是互不衔接的。通过编写创业计划书的过程,梳理思路,进行调研,完善信息,找到各种程序之间的衔接点,最终把各种资源有序地整合起来、调动起来,围绕着创造和形成商业利润,进行最佳要素的组合。只有这种整合,才能把各种分散的资源聚拢起来,形成一种增量资源,才能得到明显的经济效益。同时,在制订创业计划的过程中,会对产品、市场、财务、管理团队等进行进一步的分析和调研,能及早发现问题,进行事前控制,去掉一些不可行的项目,进一步完善可行的项目，提高创业成功率。

1.3.3 创业计划的主要内容

(1)计划摘要。计划摘要是对创业计划的概括，一般要包括以下内容：公司介绍，主要产品和业务范围，市场概貌，竞争优势和劣势分析，销售计划，生产管理计划，团队概述，财务计划，资金状况，预计能达到的利益等。

(2)产业背景和公司概述。产业背景和公司概述一般包括：详细的市场分析和描述，对竞争对手的分析，市场需求，详细的产品（或服务）描述以及它如何满足目标市场顾客的需求，进入策略和市场开发策略。

(3)市场调查和预测。此部分内容一般包括：目标市场顾客的描述与分析，市场容量和趋势的分析、预测，竞争分析和各自的竞争优势，估计的市场份额和销售额，市场发展的走势。创业企业应尽量扩大收集信息范围，重视对环境的预测和采用科学的预测手段、方法，绝不能凭空想象出来。

(4)公司战略。公司战略主要是阐释公司如何进行竞争，它包括：公司各阶段的发展战略，通过公司战略来实现预期的计划和目标，公司的营销策略。

(5)生产和运营计划。创业计划中的生产和运营计划内容包括：产品制造和技术设备现状，新产品投产计划，技术提升和设备更新要求，质量控制和质量改进计划。

(6)管理团队及组织机构。介绍公司的管理团队，要注意介绍各成员与管理公司有关的教育和工作背景（注意管理分工和互补），介绍领导层成员、创业顾问以及主要的投资人和持股情况。在这部分企业计划中还应对公司组织机构做简要介绍，包括：公司的组织机构图，各部门功能与责任，各部门的负责人及主要成员，公司的报酬体系等。

(7)公司资金管理。公司资金管理包括：股本结构与资金规模，资金运营计划，投资收益与风险预测、分析。

(8)财务计划。财务计划是将市场机会转化为财务指标的实施方案，要使潜在投资者明确创业者怎样来满足各项资金需求，维持适当的流动性，保证债务的偿付，并获得良好的投资回报，财务计划中要详述财务需求，预测资金来源和支出，展示收入、成本和利润计划。财务分析中要体现现金流、本量利、比率分析等内容，会计报表要体现收入报告等。

1.4 创业资金筹措

万事开头难，资金短缺想创业更难，资金问题是创业准备期必须要解决的问题。当创业者资金不足时，除可以向亲朋好友寻求资助外，还可以向银行贷款和向政府机构寻求帮助，以满足创业资金的需求。

1.4.1 个人资金

个人资金来源主要是创业者自由资金、亲朋好友资助。创业者自有资金是创业者个人拥有的资金，它来自创业者的个人储蓄或其他收入，甚至是创业者变卖个人资产而获得的资金。在创办企业时，创业者必须投入一部分个人资金作为企业资本，这不仅是由于创业初期需要启动资金，而且是基于企业所有者地位的象征和吸引外部投资的基础，没有自有资金在企业中很难获得外部投资者的信任。

来自亲朋好友的资金是新创企业的重要资金来源，甚至往往是唯一来源。因为新创企业的高度不确定性和规模小、无知名度、所需资金数量不够大,很难吸引投资者和银行的资金。出于友谊、亲情,这类资金最易获得。但是,这种资金来源也潜伏着一些问题。如果是借债,则应注意尽早归还,以免影响双方关系,但在经营困难时可能会因不能按期归还而使双方关系紧张。如果所得资金是作为权益融资,则可能会导致这些人对企业的干预,具有家族企业的色彩,虽然增强了创业力量,但也可能导致分歧、矛盾以及影响其他员工的积极性。无论是借款还是参股形式,双方都应签订相关协议,规定权力与责任,以理智、规则代替感情和随意性。

1.4.2 银行贷款

商业银行贷款是新创企业获得资金的一个主要渠道,企业可以以一定价值的资产作为抵押或担保向商业银行贷款。抵押的资产可以是企业资产,如房地产、设备等,也可以是个人资产,如房地产、轿车、有价证券等。贷款人的品质是其中最重要的,一个有不良记录或不道德行为的贷款人是很难获得银行的信用和贷款的。此外,创业者与银行信贷人的关系也决定着能否得到贷款,这并不是说银行信贷人员可以把个人感情凌驾于对贷款进行细致分析的基础上,而是源于个人关系对创业者的信任将促使银行信贷人员做出贷款的决定。基于此种原因,创业者在申请贷款时应牢记以下几点:没有熟人引见不要贸然向不认识的贷款员申请贷款,勇气往往在此不起作用;不要等到急需要用钱时才匆忙申请贷款,"临时抱佛脚"是不受欢迎的;银行信贷人员不是风险投资者,不要指望他对你的企业同样充满热情;开拓更多的贷款渠道,即同时与几个银行的信贷人员进行接触,因为不同的商业银行的贷款政策是不完全一样的,有的敢冒一定风险,有的则相当保守。

同时,国家为了缓解就业压力,鼓励大学生自主创业并推出大学生自主创业贷款优惠政策。国家为大学毕业生提供的小额担保、抵(质)押创业贷款是政府贴息贷款,其期限为1~2年,2年之后不再享受财政贴息。

1.4.3 政府机构资助

尽管各国政府都已认识到新企业对经济增长、工作创造、市场创新和经济效率等方面具有重要的促进作用,都表现出支持新创企业的倾向,但对新创企业的支持程度和方式却有差异。政府的资助通常用于企业的初创阶段,此时投资资金最难获得,现金流十分紧张。政府机构除对有些项目提供直接资金外,还提供担保由商业银行向新创企业提供贷款,但这种贷款要由政府有关机构进行审批,因为它要承担担保引起的责任。上文提到的大学生自主创业贷款优惠政策就是我国政府对大学生新创企业所提供的优惠和帮助。

1.4.4 大公司投资

在过去,大公司在与新创企业合作时为了自身的利益对新创企业提供资金支持,是从长期合作的角度出发的。现在更多的大公司凭借自己雄厚的资金实力来向有长期发展潜力的小企业投资。大公司往往选择大的投资机会,从长远利益考虑。大公司可能采取债权或股权的形式出资,这往往是双方合作谈判的重点,因为这涉及回报、风险和控制权问题,大公司要求创业者做出重大的承诺和保证投资的安全性。

1.5 创业场地选择

确定了创业项目,组建了创业团队,制订了创业计划,筹集了创业资金,接着要寻找合适的创业场地了。众所周知,场地选择是决定创业成败的一大要素,那么该如何选择自己创业的"黄金宝地"呢?

1.5.1 选择创业场地的前期准备

很多创业者都习惯走街串巷地寻找场地,那样做会费时费力,而且效率较低,甚至在很多时候会"无功而返",那么究竟该如何选择创业场地呢?

(1)充分利用政府创业指导部门获取信息。目前,几乎所有城市和地区的政府部门网站上都有相应的就业创业指导专栏,在上面可以查询到相关的创业指导服务,其中包括创业场地的选择。也可以到各市、区、县的创业指导服务中心等部门免费获取创业指导服务,里面也包括如何选择创业场地的信息。由于是政府部门所提供的服务,其信息来源非常可靠,而且在一定程度上具有宏观指导性,是获取创业场地信息的有效途径之一。

(2)委托专业的房产中介机构获取信息。现在市场上的房产中介机构中,有一些是专门从事商铺买卖租赁的房产中介公司,它与住房中介机构相比,能提供针对性更强的信息。创业者可以根据自己的创业要求,选择出一些有用的场地信息,再加以比较最终选择出能够适合创业要求的场地。

(3)登录商铺租赁专业网站获取信息。当今时代是网络信息时代,在选择创业场地时,要充分利用网络资源,如今有不少商铺租赁网站,信息丰富,搜索方便,这也是获取创业场地信息的有效途径。

1.5.2 选择创业场地的基本原则

(1)创业场地要与创业项目相适应。要开餐饮小店,店铺就需要卫生许可、环保许可和消防许可;如果开办公司,应该选择商务楼和创业园区。场地是创业项目的外部环境,没有好的场地环境,再好的创业项目和创业计划都会受到影响。

(2)创业场地要与创业方式相适应。创业方式影响着创业场地的选择,如果是开店零售商品,就要在临街寻找店铺;如果是家政、快递等服务方式,就需要找个办公室;如果在网上开店,从事电子商务,就不需要临街,只需找个小点的办公场地,这样可以节省开支。

(3)创业场地要与客户群体相适应。明确、稳定的客户群体是创业成功的重要保证,这也是选择创业场地时需要考虑的重要因素。如果客户群体是青年人,就要考虑场地选在大学附近;如果客户群体主要是老年人,就要考虑场地选在社区附近或者社区内,这样可以最大限度地方便客户需求,稳住相对固定的客户群体。

(4)创业场地要与环境商圈相适应。在特定的商圈,有着大量相近或者相关的集中商品,能形成规模效应。例如,在武汉想要从事电脑销售或者电脑耗材生意,可以选在电脑城;想要从事服装生意,可以选在光谷步行街。

(5)创业场地还要与经济承受能力相适应。创业者要根据自己的流动资金、成本来选择场地,店铺资金以占创业初期资金的20%～30%为宜,千万不要举债付房租,不要冒不必要的风险。

1.5.3 选择创业场地的技巧

对创业者来说,虽然只是租个创业场地,但其实就像买房子一样麻烦,有时候甚至更为烦琐,需要技巧性地处理地段选择、租金洽谈、合同签订等诸多问题,而这些都会影响创业的成败。一般来说,有以下几种方法技巧来选择创业场地。

(1)有的放矢选场地。创业者应根据创业项目的特性和各区域特色来确定场地落点,如涉足服务领域的一般应选在居民区,涉足餐饮行业应选在人流密集地区,这样才能保证一定的消费客流。

(2)由下至上谈租金。许多创业者习惯根据业主开出的价格由上至下砍价,结果被别人牵着鼻子走。最佳的做法是,在充分了解市场行情的基础上预先设定租金上下限,然后从最低心理价位谈起,这样有利于挤出价格"水分",获得最低租金。

(3)不宜选择转租场地。如今市场上有不少二次转租甚至三次转租的场地,这些场地在原价上加了多次转租利润,因此价格比同类场地高出很多,初次创业者一定要谨慎。

(4)租赁期限越长越好。在场地租金行情不断上涨的情况下,租赁期限当然越长越好,这样有利于控制预算,降低创业成本和创业风险。

2 企业注册登记与管理

2.1 创立企业的程序

要创办企业,创业者首先要确定适合自己创业的企业组织形式,按照有关法律和行政法规要求,到工商行政机关登记注册取得营业执照并到税务登记部门等机关办理相关手续后,一个新的企业就宣告成立了。

2.1.1 企业组织形式的选择

目前在中国,企业的组织形式有个人独资企业、合伙制企业、有限责任公司、股份有限公司等几种。合适的组织形式对于企业今后的发展壮大以及管理都有着重要的影响。因此,创业者要根据企业现有的人力、财力资源,并结合这几种组织形式的特点,选择合适的企业组织形式。

(1)个人独资企业。个人独资企业也称个人业主制企业,是依照《个人独资企业法》在中国境内设立,由一个自然人投资,财产为投资者个人所有,投资者以其个人财产对企业债务承担无限责任的经营实体。独资企业在小型加工、零售商业、服务业领域较为普遍。个人独资企业的特点如下:一是投资者为一个人,企业财产为投资者个人所有;二是有合法的企业名称,不能使用"有限"、"有限责任"或者"公司"字样;三是企业的投资者承担无限责任;四是有固定的生产经营场所和必要的生产经营条件;五是有必要的从业人员。个人独资企业的优点在于企业的独立性非常强;企业的信息易于保密;税务负担较轻;企业主能够得到个人意愿的满足;企业成立和解散的程序简单。但个人独资企业由于是个人投资,只能由个人承担无限财产责任,且投资规模有限,承担的风险也很有限成为其共同的缺点。

(2)合伙制企业。合伙制企业又称合伙企业,是由两个以上合伙人订立合伙协议,共同出资,合伙经营,共享收益,共担风险,并对合伙企业债务承担无限连带责任的经营性组织。成立合伙企业,应当遵循自愿、平等、公平、诚实信用原则。合伙人可以采取货币、实物、土地使用权、知识产权或者其他财务权利出资,经全体合伙人协商一致,合伙人也可以用劳务出资。各合伙人对执行合伙企业事务享有同等的权利，可以由全体合伙人共同执行合伙企业的事务，也可以由合伙协议约定或者全体合伙人决定，委托一名或者数名合伙人执行合伙企业事务。合伙企业的特点如下：一是有两个以上合伙人，并且都是依法承担无限责任者；二是有合伙协议；三是有各合伙人实际缴付的出资；四是有合伙企业的名称；五是有经营场所和从事合伙企业经营的必要条件。合伙企业的优点在于有利于扩大资金来源和信用能力，有利于提高决策能力和经营管理水平，有利于保护小股东的利益。但是合伙企业的缺点也较突出：合伙人要承担无限连带责任；合伙人不能随意转让自己所拥有的财产份额，产权流动难度大；每个合伙人都有决策权导致管理协调成本较高；企业规模仍然受到限制。

(3)有限责任公司。有限责任公司是经政府相关部门批准，由股东共同出资设立，股东以其出资额为限对公司承担责任，公司以其全部资产为担保对外承担责任的法人组织。公司股东作为出资人按投入公司的资本额享有所有者的资产收益、重大决策和选择管理者的权利。公司享有由股东投资形成的全部法人财产权，依法享有民事权利、承担民事责任。有限责任公司这种企业组织形式一般适合于中小企业，它的显著特点如下：一是公司的股东仅以出资额对公司承担责任；二是股东人数有最低和最高限制，如我国《公司法》规定有限责任公司由 2 个以上 50 个以下股东共同出资设立；三是有限责任公司不能公开募集股份，不能发行股票；四是有限责任公司有股东共同制定的公司章程，章程必须经全体股东同意并签名盖章，报登记主管机关批准后，才能正式生效；五是有限责任公司兼有人合性和资合性的特点，既要考虑股东的身份、地位、信誉等方面的因素，又要考虑股东的出资情况。有限责任公司的优点在于：由于各出资人只以出资额为限承担公司的经营风险，使得投资人风险有限，资本相对集中；产权主体多元化，有助于形成有效的公司治理机构；公司经营稳定，有利于企业扩张和保持连续性；设立程序简单，内部机构设置灵活。但有限责任公司仍然摆脱不了企业规模有限的缺点，并且公司和股东要双重纳税。

(4)股份有限公司。股份有限公司是指全部资本分为等额股份，股东以其所持股份为限对公司承担责任，公司以其全部资产对公司的债务承担责任的企业法人。大型企业和较大的中型企业一般采取这种组织形式。股份有限公司的特点主要如下：一是它是典型的资合公司，任何愿出资的人都可以成为股东，不受资格限制；二是股东人数有法律上的最低限制，我国《公司法》规定，设立股份有限公司应当有 5 人以上为发起人，但没有上限规定；三是股份有限公司的资本总额均分为每股金额相等的股份；四是股东以其认购的股份对公司承担有限责任，公司以其全部资产对公司债务承担责任；五是股份有限公司的所有权与经营权相分离，股东投资企业，但并不一定参与企业的经营活动。股份有限公司是最典型的现代企业组织形式的高级形态，产权关系明晰、权责界定明确，具有规范的公司治理机构和良好的运行机制，与其他企业形式相比其优点在于：它是迅速聚集资本的最便利的形式，更易于大规模地吸收社会闲置资本以筹集资金；股票易于转让，股份有良好的流动性；股份有限公司所有的信息公开，有利于社会监督，提高企业的经营效率。但是，股份有限公司的设立手续比较复杂，组建费用较高，公司股东也要缴纳双重所得税。

2.1.2 企业的登记注册

企业登记注册，是确认企业的法人资格或营业资格，是企业成立的法定程序，即企业依照有关法律、行政规章，履行登记注册手续，经工商行政机关核准登记，取得法人资格或者营业资格的过程。企业登记注册包括企业法人登记和营业登记。企业法人登记是登记注册主管机关依照法定程序，对具备法人条件的企业确认其企业法人资格所进行的核准登记。营业登记是对不具备法人条件，但有条件进行经营活动的单位（如合伙联营企业、企业法人的下属经营机构、学校、科研机构兴办的不具备法人资格，但对外营业的招待所、印刷厂等）确认其合法经营资格所进行的核准登记。

（1）企业登记的一般程序。企业登记机关是指国家授权的依法对企业进行登记注册和监督管理的机关。我国国家授权的企业登记注册机关是国家工商行政管理总局和地方各级工商行政管理局。我国企业登记注册的一般程序如图 8-1 所示。

简言之，企业登记注册程序是由受理审查、核准登记、颁发执照、登记公告四个环节组成。企业设立时，凡国家有专项规定要求企业办理手续在先、申请登记在后的，应先按专项规定办理专项审批手续，然后再按登记注册程序提出申请。专项审批程序和登记程序属于不同的办事程序，前者是对企业某方面条件、能力、水平的确认过程；后者是企业取得法人资格和合法经营权的过程，相对前者来说，后者具有最终的和最高的法律效力。

申请登记企业应按照法律、法规规定将申请登记报告及应提交的文件、证件和填报的“登记注册书”送交登记主管机关，之后登记主管机关对其进行初审。提交的文件、证件齐备的予以受理，否则不予受理。登记主管机关对申请企业填报的“登记注册书”和提交的有关文件、证件进行全面的审查、检查，即审查所提交资料的真实性、合法性和有效性，并核实有关登记事项和开办条件。

经审查和核定后，登记主管机关应在规定的期限内做出准予登记或不予登记的决定，应在“登记注册书”上签署准予登记的意见或不予登记的原因和理由，及时通知申请登记单位。对申请登记注册有异议的，经讨论，做出予以核准登记或不予核准登记的决定，再按有关程序通知申请登记企业。

对于核准登记的申请登记企业，登记主管机关颁发《企业法人营业执照》或《营业执照》。登记主管机关对执照编制注册号，并通知法定代表人或者负责人领取执照，办理法定代表人、负责人签字备案手续。申请登记单位领取执照后，凭执照刻制公章，开立银行账户，并向登记主管机关备案，按照核准的登记事项从事生产经营活动。登记主管机关将有关登记注册材料及时建立企业登记档案。

对核准登记注册的企业法人，由国家工商行政管理总局和省、自治区、直辖市工商行政管理局，依法统一组织发布企业法人登记公告。

（2）个人独资企业的设立登记。申请设立个人独资企业，应当由申请人向企业所在地的工商行政机关进行申请名称预先核准登记，然后办理开业登记注册，并提交以下有关文件、证明：投资者签署的“个人独资企业设立申请书”；投资人身份证明；企业住所证明；“名称审核表”及“名称核准通知书”；开办申请书；申请开业登记注册书；申请人身份证明；场地使用证明；验资证明等。

（3）合伙制企业的设立登记。申请设立合伙制企业，应当向企业登记机关提交以下文件、证明：全体合伙人签署的设立登记申请书；全体合伙人的身份证明；全体合伙人指定的代表或者共同委托的代理人的委托书；合伙协议；出资权属证明；场地使用证明；法律、

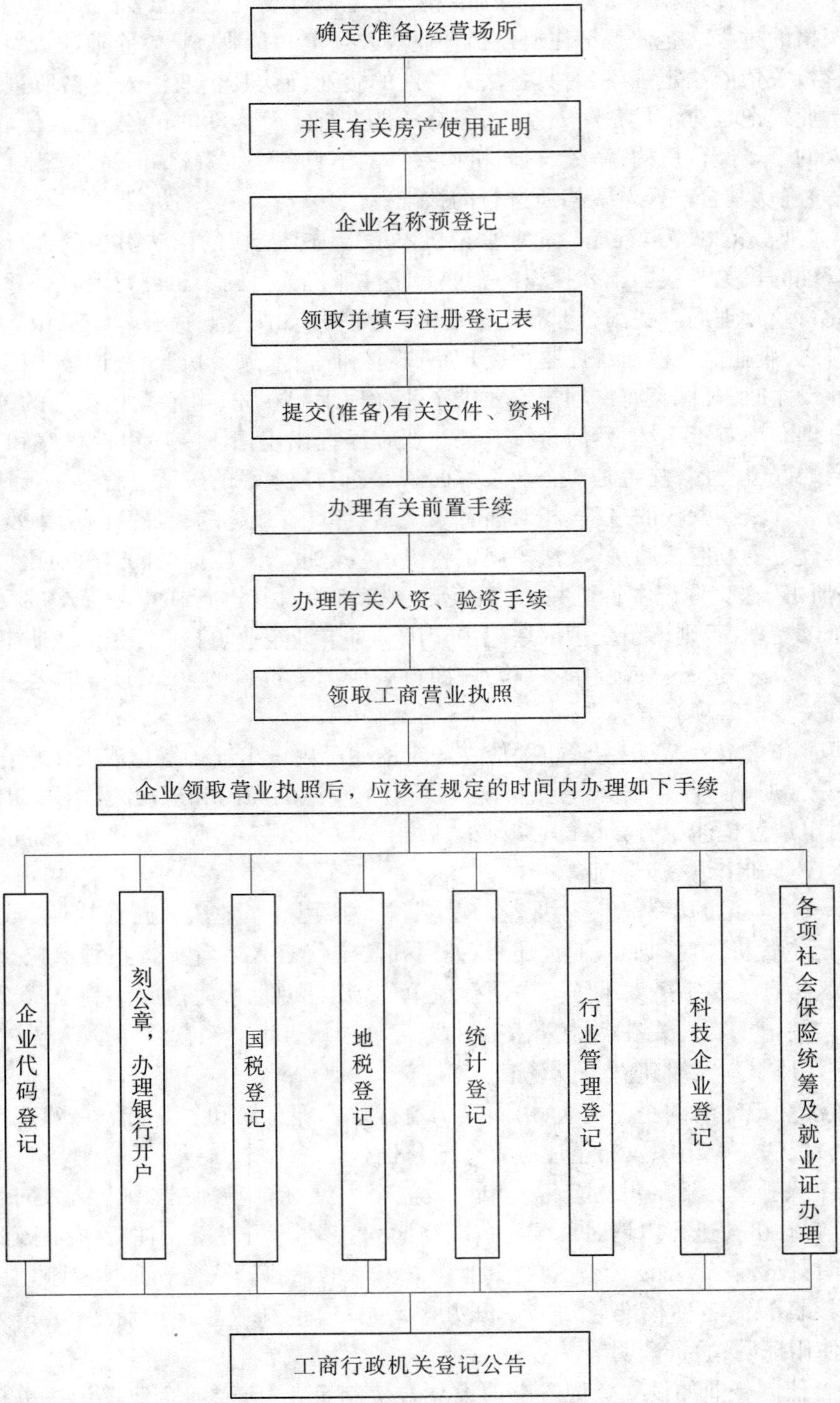

图 8-1　我国企业登记注册的一般程序

行政法规规定设立合伙企业须报经审批的，还应当提交有关批准文件。

（4）有限责任公司的设立登记。设立有限责任公司，应当由全体股东指定的代表或者共同委托的代理人向公司登记注册机关申请设立登记。法律、法规规定必须报经审批的，应当自批准之日起90日内向公司登记机关申请设立登记。设立有限责任公司，应向公司登记机关提交以下文件：公司董事长签署的设立登记申请书；全体股东指定代表或者共同委托代理人的证明；公司章程；具有法定资格的验资机构出具的验资证明；股东的法定资格证明或者自然人身份证明；载明公司董事、监事、经理的姓名、住所的文件以及有关委派、选举或者聘用的证明文件；公司法定代表人任职文件和身份证明；企业名称预先核准通知书；公司住所证明；法律、行政法规有规定的还应当提交有关批准文件。

（5）股份有限公司的设立登记。设立股份有限公司，董事会应在创立大会结束后30日内，向公司登记机关申请设立登记，并向登记机关提交以下文件：公司董事长签署的设立登记申请书；国务院授权部门或者省、自治区、直辖市人民政府的批准文件，募集设立的股份有限公司还应当提交国务院证券管理部门的批准文件；创立大会的会议记录；公司章程；筹办公司的财务审计报告；具有法定资格的验资机构出具的验资证明；发起人的法人资格或者自然人身份证明；载明公司董事、监事、经理的姓名、住所的文件以及有关委派、选举或者聘用的证明文件；公司法定代表人任职文件和身份证明；企业名称预先核准通知书；公司住所证明；国家法律、行政法规规定应提交的其他文件。

2.1.3 企业变更登记

对企业登记的某些事项来说，一旦发生变动，就需要到登记机关进行变更登记。根据我国《公司登记管理条例》规定，需要进行变更登记的事项包括：公司改变名称；公司改变住所；公司改变法定代表人；公司改变注册资本；公司改变经营范围；公司改变类型；有限责任公司改变股东；股份有限公司发起人改变姓名或名称；公司因合并、分立，其登记事项发生变化的。

公司申请变更登记需提交下列有关文件：公司法定代表人签署的变更申请书，依照《公司法》做出的变更决议或决定；企业变更住所应提交新住所使用证明；企业变动注册资本，应提交验资机构出具的验资证明；企业变动经营范围涉及法律、法规有特殊规定的，应提交有关部门批准文件；公司合并、分立进行变更登记，应提交合并协议或合并、分立决议以及登记报告的证明，股份公司因合并、分立进行变更登记，还应提交政府批准公司合并、分立的文件。

2.2 创业的相关政策法规

2.2.1 国家和各级政府支持创业的资金政策

国家和各级政府出台的支持创业资金政策有很多，下面介绍的是几种比较常见的资金政策。

（1）中小企业发展专项资金。根据财政部国家发改委印发的《中小企业发展专项资金管理办法》规定，中小企业发展专项资金是由中央财政预算安排，采用无偿资助或贴息两种支持方式，主要用于中小企业专业化发展、与大型企业协作配套、技术进步和改善中小企业发展环境的项目，一般采取无偿资助方式；以金融机构贷款为主投资的固定资产建设项目，一般采取贷款贴息方式。每个项目无偿资助和贷款贴息额度最多不超过 200 万元，贴息期限最长不超过两年。

(2) 中小企业服务体系专项补助资金。根据财政部《中小企业服务体系专项补助资金使用管理办法(暂行)》，中小企业服务体系专项补助资金，由中央财政预算安排，主要用于中小企业服务机构开展培训服务、信用服务、创业服务、管理咨询服务等业务的补助。采取按业务支出类别无偿资助方式予以适当补助。具备中小企业服务机构条件的组织可按规定申请补助。享受补贴的是服务机构，但真正受惠的是分享四类服务的中小企业。

(3) 中小企业国际市场开拓资金。根据财政部、对外贸易合作部《中小企业国际市场开拓资金管理(试行)办法》及实施细则规定，国家支持鼓励中小企业参与国际市场竞争，以降低企业经营风险，中央财政设立中小企业国际市场开拓资金，重点用于支持具有独立企业法人资格和进出口经营权的中小企业，开拓国际市场的各种活动。高新技术和机电产品出口、拥有自主知识产权等条件的中小企业优先支持，由中央、地方两部门组成，两级管理，主要支持内容是：举办参加境外展览会、质量管理体系、环境管理体系、软件出口、产品认证、国际市场推介、开拓新兴国际市场、组织培训研讨、境外投标等，具备条件的中小企业可按程序申请支持。分无偿支持和风险支持两种，中央和地方均由中小企业国际市场开拓资金管理办公室负责此项申报工作。

(4) 科技型中小企业技术创新基金。为了扶持和促进科技型中小企业技术创新，经国务院批准，设立用于支持科技型中小企业技术创新项目的政府专项基金。该基金主要用于支持科技型中小企业技术创新活动所需支出。根据科技型中小企业和项目的不同特点，分别以无偿资助、贷款贴息、资本金投入等方式支持中小企业技术创新。该基金对每个项目无偿资助或贷款贴息，数额一般不超过 100 万元，个别重大项目不超过 200 万元。其中无偿资助主要用于技术创新项目研发及中试阶段的必要补助，包括人工费、仪器设备购置和安装费、商业软件购置费、租赁费、试制费、材料费、燃料及动力费、鉴定验收费、培训费等与技术创新项目直接相关的支出。其中，贴息贷款主要用于支持产品具有一定的技术创新性、需要中试或扩大规模、形成小批量生产、银行已经贷款或有贷款意向的项目，资本金投入主要对少数起点高、具有较广创新内涵、较高创新水平并有后续创新潜力、预计投产后具有较大市场需求、有望形成新兴产业的项目。

2.2.2 国家和各级政府支持大学生创业的优惠政策

为支持大学生创业，国家和各级政府相继出台了许多优惠政策，涉及融资、开业、税收、创业培训、创业指导等诸多方面。

(1) 大学毕业生在毕业后两年自主创业，到创业实体所在地的工商部门办理营业执照，注册资金在 50 万元以下的，允许分期到位，首期到位资金不低于注册资本的 10%(出资额不低于 3 万元)，1 年内实缴注册资本追加到 50% 以上，余款可在 3 年内分期到位。

(2) 大学毕业生新办咨询业、信息业、技术服务业的企业或经营单位，经税务部门批准，免征企业所得税 2 年；新办从事交通运输、邮电通信的企业或经营单位，经税务部门批准，第一年免征企业所得税，第二年减半征收企业所得税；新办从事公用事业、商业、物资业、对外贸易业、旅游业、物流业、仓储业、居民服务业、饮食业、教育文化事业、卫生事业的企业或经营单位，经税务部门批准，免征企业所得税一年。

(3)国家要求各国有商业银行、股份制银行、城市商业银行和有条件的城市信用社为自主创业的毕业生提供小额贷款,并简化程序,提供开户和结算便利,贷款额度在2万元左右。贷款期限最长为2年,到期确定需要延长的,可申请延长一次。贷款利息按照中国人民银行公布的贷款利率确定,担保最高限额为担保基金的5倍,期限与贷款期限相同。

(4)政府人事行政部门所属的人才中介服务机构,免费为自主创业大学毕业生保管人事档案(包括代办社保、职称、档案工资等有关手续)2年;提供免费查询人才、劳动力供求信息,免费发布招聘广告等服务;适当减免参加人才集市或人才劳务交流活动收费;为创办企业的员工优惠提供一次培训、测评服务。

以上优惠政策是国家针对所有自主创业的大学生所制定的,各地政府为了扶持当地大学生创业,也出台了更为细化和更加贴近实际的相关政策法规。

2.2.3 与创业密切相关的几个法律问题

2.2.3.1 合同的基本知识

合同是当代社会进行各种经济活动的基本法律形式,其含义是平等主体之间设立、变更、终止权利义务关系的协议。在社会生活中,商家通过合同来确定交易各方的权利义务,并以此约束对方进行经济活动,达到交易的目的;公民个人利用合同去买房、租赁或购物、消费等,达到满足社会文化生活的需要。因此,可以说合同随处存在,只要有经济交往,就必然有约束各方行为方式的依据,它不论采取法律规定的形式还是自制的形式,甚至根本没有看得见摸得着的凭据(如一手交钱一手交货),但都有意无意中包含着合同的内容。合同在社会生活中起着重要的作用。我们倡导在社会生活中,人与人之间的交往要坦诚,讲信用,但由于经济生活的复杂多变,不能避免某些人投机取巧,言而无信,因此从客观上就需要一种行为规范来约束交易各方的交易行为,以避免损害各方的预期利益,这种规范就是合同。在经济生活中,合同具有重要的作用,首先在具有长期性、阶段性的经济合作关系中,如订立长期供货合同,其合同履行期长,容易受其他因素影响,双方的权利义务关系复杂,因此必须订立合同,以指导、约束各方合作行为,以达到其经济目的。其次,作为经济交往的重要凭证,合同也是证明交往过程的重要凭据。这样可以保证我们购买的商品能退货、保修,保证交易对方按约定履行义务,保证向违约方要求承担违约责任等。

(1)签订合同需要遵守的基本原则。签订合同时遵守以下基本原则:合同双方当事人之间平等的原则;合同双方当事人之间自愿的原则;合同双方当事人之间公平合理的原则;订立合同时要遵守诚实守信的原则;合同本身的合法性原则和合同尊重社会公德的原则。

(2)合同的形式。合同的形式主要有口头合同和书面合同两种。口头合同是指发生经济交易时,没有可资证明交易双方权利义务的书面凭证,而直接进行实际履行的情况。采用口头合同的主要原因如下:一是认为口头交易便捷,省事;二是基于特殊的信用关系,无须用合同来约束;三是没有订立合同的习惯;四是有其他证据能证明交易关系的存在,如销售小票、发票。口头合同的主要优点就是方便快捷,其缺点主要反映在发生纠纷以后证据力欠缺。前述的四种原因中,倘使一方反悔,“翻脸不认人”,则处理起来比较麻烦。因此,口头合同一般适用于标的额较小的交易或即买即卖的交易等。书面合同,一般是指合同书。在实际生活中,由于交易情况复杂多变,能够证明交易关系存在以及交易各方权利义务的书面文件，种类繁多，五花八门，只要文件所载内容是与当事人的权利和义务密切相关的，或者补充，或者修改，都应当认定为是书面合同。根据合同规定，法律、行政法规规定采用书面形式的，应当采用书面形式。当事人约定采用书面形式的，应当采用书面形式。在社会实践中，对于合同标的大、履行时间长、合同交易各方不太熟悉的合同，双方一般约定采用书面形式。

(3)合同的内容。由于经济交易内容不同，合同的内容就会不同，但各种合同均有共同的、基本的条款，缺少这些基本条款，合同的效力或履行就会存在问题。合同的基本条款有：①当事人的基本情况，包括当事人的姓名（自然人）或名称（经济组织）、法定代表人（负责人）、委托代理人、住所（自然人的户口所在地或经常住所地、经济组织的主要办事机构或主要经营场地）、电话、传真、银行账号等。这些因素应当尽量注明，主要是为了经济交易的一般需要（如发货收货地、通信地址、联系地）和经济管理的特殊需要（如发生纠纷时司法文书送达地、强制措施的执行地）。②标的。标的是指合同各方当事人权利义务指向的对象。如买卖合同中的具体买卖的物品、演出合同中的演出行为等。③数量。数量是衡量合同权利义务大小的尺度，如物品的数量（如吨、台、量、个、间），劳务的数量（如工作多少天、小时），有些标的的数量是概括性的，如承建一幢大楼，仓储一批货，中间涉及个别物品的单价，也涉及工作、服务的时间等多种数量标准。概括性数量常用于以劳务作为标的的合同中。在社会生活中，通常没有数量约定的合同，是没有效力的合同，在阶段供货合同中，可以约定以收货单计算合同数量；在大宗交易的合同中，还应当约定损耗的幅度和正负尾差。④质量。质量是对合同标的品质的内在要求，如货物属于优等品还是合格品，技术服务是一般技术服务还是特殊技术服务，质量高低直接影响到合同履行的质量以及价款报酬的支付数额。质量标准有不同类型，应当谨慎适用，一旦选择其一，必须忠实履行，不能“偷梁换柱”。在社会生活中，质量条款能够按国家质量标准进行约定的，则按国家质量标准进行约定；没有质量标准的标的，可约定按样品来规定质量。⑤价款或者报酬。在约定中，除应当注意采用大小写表现合同价款外，还应当注意在大写文字的表示方式上，不能有错误、简写等情况，以免对以后的履行造成障碍。⑥履行期限、地点和方式。履行期限是合同中确定的各方合同当事人履行各自义务的时间限度，是确认合同当事人是否违约的一个主要标准。履行期限可以有先有后，也可以同时履行。经双方协商还可以延期履行。在连续性的交易中，有些可以不规定期限。履行地点是当事人一方履行义务另一方享受权利的地点。履行地可以是合同当事人的任何一方所在地，也可以是第三方所在地，如发货地、交货地、提供服务地、接受服务地，具体选择由当事人协商确定。确立履行地主要是为了安全、快捷、方便地履行合同义务。履行方式是当事人履行义务采取的方式。履行方式主要有两方面内容：一是合同标的的履行方式，这种方式主要有自提、送货上门、包工包料、代运、分期分批、一次性缴付、代销、上门服务等；二是价款或报酬的结算方式。这种方式有托收承付、支票支付、现金支付、信用证支付、按月结算、预支（多退少补）、存单、实物补偿等。⑦违约责任。违约责任是合同当事人一方或各方不履行合同或没有完全履行合同时，违约方应当对守约方进行的救济措施。违约责任是为了保证合同能够顺利、完整履行而由双方自主约定的。它可以给合同各方形成压力，促使合同如约履行。违约责任的种类有违约金、赔偿金、继续履行等。⑧解决争议的办法。解决争议的办法是当事人就纠纷解决协商的一种可取途径。争议的解决主要有四种:一是当事人双方自行协商解决;二是由第三人介入进行中间调解;三是提交仲裁机构解决;四是向人民法院提起诉讼。

基本条款是一般合同常用的条款,除此之外,根据不同的情况,一些合同中也有特别约定的条款,如货物买卖中的标的物包装条款等。总之,合同条款由当事人自由约定,法律规定的基本条款具有指引性,不具有强制性。对于遗漏条款,当事人可以通过订立补充协议(合同)的方式进一步加以规定。

(4)合同成立与生效要件。在合同签订以后,什么时候可以要求对方履行义务,什么时候可以向对方履行义务,这就取决于合同是否成立,合同是否生效。合同成立表明合同当事人对合同内容的一致认可。合同生效则是指合同符合国家法律规定,开始对当事人各方产生约束力。合同成立并不一定会生效,有些成立的合同是无效合同或者效力不确定的合同。一般而言,依法成立的合同,自成立时生效。法律、行政法规规定应当办理批准、登记等手续生效的,依照其规定办理手续。合同成立的表现形式是多样的:①采用书面合同形式订立的,自双方当事人签字或者盖章时合同成立。有时候合同需要单位法定代表人、授权委托人、单位三方面的签名(或盖章),有的还要有见证人。法定代表人、授权委托人签名,应当提供能够证明身份的法律文件,如法定代表人身份证明书、授权委托书、身份证、工作证等。单位盖章的,要注意单位盖的是哪一种类型的章,单位常常有专门的合同专用章,没有合同专用章的,用单位的公章。有些单位常会以合同上的盖章是否有效来肯定或否认合同的成立或效力。因此,在签订合同时,双方有必要问清楚对方签订合同使用什么章。②当事人采用信件、数据电文等形式订立合同的,可以在合同成立之前要求签订确认书。签订确认书时合同成立。确认书是确认合同内容完整、充分,受要约方同意要约内容的证明文书,一般由受要约人出具。采用信件、传真等形式进行要约、再要约比较方便、安全、省时,但信件、传真所载内容常是双方争议较大的部分,长期的协商可能会使合同内容分散,形式、数量繁多,为保证将协议中各个时段双方达成一致意见的内容统一起来,使合同内容更加明朗化,一方可要求对方签订确认书。确认书是一种概括性的合同文书。③法律、行政法规规定或者当事人约定采用书面形式订立合同,当事人未采用书面形式但一方已经履行主要义务,或采用合同书形式订立合同,在签字或者盖章之前,当事人一方已经履行主要义务,对方接受的,该合同成立。如A向B银行借款,在未正式签订合同以前,B银行即先向A提供了首期贷款,A已经获得这批贷款并已实际使用。这里,借款形式应当采用书面合同的形式,银行在未订立合同的情况下先贷款,借款人接受,银行已实际履行了其主要义务,合同实际上已经成立,只是没有用书面形式表现出来。A不能因为没有书面合同而否认银行贷款的事实,因为A接受贷款是以行动方式表示其承诺。当然,如果一方履行义务另一方不接受,则承诺不存在,合同不成立。但是需要注意的是,如果合同履行时间长、标的大、法律关系比较复杂,最好还是再继续完成合同的签订工作。一次成交或即买即卖的,可以不再签订合同。但涉及产品质量、“三包”等特殊要求的,还是要签个合同,即使是一个简单的合同。

合同生效因合同的性质不同,生效的条件也不同。一般有下列三种情况:①依法成立的合同,合同自成立时生效。所谓依法成立的合同,是指合同订立的各个要件不存在瑕疵,也不存在违法行为,具体表现为:订立合同的主体是合法主体,没有虚假主体(如未经过工商登记的组织、被撤销的组织)情况;订立合同各方的意思表示一致,没有强迫表示的情况;合同各方的意思表示是真实的,没有虚假表示情况(如谎称有外贸经营权、谎称自己对某件财产有所有权);合同采取了法定或约定形式;合同中所涉及的经济交易是合法的,生产流通的财产是国家允许的。如果合同不具备前述所有的条件,则合同存在订立的瑕疵,可能影响合同的效力。②依法律规定,合同在成立之后需要办理批准、登记手续的,合同自批准或登记之日起具有法律效力。主要是指一些如房产转让合同、车辆买卖合同等。③当事人还可以约定如合同经过公证、见证或鉴证后生效等。

2.2.3.2 知识产权基本知识

知识产权是人们基于自己的智力活动创造的成果和经营管理活动中的经验、知识而依法享有的权利。知识产权对于企业来说是企业的核心竞争力,通常包括著作权、商标权和专利权,此外字号、域名、非专利技术、技术秘密、商业秘密、动植物新品种、集成电路布图设计等也已纳入知识产权保护领域。企业应当在律师的帮助下设计知识产权保护的整体方案,根据不同知识产权的不同特征、不同的法律规定,从不同角度、不同层次综合保护知识产权,将知识产权保护落实到企业经营管理的各个环节。

(1)著作权。著作权又称版权,是自然人、法人或者其他组织对文学、艺术或科学作品依法享有的财产权利和人身权利的总称。著作权是无形财产权,是基于人类智慧所产生之权利,是知识产权的一种。在我国,受著作权法保护的作品包括下列创作的文学、艺术和自然科学、社会科学、工程技术等作品:文字作品,口述作品,音乐、戏剧、曲艺、舞蹈、杂技艺术作品,美术、建筑作品,摄影作品,电影作品和以类似摄制电影的方法创作的作品,工程设计图、产品设计图、地图、示意图等图形作品和模型作品,计算机软件和法律、行政法规规定的其他作品。不受著作权法保护的有法律、法规,国家机关的决议、决定、命令和其他具有立法、行政、司法性质的文件,官方正式译文,时事新闻,历法、通用数表、通用表格和公式,依法禁止出版、传播的作品。著作权包括发表权、署名权、修改权、保护作品完整权、复制权、发行权、出租权、展览权、表演权、放映权、广播权、信息网络传播权、摄制权、改编权、翻译权、汇编权以及应当由著作权人享有的其他权利等17项权利。著作权的保护期限为作者有生之年加死后50年。我国实行作品自动保护原则和自愿登记原则,即作品一旦产生,作者便享有版权,登记与否都受法律保护;自愿登记后可起证据作用。国家版权局认定中国版权保护中心为软件登记机构,其他作品的登记机构为所在省级版权局。

(2)商标权。商标权是商标专用权的简称,是指商标注册人取得的在指定商品上独占地、排他地使用商标的权利。当今整个世界的工商业几乎完全建立在制造或交易商标的概念之上,有些著名企业与其持有的著名商标成了同一概念;与此同时,广大的消费者也生活在商标每时每刻起着快速区别市场上的产品和服务的无法替代作用的环境之中。因此,不论是在某一个国家之内,还是在国与国之间的经济交往中,商标都发挥着巨大的作用。商标包括注册商标和未注册商标,目前我国只对人用药品和烟草制品实行强制注册,通常所讲商标均指注册商标。商标注册申请人必须是依法成立的企业、事业单位、社会团体、个体工商户、个人合伙以及符合《商标法》第九条规定的外国人或者外国企业。注册商标,包括商品商标、服务商标和集体商标、证明商标。文字、图形、字母、数字、三维标志和颜色组合，以及上述要素的组合，均可以作为商标申请注册。注册商标的有效期为10年，可以申请续展，每次续展注册的有效期也为10年。

（3）专利权。专利权是发明创造人对其依法授予专利的发明、实用新型和外观设计所享有的权利。专利权是一种知识产权，它与有形财产权不同，具有时间性和地域性限制。专利权只在一定期限内有效，期限届满后专利权就不再存在，它所保护的发明创造就成为全社会的共同财富，任何人都可以自由利用。专利权的有效期是由专利法规定的。专利权的地域性限制是指一个国家授予的专利权，只在授予国的法律有效管辖范围内有效，对其他国家没有任何法律约束力。每个国家所授予的专利权，其效力是互相独立的。专利权并不是伴随发明创造的完成而自动产生的，需要申请人按照专利法规定的程序和手续向国家知识产权局专利局提出申请，经国家知识产权局专利局审查，认为符合专利法规定的申请才能授予专利权。如果申请人不向国家知识产权局专利局提出申请，无论发明创造如何重要，如何有经济效益都不能授予专利权。取得专利权的发明创造必须将发明内容在权利要求书、说明书或图片、照片中充分公开，因为在把无形的发明创造变成专利权这种权利时，要靠权利要求书或图片、照片来划定保护范围，而这些公开的内容是支持权利存在的唯一依据。记载发明创造内容的说明书、权利要求书或者图片、照片就是专利文献中最重要的部分。专利在国际上通常指发明专利。我国专利法除发明专利以外，还规定有实用新型和外观设计专利，并规定发明专利批准以后有效期为从申请日起算20年，实用新型和外观设计专利的有效期为从申请日起算10年。

（4）商业秘密。商业秘密是指不为公众所知悉，能为权利人带来经济利益，具有实用性并经权利人采取保密措施的技术信息和经营信息。具体商业秘密的范围通常被定义得比较宽泛，包括销售方法、分销方法、消费者特征、广告策略、供货商和客户名单，以及制造方法。虽然哪些信息构成商业秘密的最终确定将取决于每个个案的情况，但关于秘密信息的明显不公平行为一般认为包括工业或商业间谍行为，合同的违约和泄密等。与专利相反，商业秘密的保护无需注册。也就是说，对商业秘密进行保护不需要任何程序上的手续。因此，一个商业秘密可以被无限期地保护。鉴于这些理由，商业秘密的保护对于中小企业来说可能显得特别具有吸引力。然而，把信息认定是商业秘密有一些条件，遵循这些条件比预想的要困难和昂贵得多。虽然这些条件因国家不同而变化，但它们具有与贸易有关的知识产权协议所述的某些一般的标准：如该信息必须是保密的（即它通常不为一般涉及这种信息的圈内人所知，或容易地得到）；因为该信息是保密的，所以它必须具有商业价值；信息的合法持有人必须对该信息采取了合理的保密步骤（例如通过签订保密协议）。

2.3 创业有风险，投资需谨慎

创业风险与其他事件的风险相比，其特点是创业风险发生的链条长，从项目选择、资金筹措、团队组建、产品生产到市场开拓以及事业发展壮大等，战线长，变数大，任何一个环节都有可能存在风险。而成功的创业者是有计划地冒风险，精明的创业者让其他团队人员一起共同分担风险。这就要求创业人才在创业的过程中学会规避风险、转移风险、补偿风险，提高抑制风险、评价风险、预测风险和管理风险的能力。在创业过程中要注意以下方面的问题：

(1)积极利用现有资源。不少创业者都选择了与工作密切相关或者自己熟悉的领域创业。工作中积累的经验和资源是最大的创业财富,要善于利用这些资源,以便“近水楼台先得月”。对能帮你生存的项目,要优先进行考虑。不要在只能改善形象或者带来更大方便的项目上乱花费用。切不可误用资源,唯利是图,冒道德上的风险,而且很可能会受到法律的制裁。在你的地盘,时间、金钱和才能任由你使用。但是,如果乱搞一气,你的生意就会逆转而下。

(2)如果选择合作经营的创业方式,你需要合伙人的钱来开办或维持企业,或者这个合伙人帮助你设计了这个企业的构思,或者他有你需要的技巧,或者你需要他为你鸣鼓吹号,那么就请他加入你的公司。这虽能使创业者轻松上阵,但要慎重选择合作伙伴,在请帮手和自己亲自处理上,要有一个平衡点。首先要志同道合,其次要互相信任。不要聘用那些适合工作,却与你合不来的人员,也不要聘用那些没有心理准备面对新办企业压力的人。此外,和合作伙伴之间的责、权、利一定要分清楚,最好形成书面文字,有合作双方和见证人的签字,以免起纠纷时空口无凭。

(3)细致准备必不可少。创业是一项庞大的工程,涉及融资、选项、选址、营销等诸多方面,因此在创业前,一定要进行细致的准备。通过各种渠道增强这方面的基础知识;根据自己的实际情况选择合适的创业项目,为创业开一个好头;撰写一份详细的创业计划书,包括市场机会评估、赢利模式分析、开业危机应对等,并摸清市场情况,知己知彼,打有准备之仗。不要将未经试验的创意随手扔在一边。如果用这种创意来做生意,也得留心其中可能的陷阱。自问一下:你是否得花大力气来宣传你的产品或者服务?你具有足够的财经资源、技能、人手和业务关系吗?

(4)尽量用足相关政策。政府部门有很多鼓励创业的政策,是对所有创业者的扶持以及专门针对大学生创业的鼓励和支持,创业时一定要注意“用足”这些政策,如免税优惠、在某地注册企业可享受比其他地区更优惠的税率等。这些政策可大大减少创业初期的成本,使创业风险大为降低。

(5)经商之道,以计为首。所有商业经营活动,如果从表面上来看,好像是一种仅仅同物质打交道的经营活动,但是,透过现象看本质,在今天的食脑时代里,商业经营活动实质上已经变成了是一种人与人之间的智力角逐,是一场斗智斗勇的智力游戏,是人与人之间的谋略大比试。因此,正如古代军事家所说的“用兵之道,以计为首”一样,经商之道也应该以计为首。面对空前惨烈的市场竞争,你想要找准自己的立足点和切入点、站稳脚跟、生存下来、谋取利益、发展壮大,那么就必须首先考虑如何运用自己的商业智慧制订全面系统的、可执行的、可操作的和切实有效的经营策略和实施方案,以便确保每战必捷,战无不胜。

(6)决策失误时,不要对失误过于敏感。你的失误会带来直接后果,如发错货可能致使一个客户立刻与你断绝关系。作为企业家,冒风险时,要谨而慎之。如果出现失误,不要过于敏感,接受事实,从中吸取教训。

(7)不要被胜利冲昏头脑。第一步的成功全靠你的创意好、时机合适、运气不错和良好的业务关系。不过,这一切随时都可能离你而去。因此,不要太过自信,投入过量的资金,使自己陷入泥沼之中。

附录1　优秀职业生涯规划案例

铸就人生的“金钥匙”

——一个高职酒店管理专业女大学生的职业生涯规划书

个人资料

姓名:何××
性别:女
年龄:20
所在学校:××职业技术学院
系别专业:酒店管理
职业目标:国际金钥匙组织成员

前　言

什么是“金钥匙”?

“金钥匙”是国际酒店行业给予酒店大堂服务员的最高荣誉。

一个酒店拥有“金钥匙”相当于给酒店增加了一颗星。

“金钥匙”可以在不违反法律与道德的前提下,满足客人的一切要求。

来自世界各国和国内各界的客人,进入酒店大堂,如果看到“金钥匙”,都会眼睛一亮,脸上浮现亲切的笑容,心中自然产生信任感和亲切感,因为他们知道,“金钥匙”是万能的。万能的“金钥匙”已经成为世界的知名品牌。

对中外旅游者而言,“金钥匙”是酒店内外综合服务的总代理,一个在旅途中可以信赖的人,一个充满友谊的忠实朋友,一个解决麻烦问题的人,一个个性化服务的专家。

为此,我选择了人生的目标——加入国际金钥匙组织。那么怎样才能成为“金钥匙”呢?我想起了铸造金钥匙的过程,它同一个人的职业规划有着异曲同工之妙。我把它们的共同之处类比如下:

铸造金钥匙的工艺过程	制定职业生涯规划的过程
检查铸造设备,了解工人技术能力	自我认识
↓	↓
了解钥匙的尺寸要求	职业认识
↓	↓
模具的选定	职业目标的确定
↓	↓
确定加工工艺并加工	制订行动计划
↓	↓
测量检验	评估调整

由此,我把自己的职业生涯规划命名为:"铸就人生的金钥匙"。现将具体铸造过程呈现如下。

第一章 认识自我

一、自我分析

1. 我是谁?

兴趣:喜欢写作,热爱文艺、演讲、节目主持;善于与人沟通,爱结交志同道合的朋友,与人为善,播撒爱于人间。

性格:热情善良,诚实正直,乐于助人,有责任心。

价值观:在帮助别人的过程中得到了最大满足。

优点:乐观自信,适应能力强,做事积极主动,易于与人相处。

缺点:做事缺乏耐心,缺少持之以恒的精神。

2. 我想做什么?

从小我就有个梦想,梦想在灯光绚烂的舞台上主持节目,做一个知名主持人。

3. 我又能做什么?

当我慢慢长大之后,由于各种各样的原因,我才知道小时候的梦想离现实是多么遥远。高考后,我在志愿书上选择了黄河水利职业技术学院酒店管理专业,我相信我一定会在酒店业中做得更好,更加精彩。我也相信,在职业的另一个舞台上,只要努力,一定也会有一个辉煌的人生。而且我做事积极主动,语言表达能力强,有播音主持、演讲的经验,具有较强的与人沟通的能力,待人热情随和,这一切都适合从事服务行业的工作。因此,我准备在酒店管理方面发展我的事业。

二、360度测评

评价	优点	缺点
家人评价	善良、上进、懂事、体贴,让家人看到希望	有时脾气倔、情绪化、好说大话
老师评价	素质高、能力强、工作勤、善创新、多才多艺	粗心,应更加注重细节,学习要加强
亲密朋友评价	成熟稳重、诚实热情,较有亲和力,善于与人交流沟通; 独立自主,适应能力和学习能力很强;做事有激情,有爱心,有责任心,有恒心; 对工作热情执着,对生活充满希望,对朋友热心真诚,对帮助自己的人懂得感恩	有时做事急于求成,对生活存在幻想; 有时对事情过于追求完美,对工作伙伴过于严肃; 有时会有点骄傲,可能会被暂时的成功冲昏头脑
同学评价	待人诚恳大方,乐于帮助别人,性格随和,积极上进,有思想、有主见,爱好组织活动,善于交际	有时太理想主义,个人意识太强,喜欢指挥别人

三、职业测评

自我的认知也许有点偏颇,为了更科学地了解自己,我在网上进行了职业测评,其测评结果如下。

1. 动力因素分析

测评显示:

- 成功愿望(75.7%),其解释为:

(1)做事主动、意志坚强,不达目的不罢休;

(2)对自己有较高的期望值,重大局,不贪小利,较少感情用事;

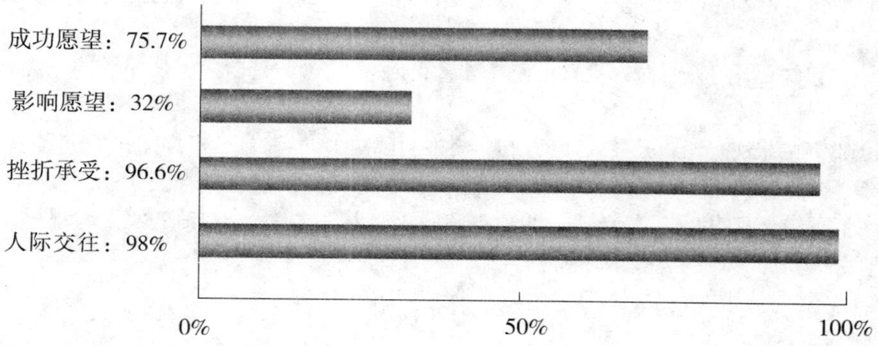

(3)有较强的责任心；

(4)做事有较强的目标方向性。

• 影响愿望(32%),其解释为：

(1)不愿意影响、控制或引导他人,希望每个人按自己的方式做事；

(2)满足于现状,不希望与他人进行权力之争；

(3)如果是管理人员,团队规范化程度不高。

• 挫折承受(96.6%),其解释为：

(1)意志顽强,在逆境中不失斗志；

(2)在新的或不确定的情境下敢于探索,不惧怕失败；

(3)对情绪能进行很好的自我调节。

• 人际交往(98%),其解释为：

(1)愿意在人际关系上投入时间和精力；

(2)能够获得广泛的人际支持；

(3)具有良好的人际交往技巧。

2. 人格因素分析

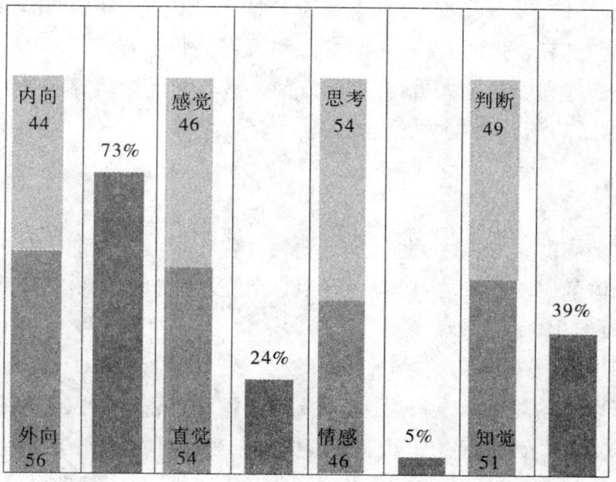

我的类型:外向、直觉、情感、知觉。

3. 适合的岗位

通过自我分析和职业测评可知,我适合的岗位主要有以下几种：

(1)在人际友好、轻松的环境中与不同特点的人一起工作。例如酒店管理、社会工作者、家政服务业等。

(2)工作充满乐趣,富于挑战,允许我自由发挥灵感和创造力,参与冒险。例如导游、警察、市场营销等。

(3)可以创造新的想法、产品、服务或帮助别人,规则和限制少,能够自己安排工作的进程和节奏。例如教师、护理、培训与开发等。

根据以上分析,结合我的性格、兴趣、职业价值观和职业能力,我选择了在旅游业发展,现对其分析如下章。

第二章 职业认知

一、职业环境分析

2006年,中国旅游业继续保持了良好的发展势头,各项经济指标均创历史新高,入境旅游、国内旅游和出境旅游三大市场均取得了长足发展。其中,全年旅游总人数达到15.5亿人次,旅游总收入8 935.5亿元人民币,分别较上年同比增长13.9%和16.3%。中国入境旅游者中过夜人数达到4 991万人次,增长6.6%。国际旅游外汇收入339.5亿美元,增长15.9%。国内出境人数达3 452万人次,增长11.3%。国内出游人数达13.9亿人次,增长15%;国内旅游总收入6 230亿元,增长17.9%。

2007年1~5月,中国旅游外汇收入148亿美元(同比增长13.08%)。春节和"五一"两个黄金周旅游接待人数和旅游收入分别同比增长20.9%和23.2%。预计全行业到2007年年底将努力实现旅游外汇收入370亿美元、旅游业总收入10 000亿元。到2015年中国将成为全球最大的入境旅游国和第四大出境旅游国。

我国加入世界贸易组织及2008年成功举办奥运会,不仅意味着我国经济走向全球化,更意味着我国人力资源的要求和需求也走向了全球化。建立一支熟悉国际经营规则、高素质、高标准的职业服务人员队伍,是我国参与国际竞争、开展国际合作的需要,也是实现"世界旅游强国"目标的重要措施。

随着旅游业的发展,酒店服务业也随之发展起来,酒店业是旅游业的三大产业支柱之一。人们对酒店服务业的要求也更高。酒店职业服务人员应具备良好的职业道德、成熟的职业态度、较强的专业优势。也就是说,要有敬业精神,做事忠诚,要有高度的事业心和工作责任感,能较好地把工作热情和务实作风相结合,同时要自信,具有较强的自控力、洞察力和人际协调能力。

我国目前从事酒店管理和服务的人员,在很多方面无法与国际接轨,高素质的一线高技能实用性人才紧缺,人才竞争已成为影响酒店企业发展的关键。

二、社会环境分析

1. 家庭环境

我出生在一个幸福美满的家庭,我的父母从小就教育我要坚强勇敢地面对失败和挫折,同样他们也给了我一个适合自己发展的广阔空间,所以我一直很自信,我相信自己,更感谢我的父母,他们是我人生的起锚者,也是我这条航船永远的港湾。

2. 学校环境分析

我院酒店管理专业主要培养大学专科层次,掌握全面的酒店管理知识和一定的旅游基础知识,具备扎实的酒店服务技能,能在酒店、旅行社和其他旅游相关企业从事一线工作的高技能管理人才。我们开设的主要课程有大学英语、酒店专业英语、英语口语、计算机应用、酒店管理概论、酒店人力资源、旅游心理学、酒店餐饮服务与管理、房务服务与管理、现场督导与管理、交际礼仪、酒水调制、餐厅与房务服务技能等。这些课程的开设,为我们将来从事酒店管理与其他服务业,做好了理论知识与技能的准备。

在我们学校所开设的专业课程里,酒店专业英语为我们在酒店的工作带来了很大帮助。专业的英文用语、标准的发音无不体现了我们的专业特色。我们开设的交际礼仪课程提升了我的专业素质以及个人素质。在这些专业课程中，我学得最好的是酒店餐饮服务与管理、房务服务与管理以及酒店人力资源。专业的学习是重中之重，而我院在这些方面是强项。

我院在人才培养方面采取工学结合的人才培养模式，培养了大批优秀毕业生，受到用人单位和社会的一致好评与高度赞扬，各专业毕业生供不应求。刁世彬同学进入钓鱼台国宾馆工作；禹森业同学现在郑州裕华大酒店工作并已被评为豫菜烹饪名师；郭永亮同学现为郑州兴亚建国饭店（五星级）行政总厨；王润科同学为郑州长城饭店（四星级）西餐总厨；马杰同学已担任郑州黄河饭店（市政府指定接待饭店）餐饮总监；周增亮、王坤华和周亚涛三名同学，现已成为国际酒店业金钥匙组织成员。

这些优秀毕业生是我的榜样，也是我前进最有力的动力，所以我一定要在酒店管理这个行业，发挥自己的专业特长，加入金钥匙组织，为更多的人提供更为专业优质的服务。

三、金钥匙的环境分析

1. 中国酒店金钥匙的兴起

酒店金钥匙在中国的逐渐兴起，是我国经济形势的发展，以及旅游总体水平发展的需要。它将成为中国各大城市旅游体系里的一个品牌，即代表着热情好客独具酒店特色的一种服务文化，并将成为城市酒店业的一个传统。21世纪的中国酒店业将拥抱金钥匙。

酒店金钥匙服务对城市或地区旅游业而言，将对其服务体系的形象产生深远的影响。因为，中国酒店金钥匙是由一群富有服务经验，对中国旅游业发展和酒店发展负有历史使命感和责任感的人组成的，他们共同的任务是使中国旅游业、酒店业能够与国际接轨，同时能够在国际上树起一块牌子，“中国的旅游酒店服务是不错的”。这样，中国会吸引更多客人的光顾，企业就有效益，行业就有发展。它不仅给各城市的旅游酒店业创新服务注入了新的活力，而且对各城市旅游服务业的健康良性互动发展来说也是一种动力。

2. 酒店金钥匙的特质

金钥匙经过数年孜孜不倦、努力辛勤的工作，以及职业经验和专业化的训练，逐渐成长成熟起来并成为专业化的人才。他们十分受人欢迎，外表和蔼谦恭，哪怕是在复杂的环境中依然保持沉着、冷静，在工作中表现出他们的诚实正直，敏锐的辨别力。谨慎、稳重的性格是金钥匙服务品质的保证。

金钥匙能够紧随城市的脉搏，向您推荐最合适的餐厅，教您如何度过一个美好的夜晚，安排适合您的运动，或安排您看电影、旅游、观光，以及到名胜古迹游玩和购物，等等。无论是白天还是黑夜，只要需要，金钥匙可以指引您到任何一个地方，购买您想要的东西。

金钥匙为纯正的工作动机所驱使，渴望全心全意、尽心尽力地帮助您，无论您是客人还是同事，他们总是秉承谨慎细心、明辨、亲切和蔼的工作态度。金钥匙应有以下特质：自身充满自信、有胆识、不屈不挠，应变和适应能力强，具有聪颖的创造力、良好的修养和能屈能伸的性格。

今日全球商业社会瞬息万变，要求金钥匙能够与来自美洲、欧洲和亚洲的旅游者交流，很多金钥匙成员是能够运用多国语言提供服务的，而且大多数都有较高文化修养，文化素质方面也有较高的造诣。

金钥匙通过努力工作来证明他无愧于“金钥匙”称号，无论是简单还是复杂的事务，对商务客人和休假客人来说，金钥匙是可信赖的人。在客人的印象中，他们总是让人觉得放心、愉悦和满意。

四、岗位说明书

1. 岗位名称

酒店大堂具有“金钥匙”称号的服务员。

2. 工作职责

金钥匙热心于处理各种分内工作：邮寄和传达信息，推介服务设施和预订，计划旅游和策划会议，客人私人购物和专业信息交流。他们更充当了最重要的顾问角色，掌握各种商务信息并提供给客人。他（她）是您的朋友、秘书或是知已。虽然极少出现这样的现象，当某位金钥匙不能满足客人的需求时，金钥匙网络中的同行和朋友必然会毫无保留地施以援手，去帮助解决客人遇到的困难，金钥匙可以在法律与道德规范的前提下满足客人的一切要求。金钥匙尽管不是无所不能，但一定要做到竭尽所能。这就是金钥匙的服务哲学。

3. 任职者的基本要求

1) 思想素质

(1) 拥护中国共产党和社会主义制度，热爱祖国。

(2) 遵守国家的法律、法规，遵守酒店的规章制度，有高度的组织纪律性。

(3) 敬业乐业，热爱本职工作，有高度的工作责任心。

(4) 有很强的顾客意识、服务意识，乐于助人。

(5) 忠诚于企业，忠诚于顾客，真诚待人，不弄虚作假，有良好的职业操守。

(6) 有协作精神和奉献精神，个人利益服从国家、集体利益。

(7) 谦虚、宽容、积极、进取。

2) 能力要求

(1) 交际能力：乐于和善于与人沟通。

(2) 语言表达能力：表达清晰、准确。

(3) 协调能力：能正确处理好与相关部门的合作关系。

(4) 应变能力：能把握原则，以灵活的方式解决问题。

(5) 身体素质：健康，精力充沛，能适应长时间站立工作和户外工作。

3) 业务知识和技能

(1) 熟练掌握本职工作的操作流程。

(2) 会说普通话和至少掌握一门外语。

(3) 掌握中英文打字、电脑文字处理等技能。

(4) 熟练掌握所在宾馆的详细信息资料，包括酒店历史、服务时间、服务设施、价格等。

(5) 熟悉本地区三星级以上酒店的基本情况，包括地点、主要服务设施、特色和价格水平。

(6) 熟悉工作城市主要旅游景点，包括地点、特色、开放时间和价格。

(7) 掌握工作城市高、中、低档的餐厅各 5 个（小城市 3 个），娱乐场所、酒吧 5 个（小城市 3 个），包括地点、特色、服务时间、价格水平、联系人。

(8) 能帮助客人安排市内旅游，掌握其线路、花费时间、价格、联系人。

(9) 能帮助客人修补物品，包括手表、眼镜、小电器、行李箱、鞋等，掌握这些维修处的地点、服务时间。

(10) 能帮助客人邮寄信件、包裹、快件，懂得邮寄事项的要求和手续。

(11) 熟悉工作城市的交通情况，掌握从本酒店到车站、机场、码头、旅游点、主要商业街的路线、路程和出租车价格。

(12) 能帮助外籍客人解释、办理签证延期等问题，掌握有关单位的地点、工作时间、联系电话和办事手续。

(13) 能帮助客人查找航班托运行李的去向，掌握相关部门的联系电话和领取手续。

第三章 职业定位

一、职业目标确定

通过以上知己知彼的分析，根据我个人的性格、兴趣、职业价值观和职业能力及所学专业，结合社会环境，以及旅游业的发展形势和对“金钥匙”人才的需求，我的职业定位是：成为国际金钥匙组织成员。

二、能力差距分析

要想成为“金钥匙”，就必须了解我所具备的能力同“金钥匙”能力要求之间的差距，那么结合我个人情况分析，我认为我的思想素质和能力，基本符合“金钥匙”的要求，而最大的欠缺在于业务知识和技能，具体差距如下：

（1）熟练掌握本职工作的操作流程。

（2）至少掌握一门外语。

（3）掌握英文打字、电脑文字处理等技能。

（4）熟练掌握所在宾馆的详细信息资料，包括酒店历史、服务时间、服务设施、价格等。

（5）熟悉工作城市主要旅游景点，包括地点、特色、开放时间和价格。

（6）掌握工作城市高、中、低档的餐厅各5个（小城市3个），娱乐场所、酒吧5个（小城市3个），包括地点、特色、服务时间、价格水平、联系人。

（7）能帮助客人安排市内旅游，掌握其线路、花费时间、价格、联系人。

（8）熟悉工作城市的交通情况，掌握从本酒店到车站、机场、码头、旅游点、主要商业街的路线、路程和出租车价格。

（9）能帮助外籍客人解释、办理签证延期等问题，掌握有关单位的地点、工作时间、联系电话和办事手续。

三、职业路径选择

酒店基层服务人员—酒店大堂服务人员—金钥匙。

第四章　实施路径

为达到自己加入国际金钥匙组织的目的，根据我的差距，特制定如下实施路径。

一、第一阶段：大学期间

努力学习专业课程，熟练掌握专业技能，积极参加社会锻炼，提高自身职业素养，不断学习课外知识，熟练掌握外语，并考取从事酒店业的各种有用的证书等。在校期间，我的学习成绩很优秀。在学习的同时，我还很注意自己综合素质的提高。我常参加系或院举办的各种各样的活动，如演讲比赛、辩论赛、职业技能大赛等，并取得了较好的成绩。我还在我院的广播站担任播音部部长，在系学生会担任纪检部部长等职务，这些不仅提高了我的素质和能力，也让我得到了好的锻炼。在假期中积极投身社会锻炼，掌握熟练的酒店服务技能，提高自身英语会话能力、计算机应用能力和文字表达能力，刻苦学习酒店管理技能，达到理论与实践相结合。另外，优秀的酒店服务人员也要有健康的身体素质。

以上是从事酒店管理工作所需专业素质和能力的基本要求，我要从最基层做起，首先要拿到进入这个行业的敲门砖，达到最基本的素质要求。

二、第二阶段：实习阶段

在实习期间我要积极了解酒店行业的特点、职业所需、岗位要求，积累经验，学习酒店各方面的知识，使理论与实践更好地结合，提高专业技能、实战能力。为了能更好地服务客人，达到我的最终目标，在我一踏入社会就要有一个好的开始，从最基本的做起，如接客人、订房，安排车到机场、车站、码头接客人；根据客人的要求介绍特色餐厅，并为其预订座位；联系旅行社为客人安排好导游；当客人需要购买礼品时帮客人在地图上标明各购物点，等等。最后当客人要离开时，在酒店里帮助客人买好车、船、机票，并帮客人托运行李物品；如果客人需要的话，还可以订好下一站的酒店，做好客人所需的相应服务。让客人从接触到酒店开始，一直到离开酒店，自始至终，都感受到一种无微不至的关怀。培养自己的协作意识、团体精神，忠诚服务于顾客，不断提高自身职业素质，达到较高的专业水平（实习阶段的规划如下表所示）。

时间	任务	目的
大学期间	1. 学习专业课程、专业技能，提高自身职业素养； 2. 掌握酒店服务管理技能并考取相应的证书； 3. 强化英语、计算机学习并获得相应证书	1. 掌握专业技能； 2. 熟练掌握外语和提高电脑文字处理能力
实习期间	1. 锻炼和学习酒店各方面知识，提高自身文化修养； 2. 熟悉实习城市周边环境，绘出城市娱乐场所及旅游景点路线图； 3. 全方位掌握金钥匙所应具备的工作能力	1. 熟练掌握本职工作的操作流程； 2. 熟悉实习城市的一切环境； 3. 提高对金钥匙能力的深刻认识

三、第三阶段：毕业 1～10 年的规划

工作 1～2 年：在工作中要不断提高自身综合素质和前厅、餐饮、客房的管理与服务技能，成为酒店业一线高技能、实用型服务人员。同样，在掌握一门外语之外再选择一门必要的语种进行深入学习，熟悉金钥匙的入会标准，锻炼自己各方面的能力，为达到成为金钥匙的条件而不懈努力。

工作 3～5 年：在酒店管理中有更新更好突破的同时，也要怀着一颗不骄不躁的心深入钻研学习国际酒店的专业知识。全心全意、尽心尽力回报企业、回报社会、回报顾客。满足金钥匙服务顾客的每一个要求，达到金钥匙服务品质的保证。在工作 3～5 年的时间里要实现自己的目标就要达到这些标准，要达到金钥匙的标准就要不懈努力，永不懈怠。

工作 5～10 年：在具备从业经验和达到工作水平的同时，申请加入中国金钥匙组织，成为中国年轻的金钥匙成员。通过努力工作证明自己无愧于"金钥匙"的称号。

把金钥匙真正作为文化形象打造出来，同时进一步深化金钥匙的文化内涵，最终要强化金钥匙文化品牌，共同将"金钥匙酒店"打造成中国顶级、世界一流的酒店品牌，金钥匙文化就是不断创造价值、不断追求极致的事业（毕业 1～10 年的规划如下表所示）。

时间	任务	目的
工作 1～5 年	钻研国际酒店的知识，掌握两门以上的外语，做到金钥匙服务的要求和品质的保证	为加入金钥匙组织做充分准备
工作 5～10 年	申请加入金钥匙组织，共同将金钥匙酒店打造成中国顶级、世界一流的酒店品牌	成为国际金钥匙组织成员

第五章　评估调整

俗话说"计划赶不上变化"。是的，影响职业生涯规划的因素诸多。有的变化因素是可以预测的，而有的变化因素难以预测。在此状况下，要使职业生涯规划行之有效，就必须不断地对职业生涯规划进行评估与修订。现制定评估与调整方案如下。

一、评估调整的时间

一般情况下，我一年定期进行一次规划评估调整，主要调整短期目标计划并作出年终小结等；三年进行一次大的评估调整，主要针对中远期计划，需 1 周左右的时间进行。

二、评估调整的原则

不因为只是一名服务人员而感到自卑，不因薪酬平常就跳槽，要脚踏实地地做好自己工作中的每一件事，将我们给予别人的惊喜看成骄傲，将智慧、经验、信心、助人的精神和爱心、为人解决困难的知识和技能、忠诚和信誉作为人生最大的财富。

三、调整补充——备选方案

我的备选方案是做一名节目主持人，让曾经响彻家乡田野上的声音走向灯光绚烂的舞台，用我的声音来告诉远在他乡的父老乡亲，告诉那些依旧有梦却还在艰辛拼搏的农村孩子，我们也是最棒的，我们也可以在希望的田野上创造一个神话。

结束语

我热爱我所从事的工作，因为我在工作中找到了真正的自我。当我满头白发，还依然身着工作服，站在大堂里和我熟悉的宾客打招呼时，我会感到这是我人生最大的满足。我以我自己能终身去做一名服务人员而骄傲，因为我每天都在帮助别人，客人在这里得到的是惊喜，而我们也在客人的惊喜中找到了富有的人生。我们未必有大量的金钱，但我们一定不会贫穷，因为我们富有智慧、富有经验、富有信心、富有助人的精神，富有同情心和幽默感，富有为人解决困难的知识和技能，富有忠诚和信誉，当然我们还会有一个富有爱的家庭，所有这些，构成了我们今天的生活。富有的人生不难找，它就在我们生活的每一天当中，就在我们为别人带来的每一份惊喜当中。也许就在您困难无助的时候，“我们”——热心的服务人员会给你带去家的温馨。同时也让我用青春和热血来铸造我人生的“金钥匙”。

附录 2　大学毕业生就业案例分析

案例 1:期望值过高

2008 届毕业生小王来自云南罗平,直到次年 3 月份他还未落实工作单位。刚好罗平有一家监理公司要他,专业对口,又是家乡,然而他本人的择业意向却是:单位地点必须是在昆明市,至于到昆明的什么单位、具体做什么工作都无关紧要,除此以外,什么单位都不考虑。在这种心态下,结果自然难以如愿。

分析:小王的思想在当前毕业生的择业过程中具有一定的代表性。不少毕业生过于向往经济发达地区,尤其是沿海地区的中心城市,最低的期望也是回自己家乡所在地的中心城市。他们只注重经济文化发达、工作环境优越的一面,而忽视了人才济济、相对过剩的一面,择业期望值居高不下,甚至还有逐年上升的趋势,从而导致主观愿望与现实需求之间的巨大落差。像小王这样过分看重单位所在地的毕业生不在少数。根据对某校 2008 届毕业生的抽样问卷调查,在衡量单位是否符合自己的标准时,有 92% 的毕业生要选择效益好、工资高的单位,超过 85% 的毕业生要求单位地处大中城市,愿意到急需人才的边远地区和艰苦行业的毕业生仅占 2% 。

案例 2:自主择业能力差

在学校 3 月份的一场招聘会上,毕业生小李的父母在招聘会尚未开始时,就早早地到会场打听单位的情况。招聘会开始很久以后,小李才姗姗来迟,并由家长陪同前往用人单位摊位前面谈。面谈过程中,小李发言的时间还没有其父母多,结果谈了一家又一家,最终仍一无所获。

分析:小李的问题出在择业过程中过分依赖他人。其实,依赖他人是难以选择到一份满意的工作的。现在的毕业生中,独生子女所占的比例越来越大,他们的生活一帆风顺,没有经历过什么波折,再加上父母的过分呵护,客观上培养了他们的依赖心理。这些毕业生大多缺乏主见,自我意识模糊,在择业中常会茫然不知所措,自己独立进行择业决策的能力差,以致在人才市场上,父母代替子女、亲友代替本人与用人单位洽谈的场面屡见不鲜。难怪有用人单位对依赖性过强的毕业生说:“你本人都要靠别人来推销,企业还能靠你来推销产品吗?”

案例 3:信心不足,缺乏主动

毕业生小刘学习成绩和其他方面条件都不错,在就业的初期满怀信心。但由于专业冷门等原因,找过几家单位都碰了壁,结果产生了自卑感,在后来的择业过程中表现越来越差,陷入恶性循环而不能自拔,以至于到了新的用人单位那里,只能被动地问人家:“学某某专业的要不要”,其他什么话都不敢讲,最终未能落实就业单位。

分析:小刘的失败是由于自卑心理在作怪。在择业遭受挫折后,一蹶不振,对自己评价过低,丧失了应有的自信心,择业时缺乏主动争取和利用机遇的心理准备,不敢主动、大胆地与用人单位交谈,也就不能很好地表达自己。越是躲躲闪闪、胆小、畏缩,越不容易获得用人单位的好感。这种心理严重妨碍了一部分毕业生正常的就业竞争,使得那些原本在某些方面比较出色的毕业生也陷入“不战自败”的困惑。

案例4:自负而失败

毕业生小张口才不错,在与用人单位代表面谈时自我感觉良好。一番海阔天空的高谈阔论以后,当对方问他的个人爱好是什么时,他竟得意洋洋地宣称是“游山玩水”,结果被用人单位毫不犹豫地拒之门外。

分析:小张的失败是典型的自负心理造成的。自负在心理学上指过高地估计个人的能力,从而失去自知之明。在这种心理的支配下,不少毕业生在求职择业过程中,总是自以为是,自负自傲,自以为自己什么都懂,什么都会,夸夸其谈,胡吹海侃,结果留给用人单位的是浮躁、不踏实的印象。试想,有哪家单位肯要一个不知天高地厚、自命不凡、眼高手低的毕业生呢?

案例5:要求苛刻,令单位无法接受

某校现代财务管理专业某毕业生与某集团公司经过双选、面试考核,终于进入签约阶段,协议书首先由毕业生本人签署应聘意见,该生在“应聘意见”一栏中写下了以下6条要求:①从事财会工作;②每周工作五日,每日八小时工作制;③解决户口,提供单身住房;④住房公积金、劳动保险、养老保险等相关支出均由公司负担;⑤每半年调薪一次;⑥公司不限制个人发展(例如考研等)。单位鉴于以上条件不能完全答应,将协议书退回,并建议修改后再签。最终,该生因坚持自己的意见而未能被录用。

分析:该生未被上述单位录用,根本原因在于所提要求过于苛刻。该集团人事部负责人说:这位同学提出的6条要求,有些我们是可以满足,也应该做到的,比如:安排专业对口的工作,八小时工作制,解决户口,提供各种福利等。但有些就无法答应,比如,每半年调一次薪,这种要求恐怕任何单位都无法答应。又比如“公司不限制个人发展”一条,从毕业生角度来看,提出这样的要求可以理解,但从用人单位来讲,在不影响正常工作的前提下,我们鼓励个人提高自身素质,但如果服务期内想考研就考研,不受单位任何约束,单位肯定是不能答应的。尽管这位同学各方面条件都不错,但这种苛刻的条件我们是无法接受的。

案例6:被动等待错失良机

浙江某单位向学校发布了要来校招聘大量人才的信息,校就业指导中心迅速公布并电话通知了各学院,各学院反应不一,有的学院书记亲自打电话与对方联系,推荐自己符合条件的毕业生,有的则主动邀请对方到学院来选毕业生,有的则用特快专递寄出了学生的推荐材料。而与此同时,部分同学却在等待面试通知,认为反正该单位要来校招聘,等来了再投材料也不迟。后来,这家单位真的来了,人事部门负责人却非常抱歉地说:“真对不起,其实,我们几天前就已到贵校,但刚跨进贵校校门,就被贵校某学院盛情‘拦截’而去,晚上住在贵校招待所,闻讯而来的毕业生一拨又一拨,结果我们提前录满了。”在场的毕业生后悔不已,机会就这样在等待中错过了。

分析:在求职择业过程中,机会应该说对每个人都是均等的,就看你如何把握它。各种招聘人才的信息,每时每刻经过各种渠道在发布、在传递,好比一条河流,信息是一朵朵浪花,你抓住了,就归你所有,你错过了,就无法回头。因此,只要你认准这条信息对你有用,你感兴趣,就必须主动以最快捷的方式向发出信息方作出反应,让对方知道你、了解你,才有可能看中你。机会往往就是这样被主动者拥有。

案例7:巧妙回答打开求职之门

在上海某单位组织的一次面试中,主考官先后向两位考生提出了同样的问题:“我们单位是全国数一数二的大集团公司,下面有很多子公司,凡被录用的人员都要到基层去锻炼,基层条件比较艰苦,请问你们是否有思想准备?”毕业生A说:“吃苦对我来说不成问题,因为我从小在农村长大,父亲早逝,母亲年迈,我很乐意到基层去,只有在基层摸爬滚打才能积累丰富的工作经验,为今后发展打下基础。”毕业生B则回答:"到基层去锻炼我认为很有必要,我会尽一切努力克服困难,好好工作,但作为年轻人总希望有发展的机会,不知贵公司安排我们下去的时间多长?还有可能上来吗?"结果毕业生A被录用,毕业生B被淘汰。

分析:在面试过程中,回答问题的技巧非常重要。对有些问题的回答,表面上看来合情合理,无可厚非,但却令考官反感。这是因为:考官的目的并不在于你回答内容的多少,而在于考察你对问题本身的态度,进而了解你对职业的态度,等等。显然,这一案例中,毕业生A对下基层态度端正、诚恳,令考官欣赏;而毕业生B思想上明显有顾虑,尽管是人之常情,但在这种场合下他的回答显然不合时宜。

案例8:不要放弃任何一次机会

某毕业生赶到杭州某人才招聘会时,已是下午3点多钟,此时,许多单位已录满人员撤摊而去,剩下的单位也在整理材料考虑收场,他抱着试试看的心态向自己感兴趣的某单位递了最后一份材料,并诚恳地说明了自己来晚的原因。谁知刚过两天他就收到了该单位面试通知,一周之后便签订了正式协议,真是"山重水复疑无路,柳暗花明又一村"。

分析:外出参加人才招聘会,一般来说宜早不宜迟,但有些客观因素是无法预测的,在这种情况下要随机应变,要沉着、有耐心。有时,耐心等到最后,好戏就在后头。总之,要么赶早,给对方留下深刻的第一印象;要么耐心等到最后压轴,同样也会给单位以深刻的印象。

案例9:口头协议无效

某单位接收某毕业生,当时已通过体检、政审考核等程序,该单位表示同意录用该生,但提出因没有带公章,请学校先盖章签署意见。他们同意之后再补办有关手续。校就业提导中心为慎重起见,反复提醒毕业生最好等单位先盖章,学校再盖章。但单位和学生本人都很急,单位说:"反正我们已同意接收,只要方便同学,简化手续,谁先盖章无所谓。"学生说:"我体检、政审都通过了,请给我一次机会,我愿写保证,保证因手续不全后果自负。"且该生所在院领导也打电话为之说情。鉴于此,学校先盖了章。谁知刚过两天,该单位将该生协议书退回。

分析:签协议一定要慎重,必须把双方的约定以文字形式写下来盖章签字方生效,"君子协议"、"口头协议"都是空头支票,没有任何法律效力,一旦发生纠纷,毕业生的利益无法得到保障。因此,毕业生必须学会保护自己。一般来说,毕业生最好是亲自前往单位签约盖章,如果一定要将协议书寄去签,那应该要求单位先出具书面接收函,以确保万无一失。

案例10:就业协议有约束,签订须谨慎

2009年,某高校的一名应届毕业生小李从激烈的竞争中脱颖而出,被某知名公司录取。此时,小李发现还有一家发展前景更好的单位也在招聘,于是他匆匆和这家公司签订了就业协议书后又应聘了那家更有前景的单位。他认为反正就业协议不是劳动合同,对自己没有约束力。

当小李兴冲冲地跑到原来签订就业协议的公司,请求解除就业协议时,该公司告知小李,解除就业协议可以,但小李必须按照就业协议的约定向公司交付违约金。面对这种情况,初出校门的小李为自己法律意识的缺乏懊悔不已。

分析:毕业生就业协议与劳动合同确实不一样。学生签订毕业生就业协议的时候,仍属于在校学生的身份,学生和招聘单位之间的关系还不是劳动法意义上的劳动关系,但这并不意味着就业协议就没有约束力。事实上,作为一般民事协议,毕业生就业协议虽然不受《劳动法》调整,但却属于《民法通则》的调整范围,在平等、自愿等基础上建立起来的毕业生就业协议受法律保护,任何一方无正当理由任意违反都要承担相应的违约责任。因此,大学生在决定签署就业协议前,要认真对待就业协议的约定,特别是其中的违约条款,以免给自己造成损失。与此同时,学校作为学生就业协议三方中的一方,应正确看

待学生的违约行为。在目前的毕业生就业实践中，部分院校出于学校声誉等方面考虑，一般不希望学生在签订三方协议后违约，有的学校甚至规定不得违约或者违约后将不再给学生新的三方协议。学校的这种做法，在目前严峻的就业形势下，应该说有一定道理。但人才的自由流动是市场经济的常态，也是一个学生作为公民所应该具备的人权之一。对于事关学生职业生涯发展的就业问题，学校应给予更宽松的选择空间。当然，主张学校应该给学生更宽松的就业选择空间，不等于鼓励学生随意违反三方协议。毕竟违约行为是要承担相应责任的。因此，毕业生在签订三方协议前要三思而行。此外，用人单位以过高的违约金方式变相强行留住人才的做法也是不能得到法律支持的，对三方协议违约金的约定，各地可能有不同规定，但是对其上限作出规定则无异议，对违约金的约定应在合理的范围内。

案例11：脚踏两只船，咎由自取

某高校毕业生用学校发的协议书跟A单位签了约，又擅自用其他同学的协议书跟B单位签约，B单位协议书已到学校盖章鉴证。该生反悔又想去A单位，不得已，只好到B单位谎称学校要其将协议书取回补办手续，并保证某时间之前一定办好，单位也相信他，将协议书全部还给了他，而他本人一拿到协议书即到学校又谎称是该单位欺骗了他，解决不了户口问题将其退回，要求学校在A单位协议书上盖章。学校为谨慎起见，出面与B单位联系，得知该生有不诚实的行为，对其作出严肃批评，并责令其向该单位道歉，请求谅解。谁知该生以学法律专业自居，声称单位没有任何证据（协议书不在手），B单位一气之下，一个电话告到学校：状告该生行为太不像话，欺骗单位，又欺骗学校，道德品行败坏，希望学校给予严厉处分，否则将影响学校的声誉。最后，该生以“身败名裂”告终。

分析：签约是一件非常严肃的事情，各方一经签字盖章即具法律效力，任何一方都有履行协议的责任和义务，不得随意变更协议。上述案例中学生违背了诚信原则，知法违法，多头签约，且到处撒谎，逃脱责任。这是一种极不道德的行为，既损害自己利益，又败坏学校名声。

案例12：顾此失彼，得不偿失

某校经济学院某毕业生因外出找工作单位，后又在该单位实习，竟然错过了该学期某课程的考试，由于缺考，这门课没有成绩，只好重修，酿成了无可挽回的损失。由于重修，毕业证还不能按期拿到，由此必须推迟到单位报到，少拿几个月工资不算，还有可能被单位退回学校。

分析：毕业生一定要正确处理好求职与求知的关系，求职固然重要，但切忌影响正常学习。上述案例中的学生显然没有处理好这对关系，以致顾此失彼，得不偿失。

案例13：不良习惯、不良性格的危害

小许是某大学水利水电建筑工程专业的毕业生，毕业后参加了多家公司的应聘，都没有成功。起初，他想去政府机关工作，并参加了公务员招聘考试，笔试涉险过关；但第一次面试，因其口头表达能力欠佳，加之平时不太关心时事，对国家政策与方针了解甚少，所以未能如愿。第二次，某部队招聘毕业生，他也参加了应试，成绩尚可，但在体检时，身体不合格。据了解，小许在读书期间就不爱体育活动，早晨经常懒散不起，所以体检过不了关，又只得望“业”兴叹了。最后，他经过多方努力，好不容易找到了可望落实就业的某单位。试用期间，由于小许“独来独往”、“我行我素”的性格，表现出对集体不关心、对公益活动不热心、组织纪律涣散，在该单位员工中留下了“团队意识淡薄、组织观念不强”的印象。同时，小许又不爱岗敬业，经常利用上班时间私自上网。该单位经过对小许几个月的试用考察后，最终以“试用期内不合格”将其退回了学校。

分析：小许“我行我素”的性格，是个人性格的不足和缺陷。性格对人生发展影响很大，必须予以重视，尽量减少其对人生的负面影响。譬如，一个独立性强的人很难与他人默契合作，而一个优柔寡断的人难以担当组织管理的重任。“金无足赤，人无完人”。由于个人经历的不同、环境的局限，任何人都存

在这样或那样的欠缺和不足。卡耐基曾说:“人性的弱点并不可怕,关键要有正确的认识,认真对待,尽量寻找弥补、克服的办法,使自我趋于完善。”一个人要想提高自己的素质,就必须从注重完善自我做起,虚心接受别人的指导、帮助,逐渐改正自己的缺点,完善自己的性格,这样才有助于自我提高。

案例 14:学历作假,劳动关系被解除

2012 年 3 月,张某凭借某大学企业管理专业毕业生的身份,到某催化剂公司应聘行政助理职务,经面试考核等程序,张某成功被招聘为该公司职工。同月,张某被公司通知到生产技术部操作岗位锻炼。公司对张某在公司的表现基本满意。到了这个阶段,张某认为自己已经达到了成为该公司员工的目的。张某所提供的《个人简历 · 受教育情况》内注明 2007 年至 2011 年在某大学读企业管理专业,获本科毕业证、学位证、英语六级证书。但是,公司根据该简历在国家教育部指定的网站上查询,却没有找到张某所称的某大学。张某提供的学历有问题!公司马上和张某联系,张某辩称其简历写错了,应该是另一所院校。根据查询,张某重新提供的毕业院校是存在的,但是公司去该校查询张某情况时,却发现该校并没有张某所称的企业管理专业,也没有张某所提供的毕业证书编号,核对该校毕业生查无此人。由此,张某以假学历进行应聘已被证明是事实。尽管张某声称可以胜任现在的工作岗位,但是公司还是毫不犹豫地解除了和张某之间的劳动关系。违背诚信的张某最终没有实现自己的职业梦想。

分析:近年来,随着大学的扩招,大学生的数量在逐年增长,相比以往“千军万马抢过独木桥”的残酷竞争,现在的大学教育普及率已经有很大提高。相应地,大学毕业生数量的快速增长,使得大学生面临严峻的就业形势。同时,社会和家长对大学生往往给予比较高的期望,因此现在的大学生面临的压力是巨大的。尽管面临不小的压力,诚信仍是做人之本。如果采用一些不正当、不诚实的手段去试图获取工作机会,比如虚构自己并不具备的高学历、高文凭去满足用人单位的一些必备要求,就违背了基本的诚信原则,不仅不能实现自己的就业愿望,发生纠纷时也难以得到法律的保护。

案例 15:细节决定命运

在一次招聘会上,北京某外企人事经理说,他们本想招一个有丰富工作经验的资深会计人员,结果却破例招了一名刚毕业的女大学生。让他们改变主意的起因只是一个小小的细节:这名女大学生当场拿出了两块钱。

人事经理说,当时,女大学生因为没有工作经验,在面试第一关就遭到了拒绝,但她并没有气馁,一再坚持。她对主考官说:“请再给我一次机会,让我参加完笔试。”主考官拗不过她,就答应了她的请求。结果,她通过了笔试,由人事经理亲自复试。

人事经理对她颇有好感,因她的笔试成绩最好,不过,女孩的话让经理有些失望。她说自己没工作过,唯一的经验是在学校掌管过学生会财务。找一个没有工作经验的人做财务会计不是他们的预期,经理决定收兵:“今天就到这里,如有消息我会打电话通知你。”女孩从座位上站起来,向经理点点头,并从口袋里掏出两块钱双手递给经理:“不管是否录取,请都给我打个电话。”

经理从未见过这种情况,问:“你怎么知道我不给没有录用的人打电话?”“您刚才说有消息就打,那言下之意就是没录取就不打了。”经理对这个女孩产生了浓厚的兴趣,问:“如果你没被录取,我打电话,你想知道些什么呢?”“请告诉我,在什么地方我不能达到你们的要求,我在哪方面还不够好,我好改进。”“那两块钱……”女孩微笑道:“给没有被录用的人打电话不属于公司的正常开支,所以由我支付电话费,请您一定打。”经理也笑了:“请你把两块钱收回,我不会打电话了,我现在就通知你,你被录用了。”

分析:这些面试细节反映了该大学生作为财务人员具有良好的素质和人品,素质和人品有时比资历和经验更为重要。第一,她一开始便被拒绝,但却一再争取,说明她有坚毅的品格。财务是十分繁杂的工作,没有足够的耐心和毅力是不可能做好的。第二,她能坦言自己没有工作经脸,显示出一种诚信,这

对从事财务工作尤为重要。第三,即使不被录取,也希望能得到别人的评价,说明她有直面不足的勇气和敢于承担责任的上进心。员工不可能把每项工作都做得很完美,我们接受失误,却不能接受员工自满不前。第四,女孩自掏电话费,反映出她公私分明的良好品德,这更是财务工作不可或缺的。

案例16:潜能的力量

汉代名将李广喜爱打猎。一天黄昏时分,天色暗淡,他忽然看见草丛中蹲着一只猛虎。李广大惊,情急中立即拉弓搭箭向虎射去,正中虎身。殊不知,这哪里是虎,实则是一块酷似虎形的大石头,而箭头已深深地射进了石头之中。当李广第二天再射这块石头时,却怎么也射不进去了。

为什么李广不知道"老虎"是石头时他能够把箭射进石头,而当他知道"老虎"是石头时却不能够把箭射进石头?原因就在于他不知道"老虎"是石头时,在情急之下的一箭射出了自己的最大力量;而当他知道"老虎"是石头时,他已经不自觉地把潜能的大门关闭了,我怎么可能把箭射进石头?

分析:每个人身上都蕴藏着无穷无尽的潜能,只是人们不知道而已,而这也恰恰验证了一句名言:不是因为有些事情难以做到,我们才失去自信;而是因为我们失去了自信,有些事情才显得难以做到。

案例17:无畏才能有为

有一个心理学家想知道自信对行为到底会产生什么样的影响,于是他做了一个试验。首先,他让10个人穿过一间黑暗的房子,在他的引导下,这10个人都成功地穿了过去。

然后,心理学家打开房内的一盏灯。在昏暗的灯光下,这些人看清了房内的一切,都吓出一身冷汗。这间房子的地面是一个大水池,水池里有十几条大鳄鱼,水池上方搭着一座窄窄的小木桥,刚才他们就是从小木桥上走过去的。心理学家问:"现在,你们当中还有谁愿意再次穿过这间房子呢?"没有人回答。过了很久,有3个胆大的人站了出来。其中一个小心翼翼地走了过去,速度比第一次慢了许多;另一个颤巍巍地踏上小木桥,走到一半时,竟从小木桥上爬了过去;第三个刚走几步就一下子趴下了,再也不敢向前移动半步。

心理学家又打开房内的另9盏灯,灯光把房内照得如同白昼,这时,人们看见小木桥下方装有一张安全网,由于网线颜色极浅他们刚才根本没有看见。"现在,谁愿意通过这座小木桥呢?"心理学家问道。这次又有5个人站了出来。"你们为何不愿意呢?"心理学家问剩下的两个人。"这张安全网牢固吗?"这两个人异口同声地问。

分析:这10个人第一次都能够顺利地通过,就是因为他们不知道自己面临的险境。如果每个人都像这10个人首次穿过房子一样,无视自己面临的险境,勇往直前,这个世界也许会有更多的成功者。

面对不可避免的竞争趋势,不能只喊"狼来了",每个人还应磨好自己的利剑,打造好自己的核心竞争力,增强自己的竞争优势,这样才能面对竞争毫不畏惧。

案例18:网上求职,大学生找工作的新方式

小王是农村出来的孩子。俗话说"穷人的孩子早当家",这话一点没错。当同学们还在无忧无虑地消磨时光的时候,小王已经开始找工作了。同学们都说,找工作是需要花钱的,而且是大把大把地花钱,他们说这叫"求职经济"。但是,小王家经济十分困难,父母不可能再提供"求职经济"。小王没钱去买好的衣服撑门面,也没钱到各个人才市场买门票,更不用说去上海、北京、深圳这些大城市去找工作。然而最根本的是没钱去制作精美的简历。

这时候,小王想到了平时校园里宣传得风风火火的"网上求职",小王在网上轻轻点击鼠标,可以检索到千里之外的招聘信息,什么信息都一览无遗了。廉价的网络求职成了找工作的首选,这种方式方便快捷,既不用制作书面简历,又不用到处奔波,既省时又省力。小王把英语等各种等级证书和照片,统统扫描一遍,然后传到网上,这样扫描一次就可以重复使用了,然后上网登录一些大型求职网站。小王按

要求填写简历,附上求职信和照片,然后选择中意的公司,把个人资料以"点击"的方式发送出去。小王先后发出了10份这样的求职邮件。这样,先期投递简历的过程就算是完成了,既经济又实惠。参加网络招聘就只有上网一项费用,不用四处奔波赶招聘会,比邮寄简历省事也省钱。现在大学生找工作不容易,找一份理想的工作更难,网上求职基本不用什么费用,而且方便。许多同学还将自己制作的网页直接放在就业网上,不少同学用电子邮件与用人单位取得了联系。没多久,小王的努力就有了回报,每次上网,总会发现信箱里有一封或几封面试通知。"永不落幕"的网上招聘,使小王既省了钱,又找到了满意的工作。

分析:现在很多求职者都会保存两种版本的简历:一种用来网上求职,另一种用来实际面试。你的简历只要出现在公司的搜寻名单中,你就有可能获得面试机会,但网上求职投递电子简历也要注意以下问题。

第一,求职信和简历都要求用文本格式(txt),将求职信保存在个人的电子邮箱里,针对申请的不同职位只需稍加修改就又可使用。

第二,发送简历时,同时要发送一封求职信。

第三,网上招聘一般是通过键入关键字的方式来搜索应聘者的材料,因此要重点突出。

第四,简历发送不要采用附件的形式。否则,因为技术原因而无法打开附件时,将会耽误最佳的应聘时机。

第五,为了满足不同公司的需求,电子简历一定要避免"千人一面"的模式。要根据个人的专业、爱好和特长,有目的地投递简历,目的不明确、定位模糊的求职者会最先被淘汰。

第六,大学生网上求职,可变被动为主动,充分利用自己的技术优势,在互联网上建立个人主页,展示个性特色,提高自身的竞争能力。

第七,合理选择网上发送简历的时间,找一些正规大型的网站投递电子简历,谨防上当受骗。

第八,简历发出之后,要主动与用人单位联系。在网上招聘会结束后几天,要主动通过E-mail或打电话询问情况,向用人单位表示诚意,也让自己心中有数。

案例19:见异思迁

电气自动化技术专业的毕业生小柯在开始选择就业单位时,既怕找不到工作,又怕签约后会有更好的单位,更担心由于等待而错失良机。看着同学们一个个地签了约,为了给自己留一条后路,他带着复杂而矛盾的心理,在学校举行的招聘会上与某核工业集团公司签了约。小柯与用人单位双方均在协议书的备注栏中注明了各自提出的附加条件,其中包括毕业后在单位工作的服务期限、年工资酬金以及违约方必须承担的违约责任。当时,小柯对该单位也比较满意。之后,武汉钢铁集团来招聘,小柯又参加了该单位的面试,并被录用。这家单位的年薪比先前签约单位高,小柯心动了,他选择了违约。用人单位知情后打电话给学校,表示对小柯的做法极为不满,要求小柯履行违约责任,按约赔偿。

后来武汉钢铁集团听说了小柯原来与原单位签约又违约的事,对小柯持怀疑态度,认为"小柯见异思迁,这山望着那山高,倘若发现还有更好的单位,小柯又要违约"。这家单位索性也有了放弃选用小柯的打算。小柯心里很沮丧。

分析:学生违约是用人单位最反感、最头痛的事情,打乱了用人单位的工作程序,贻误了选择优秀毕业生的时机。学生违约,也严重地影响了用人单位与学校的合作关系。违约是一种不守信用、违背承诺的行为,用人单位会对学校的教育、管理提出质疑,有损学校的形象,有损于学校全体毕业生的利益,应当为违约造成的后果承担责任。

案例20:心心相印

三木软件开发公司在中国大陆开展业务已有10年,市场份额名列前三甲。为进一步巩固和提升竞争力,三木公司高薪聘请史云天出任 CEO(首席执行官)。史总到任后正赶上蓝天信息管理有限公司举行企业信息数据库工程招标。工程总造价 3 亿元人民币,其中软件开发造价约 3 000 万元。史总决定由他亲自担任项目投标工作小组组长,以便用业绩来树立他在公司中的威信。

第一次投标企业方案介绍会如期举行。史总从其他渠道了解到蓝天公司信息中心高级工程师杜主任比较偏向于 A 公司,B 公司和三木公司其实只是陪衬。史总发现蓝天公司会议室里展示了一些企业文化的资料。在会上,史总发现项目总负责人、蓝天公司常务副总裁殷总与杜主任不同,殷总更职业化。三家公司的方案介绍是分别进行的。首先是 A 公司,A 公司介绍完后退场。三木公司是最后进会场介绍的。史总注意到,殷总在听取介绍时非常认真地做笔记,提出的问题也非常专业。史总也非常认真地做笔记,时不时还非常谦虚地就自己的理解与殷总讨论。在休息时,史总还非常礼貌地与殷总寒暄。史总感觉殷总为人比较坦诚,比较公允。

会后,史总召开项目小组会议,要求项目小组根据介绍会上蓝天公司提出的一些问题完善投标方案。史总还特别强调原方案中蓝天公司企业文化体系方面着力不够,需要加强。另外,史总还安排助理迅速了解殷总的个人情况,包括毕业学校、所学专业、工作经历、个人爱好。两天后,助理提供给史总一份殷总的个人情况报告。史总发现殷总的业余爱好是研究《易经》,恰好史总对《易经》也颇有研究。史总还发现有个挚友与殷总在另一个单位曾经是同事,而且相当熟悉。于是史总托挚友约殷总喝茶,还特别交代挚友只谈《易经》,不谈公事。殷总如约而至。双方讨论易经非常投机,极大地增进了殷总对史总的了解和好感。分手时,殷总自然而然地将话题引入公务的讨论。史总认为,古人的易经八卦,本质上是阴阳信息平稳及如何顺应之的集大成。现代社会信息横流、信息爆炸、信息瞬变,一个企业的核心竞争力如何形成、如何保持、如何提升,都与企业的信息处理能力密切相关。利用计算机的信息化架构技术处理企业信息是唯一的选择。而计算机信息化架构技术的运用原则可以通过《易经》获得极大的启发。殷总听后极为兴奋,大有"相见恨晚"之意。

分析:上述案例的结果不重要,重要的是史总高超地运用了沟通中的观察能力,成功地使三木公司的方案更切合蓝天公司的需求,成功地拉近了与殷总的情感。

案例 21:民族脊梁

钱学森,祖国的一代天骄。他的英名永远镌刻在我们民族的丰碑上。俗话说:"三岁看大,七岁看老。"钱老幼年家教严谨,早起早睡,熟读经典。五岁就能背诵《三字经》、《增广贤文》等古训。尽管年纪尚幼,忠、孝、礼、仪已成习惯。就是在成年后,远在异国他乡求学,钱老还将母亲的画像悬挂在床头,以寄托对母亲的思念。对于父亲,钱老也是敬爱有加。他始终认定"我的第一位老师是父亲"。钱老的座右铭就是父亲的家训:"学习知识,贡献社会"。早在上海交大读书时,钱老就与同学戴中孚说过:"现在中国政局混乱,我要到美国学技术,学成之后一定回来为祖国效力。"

1939 年,钱老已是美国航天科学的创始人之一冯·卡门教授的助手。钱老工作的加州理工学院力学和航空动力学研究中心是最负盛名的美国军方火箭技术主要研发机构。钱老为火箭技术的发展和应用作出了杰出贡献。美国军方在总结二战军事技术成就时,对钱老的评价是:为反法西斯战争的胜利作出了"巨大的无法估价的贡献"。钱老被誉为"帮助美国成为世界第一流军事强国的科学银河中一颗明亮的星",是"制定美国空军从螺旋桨式向喷气式飞机过渡并最后向遨游太空无人航天器过渡的长期规划的关键人物"。

钱学森在美国奋斗 12 年,功成名就,声誉远播。丰厚的生活待遇、优越的科研条件并没有留住他的心。儿时的家训、青年时代的誓言依然激励着钱老的爱国梦。从 1950 年开始,钱老争取回归祖国。由于也是美国火箭技术的核心人物,钱老的归国之旅相当坎坷,历经磨难,甚至还被囚禁。当时美国海军次长金布尔说:"钱学森无论走到哪里,都抵得上 5 个师的兵力,我宁可把他击毙在美国也不能让他离开。"功夫不负苦心人,在中国政府的支持下,在国际友人的强烈呼吁下,历时 5 年,刚正不阿的钱老终于在 1955 年回到祖国。

1991 年国家授予钱老"国家杰出贡献科学家"称号和一级英模奖章。1999 年国家召开"两弹一星"表彰大会,国家主席亲自向钱老等专家授勋。面对荣誉,钱老还是非常谦虚地说:"人民满意是对我的最高奖赏!"确实,钱老始终以服务人民利益为宗旨,以国家振兴为己任。钱老就是在这种强烈的责任感的感召下,投身于祖国的"两弹一星"事业。一无资料、二无技术,经济薄弱,钱老带领团队克服重重困难,自行设计、制造、试验,并成功地发射了导弹、原子弹和人造地球卫星。中国因此进入世界军事强国之列,令世人刮目相看。

在缅怀钱老丰功的同时,更应崇尚钱老精神。钱老的作风民主,无论是技术研究,还是工程实施,钱老始终倡导群策群力的民主氛围。他要求每个研究室挂上一块小黑板,大家有问题就随时写在上面,一起讨论,一起动脑子;平时讨论问题要求人人发言,讲错不要紧,但不能不讲。

钱老治学严谨,就是在失败面前也还是坚持一丝不苟。1962 年,我国自行设计和研制的"东风二号"导弹在升空后不久解体坠毁,钱老当时面临了巨大的压力。钱老在第一时间赶往现场后,冷静地组织大家排查、分析故障,总结经验。在天寒地冻的大漠之中,他亲自带领大家花了两三天的时间去捡残骸、碎片,任何一个小的螺丝钉都不放过。钱老鼓励大家不要有过多的压力,不要怕承担失败的责任。在他的鼓励下,经过分析失败原因、总结经验、不断改进和多次试验,1964 年,中国的"东风二号"又开始进行发射试验。这一次,试验取得了成功。

钱老工作发奋,经常通宵达旦。钱老还经常用幽默风趣的语言鼓励年轻人:"年轻人嘛,睡觉还是要睡的,但不必太早,每天十一二点再睡吧! 个人问题嘛当然要考虑,但不必太着急,我 36 岁才结婚,也没有耽误第二代呀!"

钱老精神整整影响了共和国的一代航天人。

分析:钱老精神感人至深,钱老事迹永垂不朽。透过钱老的精神和事迹,可以看到钱老对祖国、对人民的责任感。2008 年央视"感动中国十大人物"对钱老的颁奖词是:"民族脊梁。在他心里,国为重,家为轻,科学最重,名利最轻。5 年归国路,10 年两弹成。开创祖国航天,他是先行人,披荆斩棘,把智慧锻造成阶梯,留给后来的攀登者。他是知识的宝藏,是科学的旗帜,是中华民族知识分子的典范。"

案例 22:创新奇迹

1972 年,汉斯魏纳 · 海克特时任 IBM 德国公司销售部职员,他在等待着公司对自己建议的回复。他的建议就是开发财务软件包,用标准化软件包取代昂贵的定制应用。当 IBM 公司回绝了他的建议之后,他和 4 名软件工程师同时离开了 IBM,白手起家创办 SAP 公司。SAP 公司是全球最大的企业管理和协同化商务解决方案供应商、全球第三大独立软件供应商、全球领先的协同电子商务解决方案供应商。SAP 在全球的员工总数约为 43 800 人。目前,每天早上,世界 500 强中 80% 的公司都会进入由 SAP 公司提供的管理和协同商务平台,进行高效率的工作。在全球有 120 多个国家的超过 46 100 家用户正在运行着 84 000 多套 SAP 软件。全球财富 500 强中 80% 以上的企业都正在从 SAP 的管理方案中获益。SAP 在全球 50 多个国家拥有分支机构,并在多家证券交易所上市,包括法兰克福和纽约证券交易所。SAP 在保加利亚、加拿大、中国、以色列、印度和美国设有 7 个 SAP 研究院。负责 SAP 产品的研究与开发。更有意思的是,21 世纪 IBM 从单一的硬件供应商,转向解决方案服务商后,为客户提供解决方案时,SAP 的软件经常出现在他们的报价单上。

分析:一个企业的成功,首先是团队的成功。团队的成功很大程度上取决于创新能力的挖掘和发挥。同样,团队成员的成功也取决于创新能力的发挥。计算机技术的诞生和广泛运用,隐含着新的商机。尽管 IBM 是老牌的商用机器供应商,独领风骚,但傲慢和守旧使得其与新商机擦肩而过。汉斯魏纳 · 海克特时的创新意识成就了他的 SAP 帝国。

案例23：法网恢恢

2007年，上海公路大王“小苏州”行贿罪、操纵证券市场罪、欺诈发行债券罪和抽逃出资罪，数罪并罚，被判处有期徒刑19年。“小苏州”的履历如下。

（1）出生年月：法庭核准的出生年月为1973年10月。在他担任社会职务的履历表上，出生年份为1963年。

（2）教育背景：法庭核准的学历为高中毕业。由他提供的学历是华东师范大学本科和硕士研究生。

（3）初涉职场：18岁进入职场打工。后又与人合伙办贸易公司，经营小商铺。熟人回忆，刚刚走入社会的他，别无凭借，但他的机灵，善于经营人脉，思路非常灵活，给人们留下了深刻印象。1992年，苏州市科委下属进修院举办了一个对外经济培训班，讲课者为上海各名牌大学教授，学生则为本地三资企业、大型国企的高管。张荣坤（“小苏州”原名）请托多方争取到了旁听机会。对于一位刚刚才18岁的年轻人来说，这确是不常有的远见。

（4）开始钻营：4年后，“小苏州”与苏州政府的东山宾馆合作，挂名宾馆副总经理负责推销客房和会务，从中获得提成。东山宾馆位于苏州太湖东山风景区，是大人物经常光顾的地方。“小苏州”将做小本生意挣的钱全部投入公关活动，从中结识了上海某些政要的助手和国企老板。

（5）观念转变：与大人物的频繁交往刺激了“小苏州”赚快钱、赚大钱的欲望。“实业来钱太慢”是他观念转变的写照。

（6）魔盒打开：一方面继续贿赂大人物，一方面在南京、上海等地注册公司，准备“挣大钱”的平台。

（7）越走越远：官商勾结，非法动用大额社保资金收购国有资产，操作证券市场，欺诈发行企业债券。

（8）东窗事发：法网恢恢，疏而不漏。若要人不知，除非己莫为。“小苏州”就这样走上被告席。

附记：“小苏州”欺诈发行企业债券的过程：“小苏州”试图发行30亿元企业债券，一家著名的债券评级公司评估后认为只能发10亿元债券。“小苏州”想通过贿赂100万元让这家评级公司经理同意出具30亿元债券评级报告。遭到拒绝后，“小苏州”又贿赂了另外一家小型的评级公司经理，拿到了30亿元债券的评级报告。东窗事发后，“小苏州”罪加一等，该小型公司评级许可证被吊销，经理获罪。

分析：出生于普通家庭的一个年轻人，最后却能在大上海翻云覆雨，空手拿到上海各个高速路建设几十亿元的股权，一跃成为上海公路大王；旗下公司能非法运作几十亿元的社保资金，欺诈发行几十亿元企业债券，骗取上百亿元银行贷款；“小苏州”还让上海政要、国企高管及民企富豪近30人涉案其中。从寂寂无闻的小职员起步，“小苏州”15年间步步钻营，以过人的逢迎手段渐次接近高层，上达官场显贵，下联市场庄家，编织了非法套利的超级权贵资本图谱。

很显然，凭借“奉公守法，勤劳致富”而小康的他已经完全忘本，“打通权贵之门”，非法套取暴利，已成为“小苏州”人生的全部。相比之下，拒绝贿赂的评级公司经理，以公众利益、公司信誉为原则底线，避免了人生悲剧。完整的法制观可以助你成功规避法律风险。在利益错综复杂的职场，完整的法制观更是职场新人最灵的“护身符”，也是职场自律的底线。

案例24：小陈求职记

小陈由工商管理本科毕业，从澳大利亚学成归来，在北京谋职。第一个工作岗位是双语学校教师，月薪5 000元。小陈很高兴，兴冲冲上班去了。3天后，公司让他签合同，其中有3个条款很别扭。第一条是试用期3个月，工资2 000元；第二条是合同期满之前离职，要赔偿学校两万元；第三条是学校没有加班费，任何加班都视作自愿。小陈最终拒绝了这项工作。

小陈被录用的第二家公司是总部设在上海的国际会议公司。月薪3 000元，加业绩提成，每月差不多可达到五六千元收入。出于谨慎，小陈在网上搜索了好一阵，发现这家公司口碑很差。很多离职的员工发了帖子，怨声载道。其中比较集中的是公司规定提成年终发放，而往往业务人员工作未满一年就被公司辞退,提成也就“泡汤”。

小陈求职两次受挫,长了经验。他把求职目标锁定为有较好品牌的公司。小陈获得了一家国际著名咨询公司笔试通知,小陈满怀信心地如期赴考。考试结果很不理想,问题主要出在素质测评方面。被拒以后,痛定思痛,小陈找了一些关于职业素质和基本能力方面的书籍来学习,认真程度不亚于考大学。终于,小陈以优异的笔试和面试成绩进入了国内最大的一家地产咨询公司。

分析:相信小陈海外归来肯定有优越感,没把求职当回事。事实并非如此。小陈的前两次求职使他差点掉入不诚信企业设的陷阱。一些企业利用年轻人求职心切,利用劳动力供过于求的市场行情,不讲诚信,经常干出一些损害职场新人利益和违背劳动法的事。这种情况不在少数。年轻人求职更多的是关心如何迅速地找到工作,往往忽略谋取合法的劳动者利益。因此,在提升就业能力的同时,也应该熟悉和了解劳动法所保障的各种劳动者利益。小陈的后两次求职有失败也有成功。俗话说勤能补拙,只要有心,只要肯下工夫,找到心仪的工作还是机会多多的。

案例 25:用成果证明能力

小芳是2009年的市场营销专业大专生,毕业时她选择了某家电销售公司的销售岗位作为自己求职的目标。为了顺利应聘,她决定利用招聘会前的一周时间,为那家公司拿出一份市场调研报告。在接下来的几天里,她对该公司所有的产品做了细致的市场调查,从市场份额、产品到竞争对手等各方面的情况都了解得清清楚楚,拿出了一份精心准备的市场调研报告,最后在招聘会上击败了众多学历高于她的竞聘者,被公司录用。

分析:小芳针对目标公司和岗位,结合自己的专业知识,给应聘单位提供了可行性知识成果。用人单位最希望的就是招聘到的人能实实在在解决问题,对症下药,提出切实可行的解决方案,这样的人最能获得应聘单位的认可。

案例 26:跨专业也能成功求职

小华在大学学的是财会专业,在一个招聘会摊位前,他看中了一家国内著名的太阳能热水器代理公司提供的职位——营销员,但公司要求应聘者是市场营销专业毕业。小华决定碰碰运气。他问招聘人员公司为何只招聘市场营销专业的学生。招聘人员告诉他,公司要扩大业务,需要有市场开拓能力的学生。小华随即表示自己具备市场开拓能力,并列举了自己曾在某电动车厂实习时,参与开拓市场并取得不俗成绩的经历。小华的自我介绍和专业水准使招聘人员对他很满意。最后他顺利通过了面试,谋到了这个理想的职位。

分析:在应聘过程中,很多应届大学毕业生一看到和自己专业不对口的工作,往往扭头就走。在观念开放、人才流动频繁的现代社会,跨行求职已不是什么新鲜事,就业的压力迫使越来越多的大学生选择了跨专业求职,从事与自己所学专业不相关的工作。

案例 27:业余爱好是成功关键

某大学工商管理学院毕业生小明非常喜欢乒乓球运动,是大学校队的主力队员,曾多次代表学校参加比赛,获得多项殊荣。令小明没想到的是,体育方面的爱好和优势竟成为其求职优势,乒乓球成为他求职成功的关键。在一次招聘会上,小明看到某高校后勤集团要招聘“经理助理”一职,便投递了一份简历。公司经过面试,很快与他签订了就业意向。原来该高校各系部间每年都要举行一次乒乓球比赛,成绩作为各部门年终考核的一部分,而后勤集团多年来总是无缘进入决赛,于是公司领导让人事处在当年的招聘活动中优先考虑有打乒乓球特长者。因此,在诸多求职者中小明脱颖而出,受到公司的青睐。

分析:用人单位有时不一定需要特别全面的人才,但却急需合适的人才。在众多求职者中,小明不是最优秀的,但却是单位最需要的。大学生在求学期间要培养自己的业余特长,说不定这种业余特长会成为你日后求职成功的关键。

附录3　大学毕业生成功就业案例

勇于尝试　让金子发光

——记某学院2007届毕业生

转眼间，几乎已经工作一年了，现在我想把自己的心得写出来，与大家分享分享，让学弟学妹也能有个借鉴，得到些启示。

即将毕业就面临着两个问题：继续深造还是就业、创业？就业无疑是大多数人的选择，现在大学毕业生越来越多，大家面临的就业压力也越来越大，这时候选择就业应该以一种什么心态去看待择业、就业？何去何从？

我个人认为首先自己要有一个清晰的目标，要明白自己想干什么？能干什么？应该干什么？把问题明确了，有着具体的目标才会有良好的着力点，才能向着目标努力，到达理想的彼岸。有清晰的目标是到达彼岸的一个先决条件，这只是我们知道它就在河的那边，我们还需要能渡我们到对岸的筏，这就是我们所掌握的技能与自身的综合实力，我们要努力掌握必需的技能、提高自身综合实力，每个人都会有一个良好的愿望，但是它是否适合作为我们的目标就需要我们自我审视，做到清楚地自我定位。

在就业的时候我们还会遇到一种情况，就是我们有了清晰的目标，而且自我定位比较准确，但是就是没有找到自己心目中最理想的工作。这样的情况是有的，而且也有很多同学碰到。有些同学可能是完美主义者，没有找到最理想的工作绝不将就，有一种宁缺毋滥的心理，这是一种很好的想法，成功的人就是敢于坚持自己想法的人。可是成功更属于善于思考的人，有些同学也许并不急于找到工作，可能会向家里求助，这本是无可厚非的。可是我们在这段时间中不能白白地把时间浪费了，或许我们可以去掌握些技能，又或者我们能积累些工作经验？这里就是我们常常涉及的择业与就业了。我们可以先就业然后比较从容地去找心中最理想的工作，既可以让自己有工作经验也不会让自己这么窘迫，一举两得，何乐不为？

再者就业还涉及待遇的问题，人们都希望自己能得到认可，会有一个较好的待遇，可是许多同学走向招聘会的时候可能会发现现实是比较严峻的，待遇好的工作竞争是非常激烈的，几乎达到白热化，而待遇较差的工作则让人感觉是埋没了自己所学的知识。对于自己有信心而且掌握多项技能、自身综合素质高的人（例如：得过很多奖励、有着很多证书的人）尽可能去尝试竞争，因为在竞争中也更能发现自己的不足、完善自身，而且招聘方也会比较重视。

那么是不是没有得过很多奖励、拿过很多证书的人就不要去试了呢？不然，我认为尝试还是可以的，因为也存在这样的人——综合素质高，但是却没有去考证。首先你对自己应该有充足的信心，世上无难事，只怕有心人。最后无论待遇如何，如果是自己感兴趣的工作，是显示出自己才能的工作都可以去做。人生是一个不断自我完善的过程，黄金总不会一直埋没在黄土堆里。

总之，我们要对自己有充足的信心，正确地定位自己，树立清晰的目标，然后为之奋斗。当理想碰壁时，我们不妨暂时向现实低头，守，可潜于九地；攻，可翔于九天。终有一天我们会实现自己的理想。看，理想的彼岸正在向我们招手。

勿以善小而不为　勿以恶小而为之

——记某学院2007届毕业生

我2007年毕业于高职学院计算机网络专业，现工作于南昌市商业银行，和大家一样，有着平凡的人生，而却走着不平凡的路。在学校里，我担任学干，组织和参加过许多活动，也获得过很多荣誉，成为了一名中共正式党员，但这些只是人生路上的一个过程，而自己在这个过程中所得到的经验才是最值得的，这是学院给我的荣耀，我会好好珍惜的。临近毕业了，学校又为我们提供了一个很好的就业平台，加上自己平时的所学，我被南昌市商业银行录取了，这是我难得的机遇。我想说的是有付出才有回报，人生道路坎坷，要想成功，必须要有行动，一步一个脚印，炫出自己美妙的人生。

成功，一个多么令人心动的字眼，尤其是在个人能力被充分尊崇的今天，它的出现几乎是与高品质的生活方式联系在一起的；也正因为此，它是无数人一生奋斗的梦想。站在人生起跑线上的我们和那些正在途中寻找方向的人们，谁不渴望心想事成，体验那激动人心的时刻。但曾几何时，我们却沉迷于将自己的誓言写在昨天的阴影中，更习惯于把今天的行动推给明天又明天……于是，时光日复一日地流着，而成功时的欢欣也在日复一日中离得越来越远。

我们应该从现在起，出发、行动，不怠慢、不自欺、不苟且，大胆坚定地确立自己的奋斗目标，然后脚踏实地地前进。千里之行始于足下；成功之人成于现在；昨天跌倒并不可怕，可怕的是跌倒后的今天你还站不起来，曾经有多少不如意的事情也并不可悲，只要你从现在起发奋努力，自强不息。

已经失败的人和已经成功的人之间，一个很重要的不同之处在于他们不同的习惯。良好的习惯是一切成功的钥匙；坏的习惯是通向失败的敞开的门。因此，培养好的习惯能给我们带来原则，好的习惯是要我们在日常生活中慢慢养成的。

在我们刚毕业时还有许多人没有确定的目标和抱负，没有规划良好的人生计划，而只是一天天地得过且过，持有这种人生态度的人，不要说取得全面的成功，即便是想取得某一领域的成功也是不可能的。在生活的海洋中，我们随处都可以看到这样一些年轻人，他们只是毫无目标地随波逐流，既没有固定的方向，也不知道停靠在何方，他们虚度了多少宝贵的光阴，荒废了多少青春的岁月，他们在做任何事时都不知道其意义的所在，他们只在拥挤的人流中被动前进。他们只是在那儿漫无目的地等待机会，希望以此改变生活。

我想，任何人都应该对自己有严格的要求，特别是即将毕业的学生们。不能一有机会就无所事事地打发时光，也不能只在感到有工作的心情时才去工作，而必须学会控制自己的情绪，不管是处于什么样的心境，都应当强迫自己去工作，并做好工作。也有这样一些人，他们有着最良好的装备，具备一切最理想的条件，而且也似乎是正在整装待发，然而，他们行动的脚步却迟迟不能迈开，他们并没有抓住最好的时机。原因就在于他们身上没有前进的动力，没有远大的抱负。

在我们的生活中，最大的挑战之一就是如何保持对生活的激情，远离盲无目的的生活，坚定明确的奋斗目标，永远让炽热的火焰燃烧，并且保持这种高昂的境界。

在今后的人生道路上，要全面培养自己的能力，要有技术能力、概念性能力，交际能力，正确发现问题的洞察力，影响他人的敏感力，开创未来的远见力、应变力，有效执行计划的集中力、忍耐力。然而，要培养这些能力，更要求自己学会自省，学会自控，多读书、多实践、多思考。

走出校门，步入社会，这是我们必经的一条路，自己所走的路是要靠自己努力付出的，没有平平坦坦的路让你走；我感谢学院的栽培，感谢老师们给我的支持和帮助，给了我良好的锻炼机会，是她指引我一步一步向前迈进。学校为我们提供的良好环境，为什么自己不去好好地争取呢？抓住现有的学习机会，为今后的道路奠定好的基础。

不管道路怎么走，做什么事，我会时刻记住一句话，“勿以善小而不为，勿以恶小而为之”。

知己知彼　百战不殆

——记某学院 2008 届毕业生

随着社会生产力的日益提高，社会分工愈来愈精细，日臻完善的人才市场，各种职业都对同学们提出了更高的要求，要想在竞争激烈的人才市场上脱颖而出，赢得“伯乐们”的青睐，并非是一纸文凭、几份简历所能做到的。参加过人才招聘会的同学应该知道现在很多企业单位都要求应聘人员要有相应的工作经验。通过社会现实,我们感觉到大学毕业生就业压力很大,就业的形势很严峻。因此,我们要认清形势,用客观、现实、积极的态度来对待就业问题。对于大学毕业的我们来讲,同时也要客观地评价自己,准确定位,把握住市场需求,努力提高自身素质,做一个有准备的人,使自己获得更多的机遇。大学已经毕业的我有几点心得,希望能给同学们一点启示:

一、做好准备,调整心态,轻松上阵。虽然当前就业形势相当的严峻,可是同学们要有一个良好的心理状态,困难在有准备的人面前是毫无作用的。可适量看些励志以及人生哲理方面的书,端正自己的人生观、世界观,尤其对成功、失败、挫折以及如何应对变化方面的看法,以调节、增强自己的心理承受力。

二、面试时要注意精神状态,面试时要灵活,不要死背书本上的理论,可用实际的例子来回答所遇到的问题,尽量把自己最好的精神状态和面貌表现出来。当你踏入考场的那一刻,一定要时刻注意自己的精神状态和一言一行,说不定你旁边坐着的或同一部电梯上的那位貌不出众的"仁兄"就是"主考官"之一呢!另外,还要提醒同学们在面试的时候要注意自身的穿着打扮,确保干净整洁。

三、辨别方向并准确定位,从容应对。找准自己的定位,清楚地了解自己未来希望的发展方向,并在此基础上了解自己想要应聘公司的详细情况。"我找工作,还是工作找我?"后者对大多数同学来说是天方夜谭,但事实上总是有这样的幸运儿在金字塔尖选择自己职业生涯的起点。他们不一定是成绩最好的,但一定是知道自己想要得到什么的人生。无论天才还是蠢才,只要关键的路走对,就能成为有用的人。

四、有明确的职业规划。对人生、对自己的职业有明确规划的人,一定是一个对生活、对工作抱有责任心、自我能力强的人。在面对突发事件或外来压力时,他们也具备一定的承受力和应变力,不轻易退却。一般这类人选择企业、职业时不会盲从,清楚了解自身的优势和不足,会选择适合自己的岗位,并能发挥主观能动性,以达到自己设计的规划目标。一个人选择什么样的职业,常与他(她)本人的兴趣、爱好、性格、气质及能力等有密切关系。从某种意义上来说,兴趣、性格等是一个人在选择职业时首先要考虑的问题。所以,求职者在择业过程中,应对自己各方面的情况作出客观且全面的自我分析。

在职业生涯发展道路上,重要的不是你现在所处的位置,而是迈出下一步的方向。喜欢不喜欢这份工作是一件事,应该不应该做好这份工作、是否有能力做好这份工作是另一件事。在职业生涯早期,对自己锻炼最大的工作是最好的工作;在职业生涯中期,挣钱最多的工作是最好的工作;在职业生涯后期,实现人生价值最大的工作是最好的工作。在就业初期,我们要知道锻炼能力、处理人际关系、学习专业技术和提升自身水平的重要性。

五、成为企业愿意为你投资的人选。当你得到一份工作,跨进企业的大门,一切才刚刚开始,千万不能有非我莫属的思想,而应该有这样的观点:自我雇用,成败在己。

试用期是新员工与企业相互接纳的一个过程。这一阶段受工作性质、部门类型、领导风格、组织文化、新员工实绩等诸多因素的影响。若想顺利发展,就必须未雨绸缪,做好自己职业生涯的规划,做一个诚实、守信、尽职敬业的人,使企业领导确信你是一个值得信任、值得投资的好员工。

切忌频繁跳槽。虽然大多数单位要求应聘者有相关的工作经验,但同时与之相矛盾的是,很多领导忌讳跳槽很频繁的人,即使不从一而终,也应安于本职工作,老是这山望着那山高的人,不肯埋头工作以求进取,只是单纯要求回报,必然被用人单位所唾弃。

因此,我们在选择职业时,必须了解自己的优势所在,了解自己能力的大小、自己的能力在哪方面表现得突出之后,再做出选择,这样有助于我们择业的成功,并保证在今后的工作中做到扬长避短,取得更大的成就。

要知道我们的起点并不是我们的终点!

职场新人需要做好的几门功课

——记某学院 2008 届毕业生

新单位工作给新人们带来新鲜感,同时也面临着巨大转型压力。悠闲的校园生活方式被紧张的职场打拼所代替,使这些在家里备受呵护的“80 一代”独苗进入“断乳期”,由于二十几年的娇惯成性,可一到了社会上就没人再惯坏脾气,自己就受不了,显得与社会、与职场、与企业、与同事都格格不入。用不了多久,就存在许多形形色色的问题,像心理承受力差、不懂人际交往、礼仪文化缺欠等问题,已成为不少刚工作大学生的通病。

宏威职业顾问认为:职场新人的问题,责任并不完全在他们,学校、家长、企业对他们的教育都应负有不可推卸的责任,如果学校给了他们更多实际操作的机会,他们在经验上就不会是空白;如果家长当初不是过分疼爱,他们就不会像现在这样脆弱;如果企业给他们成熟的机会,他们也会重新振作。所以,解决这个问题需要职场新人、教育机构和企业管理者三方面的共同努力。教育机构要教给年轻人应对职场挫折的方法;企业的领导者和管理者也应该改变和调整管理方式;而家长在孩子步入社会后,要支持和帮助他们克服在工作上、在人际关系上碰到的困难和挫折,在他们表现出不适应打退堂鼓的时候,家长不要将他们重新搂回“翅膀”之下,而是让他们自己练硬“翅膀”;否则,他们将永远飞不起来。

过渡过程是个时间的概念,大学生适应职场需要时间,既然承认是“断乳”,那就应该给练习吃饭的时间,完成从“学校人”到“职业人”的转型需要时间,与企业的磨合需要时间,积累经验也需要时间,具备竞争力同样需要时间。要给他们融入职场的时间,他们需要过渡过程。哪怕时间很短,这个过渡过程必须经过。职场对大学生有偏见,但不能固化为成见,要鼓励他们跌倒了爬起来,继续蹒跚学步,当他们有了进步的时候,要给他们鼓掌加油。

宏威职业顾问认为:职场新人进入企业,过渡过程越短,发展得越快,这个过渡过程时间的缩短,要靠新人们自己的努力,别人只能帮你,而不能替代你。所以,你要做好职场各门功课。

1. 熟悉自己的行业、企业、部门、岗位

大学生就业,如果选择去一个根本不了解的公司,这是一种冒险,不要轻易决定第一份工作,一般来说,新人的第一次职场体验是相当重要的,它会使新人对职场产生一种固定印象,形成固定心理状态,从而影响到今后的职业心态和职业规划。所以,入职前和入职后都要进行尽快探险。探险的结果最终决定了你以什么形象出现在公司、用什么样的方式进行日常工作、怎样与领导和同事们打交道。

2. 学会冷静思考,丢掉幻想、面对现实

年轻人容易将事情看得简单而理想化,在跨出大学校门之前,都对未来充满憧憬,初出校门的大学生不能适应新环境,大多与其事先对新岗位估计不足、不切实际有关。当他们按照这个过高的目标接触现实环境时,许多所谓的“现实所迫”让他们在初入职场时就走了弯路,以至于碰了壁还莫名其妙、不知所措。往往会产生一种失落感,感到处处不如意、事事不顺心。这类年轻人对自己的职业生涯规划大多呈现两种极端的态度:一种是职业生涯规划目标过于远大,另一种则是完全没有规划。因此,毕业生在踏上工作岗位后,要能够根据现实的环境调整自己的期望值和目标。先要站好眼前的岗位,做好负责的每项工作,让你的老板发现你有做经理的潜质,有培养的价值,并让老板因为你的出色业绩而不断做出提升职位的决策,最后成为公司独当一面的挑大梁人才。

3. 脚踏实地、从小事做起、从基层做起

职场新人在自己部门可以从整理报纸文件、接听电话等做起,为其他同事做些辅助性工作,如打印资料、填写简单表格等,业余时间打扫一下卫生、帮老同事倒杯水,给人留下勤快的印象,又易于融入同事圈中,和同事们相处和谐,得到大家的帮助支持。职场新人不但要完成好属于自己的每一项工作,还要做自己不愿做的事情;不仅需要具有创新意识的人才,还需要脚踏实地、认真做事。要督促自己、观察别人,只要是交给自己的事情就非要踏踏实实做好不可。

4. 最大限度地表现自己的能力

能力素质，是一个人能否进入职业的先决条件，是能否胜任职业工作的主观条件。无论从事什么职业总要有一定的能力作保证。没有任何能力，根本谈不到进入职业工作，对个人来讲也就无所谓职业生涯可言。能力是指完成一定活动的本领。经济的快速发展使职场对人才要求标准越来越高，每个职业人都将面对就业市场上“质”与“量”的双重压力。

5. 要虚心学习，提高应对压力的能力

公司鼓励的是学习意识和钻研氛围，其实最重要的学习来源是在工作实践中，自己多问、多学。相对于社会求职人员来说，大学生群体工作热情高，激情饱满，求知欲和接受新知识的能力都非常强。所以，企业在招聘时一般会根据其职位需要，选择具有一定专业背景知识，具备某些专业特长，思路开阔，善于与人合作的大学生。一个充满热情的人是很容易受人欢迎的，他的活力和热情是很容易感染别人的，和这样的人在一起工作，是一件让人快乐的事情，同时这样的人也是老板所喜欢的类型。做任何事情都要满怀热情，你需要从公司中学习的东西很多。你从上班第一天开始，锻炼自己各方面的能力，取长补短，为下一份工作积极做好准备。要保持谦虚心态：虚心、耐心、热心、诚心，这是职场新人必须具备的基本素质。

6. 熟读办公室政治，妥善处理人际关系

与周围同事处理好关系，同事们不仅可以帮助你、指点你、向你传授经验，而且在试用期结束时，可以帮你“说好话”。在所有时间，都要管好自己的嘴。一个只知道抱怨的员工是不会得到老板赏识的。如果你能心甘情愿做杂人、干杂活，那么，你就是在给自己加分，很快就会被老板“相中”。因为许多老板都认为：能把公司的不起眼的事都认真做好的人，肯定是敬业、有责任感的员工。不久，他就会安排大任于你，为你施展才华创造机会。

“80 一代”，自己要争气呵，做个像样的职场新人给大家看看。

了解自己，掌握信息，理性择业

——记某学院2009届毕业生

从2008年11月份走出学校，在IT行业做销售员开始，一场没有硝烟的战争拉开序幕。从期望，到失望，到彷徨，再到希望，我想这是每个在求职路上踽踽前行的人必有的心路历程。一路走来，酸、甜、苦、辣样样俱全，曾经苦苦挣扎过，迷茫过，当时我默默告诉自己：每个人都有属于自己的路，既然选择了，那么就一直坚持下去，路会越走越宽。我坚持下来了，并且在做销售员3个月后就被公司提升为部门经理。喜悦从心底发出，因为对于我来说，就业好像没有太大的波折，也许有人会说这只是幸运，但是只是靠幸运是不可能的，很多时候是要靠自己去努力、去争取。

在求职路上我学到了很多东西。求职路上，几家欢乐几家愁，的确，能尽早签约，并且是自己所中意的单位，当然是皆大欢喜。然而，人生不可能那么的一帆风顺，毕竟职位总是有限，僧多粥少的现实下，我们应该如何应付呢？我觉得最重要的是摆好自己的心态，相信自己，是金子总会闪光，而不能在一两次的求职失败后便心灰意冷，怨天尤人。能找到优秀的单位固然值得欢喜，可是即使只能进入普通的单位也不要气馁。人生几十年，现在的一切并不代表将来。谁能保证你就永远的普通呢，也许某天你要感谢现在的选择呢。因此，只要我们选择了，就尽力做好，不要给自己后悔的借口。

虽然没经历过太多场应聘，不能像许多同学那样滔滔不绝地述说自己的实战经验。可是毕竟也曾是局中人，多少有一点自己的体会。面对如此激烈的“竞技场”，如何在面试中脱颖而出呢？

一、“简历”是打开应聘之门的钥匙。许多应聘单位选拔的第一步往往是从“简历”筛选开始。因此，作为应聘的我们必须慎重对待简历的制作。个人觉得，简历无需花哨、无需厚重，而应重在突出你的亮点，让就业单位在数以百计、千计的简历中，快捷、清晰地掌握你的优势所在。

二、“面试”是就业成功的奠基石。许多人就是在面试这一关被淘汰出局的，很多人对面试也存在不同程度的恐惧心理。的确，面试是十分重要的。因为我们无法知道考官们将如何出题，如何去判定我们。然而，通过许多同学成功的面试经验，我们不难发现在这一过程中心态起着十分重要的作用，越能轻装上阵的同学成功的概率往往越高。俗话说，战术上我们要重视敌人，战略上我们要藐视敌人。做好充分的准备，然后以平常心对待，是面试成功的关键。

三、身体是革命的本钱。健康的体魄是每个就业单位对人才的基本要求，在整个求职过程中，它通常被安排在最后一个环节。而这一环节也是最容易被大家忽略的。今年就听到好几个同学因过不了体检这一关，而被就业单位拒之门外。因此，在此建议大家要多保重自己，千万不要忽视健康。

四、理性的择业观。一些人失败，很多是因为从开始择业就犯了错误。现在大学生有一些不理性的择业观念，要么是“找不到金”，觉得干什么都不会成功；要么是“遍地是金”，头脑发热；要么是“别人手里的才是金”，盲目跟风，别人做什么就跟着做什么，自己没有思考。我们要积累一些属于自己的经验，在奋斗的过程中不断地提高自己，市场竞争太残酷、太无情，而对于缺乏经验的人来说，最好不要去直接参与激烈的竞争。时间是有限的，所以要把时间用在最有价值的地方，不要花在不必要的竞争上。

大学生求职，实际就是求职信息传播，大学生通过书信、上网、登门或引荐等渠道，向可能的聘用单位表达欲求任职的意愿。我们大学生怎样才能成功求职呢？从信息传播成功关键因素分析，主要有以下六个方面。

一、自己首先是合格的大学毕业生。也就是，自己本身是有用之才。是才或非才，主要体现在三个方面：①有无过硬的专业知识和技能，如外语、计算机等级证书是高或低，有无其他的如编程、会计、律师等任职资格证书或获奖证书。②是否具备较强的敬业爱岗和开拓进取精神，如为什么向贵单位求职。③是否具有巨大的发展潜力，如有何特长爱好，当过学生干部没有，是否吃苦耐劳。

二、能够较准确地找到自己与聘用单位的共同点。即自己的志向、知识、能力、特长、兴趣、爱好等与聘用单位有没有共同之处，自己比较适合的那类单位有没有聘用大学毕业生的计划、指标。若要能够比较准确地找到双方的共同点，那么，至少应有两个条件：一要认清自己，自己离自己最近，却最难以认清自己；二要下番工夫，认真搜集、分析和利用聘用信息。同时，眼界还要放宽些，不宜局限在某个行业或某些单位，以增加成功概率。

三、要具备一定的求职技能。尽管求职技能多种多样，错综复杂，但对大学生而言，最常见和最主要的技能就是“两会”：一会写自荐书信，写出的自荐书信能扬长避短，重点突出，简明扼要，措辞巧妙、精辟，能引起阅读者的重视等；二会说话，面对聘用单位的人员说话时，能够心不慌，脸不红，知道哪些该说、详说，哪些该回避、简谈，说话当中能给人以诚实、谦虚、稳重和成熟之感等。

四、要有一定的抗干扰能力。干扰大学毕业生正常求职的因素目前还不少，如不正之风、设骗欺诈、信息泛滥等。因此，大学生成功求职，还应具备抗干扰能力。抗干扰能力当中，最重要的有两项：一是能够较准确地鉴别信息的真伪，防止受骗上当；二是能够捕捉最佳决策时机，防止因脚踏两只、三只船等丧失最佳机遇。

五、团队精神至关重要。没有众人的帮助，没有人能单独完成一项事业。一个人要想成功，必须加入团队中。一块主板从电子线路设计到 Layout 的 PCB 设计，接着做样品，再到测试。每一步精推细凿，如果一个环节出了一点问题，都不是一块好产品。因此，一切成绩都是大家共同努力的结果。如果没有同事的帮忙我也不会有今天的成就。

六、自动自发，敬业勤力，是一个人首要的基本素质要求。自小我们都有自己的理想，并为之不懈求学，努力攀登。长大工作了，是我们实现理想和人生价值的时刻。不是让你做，而是你要做。无论工作生活，都要有合理的规划，并付诸行动。敬业爱岗更是公司发展的基石和动力。要有责任心。成功者找方法，失败者找借口，上司交给你任务的时候，争取在有限的时间内独立思考完成。现成的东西会叫你头脑僵化，有时类似的东西照搬会出现严重的问题。出现问题时，不要推卸责任，要勇于承担它们，想办法补救和解决它们才是最根本的。注意时常总结经验和教训，以便以后更好地工作。做一行就要爱一行,要深入下去,把自己的事情做好,哪怕是自己不愿做的工作,这就是起码的职业道德。

而我们大学生总会陷入几个就业心理误区。

误区一:自我期望值过高。

不少大学生自认为学识渊博,从政、经商、做学问不费吹灰之力,伸手就可以出成果。因此,他们在择业时极容易出现"高不成,低不就"的现象,自然择业困难。陕西来的陈先生到深圳多年了,他本来在一家合资企业找到一份人事文员的工作,但是他认为这是一个高中生就能胜任的位置,如果让他屈驾于此岂不是"浪费人才"? 于是,一个星期不到就主动拜拜了。后来几经辗转,他凭着"丰富的理论知识"在一家台资厂找到一份做行政主管的"美差",但由于他没有大型外资企业的实际管理经验,不能顺利开展工作,试用期一到就被老板炒"鱿鱼"了。不要过高地估计自己,什么事情都要有根基,如果一栋大楼没有坚实的根基,空中花园是很难实现的。

误区二:过多的物质要求。

许多大学生过多考虑物质条件,不但要求月薪高,生活好,还讲究住房、奖金等林林总总的物质享受,如果用人单位稍不满足他们的要求,他们便潇洒地"移情别恋"。一位企业老总说:"企业竞争也是人才竞争,我们公司急需几个具有经济管理能力的大学生,可是他们太傲,动辄讲待遇,眼光这么高,我还敢用他们吗?"到哪里都是要务实的人才,现在每年的毕业生都很多,想要找到一份好的工作我们就要踏实肯干、显现自己的才华,让老板觉得我们是人才,这样物质待遇就不用我们来提自然就会有。新形势下,允许人才流动,提倡双向选择,但并不意味着爱岗敬业精神已经过时,我们要在讲求效率和效益的今天,任何一个企业都不会录取那些没有敬业精神和只为金钱而活着的人。我们要发扬爱岗敬业精神,立足本职,扎实工作,与企业共同渡过难关,用智慧重塑企业辉煌,把握着属于自己的每一分钟,争取着每一次机会,将自己的才华在工作中充分展现,用行动实现自己的理想,体现自己的人生价值。

误区三:迷恋大型企业。

有相当一部分大学生认为,只有到大型企业去干,才能充分发挥出聪明才智。他们的理由咄咄逼人:大型企业具备了实现人生价值的物质和精神条件,机遇好,福利好,工作稳定,而小企业只有那么几十或几百号人,奖金不雄厚,更谈不上什么发展前途了。其实,有些大型企业里面人才济济,竞争十分激烈,而一般的小企业,对人才的需求如饥似渴。事实上近年来,大企业里的大学生"大材小用",而小企业却多"小材大用"。其实,不管在大企业里,还是在小企业里,只要有真才实学,脚踏实地,同样能干出一番事业来。

误区四:追求热门职业。

行政、人事、财会是大学生追求的热门,可毕竟僧多粥少,人才济济,用人单位只好"百里挑一",落选者甚众。而一些冷门职业尽管急需大批人才,但问津者寥寥无几。这样,在人才市场就出现了"热门难进,冷门更冷"的怪现象。

大学毕业生的择业误区,是在社会、个人双方合力下形成的。其实,作为大学毕业生的我们,此时应该多一点"大丈夫能屈能伸的豁达",不要过分计较一时的顺逆,坚信"天生我材必有用"的信念,从"零"做起,从基层做起,最终定能在社会上找到自己的位置。

人生充满了选择,而就业正是大学毕业生一次重大而严肃的选择。许多大学生的职业选择都不是一次完成的,需要多次不懈地选择才能实现个人的职业理想。也许,重大的、决定性的选择仅有几次,所以我要慎之又慎地对待每一次择业,坚持科学择业、理性择业。

一个人有一技之长,有傍身之技,那是最好的,走到哪里,都能有一口饭吃,还吃的不错,这是传统的观点。

任何技术都是要在某个行业去应用,这个行业市场越大当然越好;要在一个领域之内,做深做精,成为绝对的专家,这是走技术道路的人的选择。不要跳来跳去,在中国,再小的行业你要做精深了,都可以产生很大的利润。

我们要对自己的职业生涯发展有明确的考虑和充分的认识，做好自己职业生涯的规划，打好职业生涯的发展基石。

毕业后我选择了创业

——记某学院毕业生自主创业

所创公司名称：南昌德成高新技术开发有限公司

经营项目：晋业软件江西代理　点击网络金牌代理　方正电脑经销商　HP打印机耗材经销商

2007年我毕业了，毕业后到了苏州、无锡、常州、张家港、南京等城市去找工作。结果吓我一跳，就不了业！开始我怀疑自己心态没有调整好，要求高，后来发现不是。在外转了快一个月了，工作还是没有着落，心里开始着急，人都快疯了。身上仅仅剩余56块钱，这个数字我永远记得，因为没钱，我在无锡火车站睡了三个晚上，第四天我决定回南昌。

回到了南昌，我应聘上了江西农业大学的班导，工作虽然比较轻松，但觉得自己还年轻，人生应该是充满激情的，于是辞职了。找了份推销软件的工作，那段时间股市很火，我选择了卖股票软件，经过自己努力发现软件这东西成本低、利润高，只要销售方法正确，目标客户准确，销售不是问题，那一刻我的心里就在谋划建立自己的公司。

我把我所有的储蓄都拿了出来，向家里借了几万元，向朋友筹集了几万元，注册了一家属于我的公司——南昌德成高新技术开发有限公司。那一刻我感觉到身上担子重了，压力大了，但是那一刻我也深深地感觉到前途的美好。现在公司运营得很好，以下是我对个人创业的心得：

要是你有干成大事业的欲望和白手起家的决心，选择你感兴趣的事业作为你终身奋斗的目标，一心一意地坚持下去，运用正确的方法去思考和行动，你就一定会成功。

中国现在尤其需要白手起家的英雄。经济的低迷，国有企业的不景气，下岗人员的增多，许多单位的人浮于事、效益低下以及大学扩大招生后造成的就业压力增大等，所有这一切都表明中国不仅需要一大批资深职业经理人带领现有的企业走出困境，同时需要一大批白手起家的英雄创造出新的经济增长点和新的就业机会，使中国经济有一个较大的增长，使我们在国际竞争中处于更加有利的地位。

做大企业的经理人也许你不够条件，或者说你具备了条件，但没有人了解你，没有人赏识你，或者你没有社会背景，没有人提拔你。所有这些都可能会使你做大企业经理人的梦想破灭。然而你可以白手起家创造出属于自己的一片天地，而且任何人也不能阻挡你。

我们这个时代特别呼唤白手起家的英雄。无论你是学士、硕士或博士，还是只上到中专毕业，甚至只是中学毕业，无论你是正在上班的在职一族，还是正在找工作的毕业学子或下岗职工，无论你二十多岁，还是已到不惑之年或者已经五十岁出头，所有这些都不会影响你的创业梦想。

湖北大学休学创业第一人

开学了，王超的生意开始逐渐“回暖”。24岁的王超是湖北大学体育学院社会体育专业大三学生，老家在恩施州巴东县溪丘乡火炮山村，为了创业，已有3年没有回家了。2008年9月，王超投资7万元，租下5间店面，陆续开了一家快餐店、一家洗衣店和一家奶茶店。当中国青年报记者与他联系时，他正准备捎上父亲从老家带来的猪蹄和高粱酒，去看“干爹”——快餐主厨陈彦云。王超的店面就在江城大学生公寓所在的商业街，这条街还没完全修好，用王超妈妈的话说就是“太偏僻了，没什么发展前途”。但王超充满信心：“最初考察地段时，我5次到学校规划建设处咨询，确定此地有发展前景后才投的资。门前的马路将拓宽为市区主干道，对面要建容纳5 000多人的教师公寓，将来有8 000多名湖大学生要经过这条马路上下课，附近还有两个大型小区，只要1/10成为我的客源就不得了。”王超的店虽小，每天承受的压力可不小，5个店面仅租金每月就要5 000元；3个固定工，4个兼职同学，每月工资支出约4 800元；每天一开门，就要330元。不过王超的生意还算不错，除去开支，每月能收入七八千元。“这里还没有经营书刊、烧烤、麻辣烫的店”，王超准备抓住商机，在开学后把生意不稳定的洗衣店改成书店，店前空地用来做麻辣烫和烧烤生意。这次王超引进了创业伙伴，前期投资1.5万元，双方各占50%。

干爹帮我摆平“保护费” 创业的天空如此绚烂，但王超曾有过另一番沉重。有一天上午，一个社会青年上门来收“保护费”：每月600元。他吹嘘自己“上头”在这一带很牛。有了上次“苍蝇事件”的经验，王超直接请主厨陈彦云师傅出马，打个电话就“摆平”了。“苍蝇事件”是王超创业后第一次遇到人捣乱。2008年11月21日，两个20多岁的小青年到店里点了两个菜，吃完后把盘子一丢说：“饭里有苍蝇，你说怎么办?”王超赶紧赔礼并表示不用买单了。但两人不依不饶，张口就骂，还提出要上医院检查，每人赔500元精神损失费。见王超不够爽快，他俩不断推桌子，兼职的女大学生早已经吓得躲在一边。王超心里纳闷：发现菜里有异物不马上指出，哪会吃得干干净净了才冒出只苍蝇？为避免事情恶化，王超连忙向有开店经验的陈师傅“求援”。陈师傅与他们一番交涉，连哄带吓，两人才灰着脸溜走了。这件事后，王超有意识地结识了学校保安、徐东派出所丁警官。现在，老师、保安人员、派出所的警官都会时不时过来转转，情况好多了。

现在王超一直住在店里，都是给失盗闹的。9月16日，王超的小店开业第三天，由于连着忙了一个多月，那天他回寝室洗了个澡，想好好休息一下、。没想到第二天早上店门却打不开了，撞开一看，傻眼了：新买的煤气灶、微波炉、MP4和前一天的营业款800多元全没了，一下子损失2 000多元。创业中王超遇到了很多突发事件，多亏了经验丰富的陈师傅才得以化解。陈师傅是湖南长沙人，以前在武昌有名的“好吃一条街”开餐馆，后因家庭变故变卖了餐馆。刚好王超的快餐店开业招聘厨师，他来面试。王超看中他有开店经验，为人也和善。陈师傅觉得王超有创业激情，想帮他一把。他们一拍即合。陈师傅教给王超采购策略和厨艺，他做事精益求精，很多顾客吃早餐都专门点他做的湖南米粉。慢慢地，他俩情同父子。陈师傅只有两个女儿，王超认他做了干爹。

王超成为湖北大学休学创业第一人 2009年1月12日，王超办好了休学手续，骑着自行车往回走，心里想着学院党委副书记张强工的话：“你是学校休学创业第一人，本来学生应以学业为主，但作为个案，学校同意你休学创业，对你是保护。好好创业，欢迎你早日重返课堂。”回到店里，王爸爸接过刚盖上体育学院公章和分管负责人签字的“湖北大学学生学籍异动表”，看着王超手上和耳朵上冻伤的痕迹，眼里流露出的是隐隐的痛惜。因生意太忙，上学期开始王超就很少去上课。辅导员找他谈了3次话，希望王超能把重心放在学习上，让父母过来打点生意。这事情王超也想过，但店里从采购到成本核算，都是王超一手操办，老人一时接不上手。要顾生意，学习自然就顾不上，王超想干脆休学创业。这个想法遭到了家人的极力反对，父亲还曾经抛出“断绝父子关系”的狠话。但面对王超可能被勒令退学的现实，父亲只好无奈地在休学申请书上签了字。面对王超的“壮举”，有的同学佩服，有的为他惋惜。有人问王超：你为什么这么坚持？王超的回答是：家庭经济困难，又因没回家办贫困证明，助学贷款没有办下来。其实王超自己清楚，现在开店的机遇很好，他不想错过。休学了，创业的压力更大了。离开单纯的象牙塔，完全走向社会，开始他有点招架不住，但已经没有退路了。

说实话，创业是王超从小就有的梦想。读中学时，他就卖过明信片，到建筑工地做过工。大一开始，王超更是不停地做各种兼职，送桶装水、卖手机卡、卖二手电脑和MP3，还做过招生代理。为了开店，他把打工赚的钱全攒了起来，开业投资的7万余元中，4万元是借的，3万元是两年勤工俭学的积累。

一个人的春节 2009年寒假长，周围的店主都回家过年了。王超想：做事业需要忍受寂寞和孤独，寒假正好充充电，看看经营管理方面的书籍。前几天，爸爸回老家陪妈妈、爷爷过年了，王超要守店，又不能回家了。下午，王超炒了两盘小菜，热上姐姐送来的腊鱼和鸡鸭，加上一瓶啤酒，一桌丰盛的年夜饭就成了。可惜只能独自享受，他有些想家了。吃完饭，拨通了家里的电话。妈妈哭着说：“爷爷都80岁了，每天牵挂着你，就怕见不到你。”妈妈一哭，王超鼻子也酸了。电话讲了半个小时，王超决定5月回老家为爷爷祝寿。已连续3年在外过年了，只有逢年过节才给家人打个电话，每每想起心里就惭愧。躺在床上，听着外面的鞭炮声，王超想起了去年春节，他被朋友骗至江苏仪征，误入传销窝，投入1万多元后才逃出来。后来在当地一家快餐店打了一个月工，和餐厅的老板学管理餐馆、挑选员工的经验，现在看来这些经验特别有用。做生意，王超最看重人气，仅靠自己的力量很难吸引更多学生，他就主动提出帮房东出租门面。这3个多月，网吧、餐馆等入驻了不少，现在店面的租金都“升值”了。餐馆多了，王超就得开始考虑创新，除发展会员还增加QQ订餐、送餐，并向客人赠送菜品。

准备二次创业　等爸爸能完全接手王超的工作，下半年他就要返校了。王超说会努力学习，总结经验，准备二次创业。

分析：王超不容易。创业要有勇气，要有智慧，还要有吃苦耐劳的精神。王超做到了，而且做得很好。吃苦耐劳是中华民族的美德。王超们的年轻人尽管生在红旗下，长在甜水里，一旦真的要横刀立马，独闯江湖时，这种美德也就会被激活，也就成为推动事业发展的强大动力。

认准职业方向　主动出击

——记某高校2006届新闻专业毕业生

杨雪在校期间表现出色，学习成绩优秀，曾获得学校二等奖学金，同时，她还是学生干部，参加多个社团，人际交往能力和组织能力都不错。因此人们普遍认为，她想找到工作不是件太难的事情，可是她就业也一样多次遭遇波折。

2005年底，部分用人单位开始进校园招聘，别的同学都忙着制作简历，向用人单位推销自己，她却悠闲地在图书馆看书准备考研。她有自己的想法：如果考不上研究生，等春节后再找工作也不是什么难事。转眼到了3月份，考研成绩下来了，她没有考上，这时用人单位的需求也达到最高峰，杨雪开始行动了，她向几家中意的媒体、杂志社投出简历，也参加了一些笔试、面试，却没有单位录用她。

经历过几次打击后，杨雪开始“怀疑”自己，也变得有些慌张。于是，她开始退而求其次，决定放弃做一名媒体人的梦想。在毕业前半个月，她应聘到上海一家五星级酒店做服务员。后来，她发现这样的工作与自己所学专业相差甚远，没有发展空间。于是，她孤身一人前往北京，加入到“北漂”一族的行列。

初到北京，杨雪备感彷徨。陌生的环境、陌生的人群，一切都要从零开始。参加几场大型招聘会，应聘几家企业后，她被一家企业文化咨询公司录用。这家公司是给各个大型企业做人才培养和企业文化培训的。起初，她在此做经理助理，后来由于她非常喜欢这一行，就利用业余时间，主动钻研企业文化咨询服务课程，慢慢地，她成了这个领域的行家，并得到了领导的器重。

然而，她认为，在私企打工始终没有大的发展空间。2009年，她应聘到一家有名的食品有限公司人力资源部，主要负责团队培训等工作。因为有了之前的工作经验，她很快胜任这份工作。在这家企业工作两年后，她刚要有升职的机会，企业却被另外一家公司收购，北京的办公地马上变成了生产车间。没有了施展才华的地方，杨雪离开了那家公司。

此后不久，杨雪就被北京一家管道设备有限公司录用。这是一家国有企业，工资待遇、员工福利都非常不错。而且这次她所做的仍然是人力资源管理，为了能在这个单位发展得更好，她还自费读了在职研究生，利用空闲时间给自己充电。

杨雪说：机会是给有准备的人的，最初的我太自信，以至于没有认清自己，对就业准备不充分。其实，大学生就业首先要有一个切合实际的就业目标，提前做好职业规划；其次要果断，机会稍纵即逝，在社会需求呈现买方市场的态势下，好的用人单位不可能等待你迟来的回复。

另外，杨雪认为，一些在毕业前还未找到满意工作的大学生，最要紧的是保持平和心态，一时找不到工作也不要太急躁，不要乱了分寸；要认准求职方向，主动出击，因为每位大学生的潜在能力都不差，都有各自的闪光点，只是有时还没有被发现而已。

潜心向学，珍惜大学时光

——记某高校2010届汽车工程专业毕业生

董久良的求职历程要从2009年10月16日说起，当时他从一个网站上看到了一家汽车公司的招聘信息后，立即通过电子邮件方式投递了求职简历。终于在当年11月，他收到了简历筛选通过的通知，并参加了该公司组织的网上笔试。

"一些正规公司的考核,笔试其实不是针对专业知识的考核,而是分为智力测试和情感测试两部分。"董久良说,智力测试主要考察应聘者的应变能力和分析能力,情感测试则是为了检验应聘者的团队意识和沟通能力。由于之前在学校曾多次参加暑期实践活动等,他已经有了很多经验。

一个月后,他又收到了笔试通过的通知,并参加了在长春举行的面试,即"一面"和"二面"。"一面":首先是3分钟的自我介绍,然后是回答面试官的提问。在自我介绍方面,董久良采用的方式非常独特。他的自我介绍除了基本信息外,运用了"1234"一组词,即:有幸进入1所大学深造,2次寒暑假社会工作经历,在校曾3次担任学校学生干部的锻炼机会,大学期间获得4次一等奖学金。这简短的自我介绍,给考官留下了深刻的印象,随即他进入到"二面"环节。

"二面"是6人为一组的无领导小组讨论。讨论期间,考察小组的负责人会提出各种各样的问题,这一环节中,董久良非常注意回答问题的细节。每次回答问题,他不仅自己善于思考,勇于发言,还尊重他人的意见,给别人发言的机会。

就这样,通过几轮过关斩将后,董久良最终在次年3月收到了签约通知,成功地进入这家著名汽车公司做项目研发工作。

董久良认为:如果想要在就业季顺利就业,需要在大学期间做如下准备。首先,在校期间要多参加社会锻炼,认真学好专业课。英语水平也是很重要的,最好能够通过英语四、六级考试。因为很多企业招聘时,基本要求就是通过英语四级;学好专业课,能使自己在笔试和面试中获得优势。同时,良好的心态,会使自己在找工作中准确定位,不至于好高骛远。毕业生要不怕挫折,坚定信心,爱拼才会赢。其次,要积极利用各种媒介获得招聘信息,例如学院的就业信息栏、就业信息网、中华英才网、前程无忧网等。最后,做出具有针对性的简历,其中个人求职意愿、个人能力和自我评价等,要符合企业的招聘信息要求。面试时,提前做好个人介绍,调整好心态,要自信、放松。回答面试官的提问时要思考后再回答,答案要符合实际,具有可行性、针对性和可操作性。

等待时机充分展现自己

——记某高校2010届应用电子技术专业毕业生

工资待遇不错,从事的不是一线工作,对于大多数的本科及本科以上学历的毕业生来说不是什么难事,但在如今很看重学历的应聘环境下,专科毕业生似乎很难实现。然而,某高校2010届应用电子技术专业毕业生王双,却以专科生的身份,成功应聘到了国内一家著名的汽车工程研究院,成为一名助理车用电器工程师。

应聘之前,王双精心准备了求职简历,拿着自己过去参加比赛的获奖作品。在招聘宣讲会结束后,等到其他同学几乎都离开现场时,王双带着事先准备好的简历和获奖作品,与该公司负责招聘的人员攀谈起来,表达了他非常想加入公司的愿望。听到他介绍自己得过国家励志奖学金,两次荣获全国电子大赛奖项,在学校担任过电子协会副会长、班级学习委员,平均成绩超过了90分等情况时,负责招聘的人员没有作声。此时的王双立即将参赛作品摆在他们面前做介绍。显然,招聘人员对王双所展示的作品起了兴趣。好的开始便是成功的一半,之后王双顺利地通过了笔试和面试。

王双把成功求职归功于在大学的锻炼。他说:"三年中,我刻苦学习理论知识,课前预习,课后复习,在课上积极与老师互动,认真总结学习方法,平均成绩从86分提高到96分,荣获了国家励志奖学金。同时,我很好地完成了学生会的工作,在担任班级的学习委员和系电子协会的副会长期间,承担班级和协会的大型活动,提高了我的组织能力和语言表达能力。作为应用技术类院校的学生,我深知学以致用的重要性,学习之余我积极参加各类社会实践活动,虽然参加了四次大学生电子设计大赛只有两次获奖,但积累了参加比赛的宝贵经验,为之后荣获各奖项奠定了基础。因此,我觉得通过各项大学生活动,培养自己的能力是很关键的。"

附录4　中华人民共和国劳动法

第一章　总　则

第一条　为了保护劳动者的合法权益，调整劳动关系，建立和维护适应社会主义市场经济的劳动制度，促进经济发展和社会进步，根据宪法，制定本法。

第二条　在中华人民共和国境内的企业、个体经济组织（以下统称用人单位）和与之形成劳动关系的劳动者，适用本法。

国家机关、事业组织、社会团体和与之建立劳动合同关系的劳动者，依照本法执行。

第三条　劳动者享有平等就业和选择职业的权利、取得劳动报酬的权利、休息休假的权利、获得劳动安全卫生保护的权利、接受职业技能培训的权利、享受社会保险和福利的权利、提请劳动争议处理的权利以及法律规定的其他劳动权利。

劳动者应当完成劳动任务，提高职业技能，执行劳动安全卫生规程，遵守劳动纪律和职业道德。

第四条　用人单位应当依法建立和完善规章制度，保障劳动者享有劳动权利和履行劳动义务。

第五条　国家采取各种措施，促进劳动就业，发展职业教育，制定劳动标准，调节社会收入，完善社会保险，协调劳动关系，逐步提高劳动者的生活水平。

第六条　国家提倡劳动者参加社会义务劳动，开展劳动竞赛和合理化建议活动，鼓励和保护劳动者进行科学研究、技术革新和发明创造，表彰和奖励劳动模范和先进工作者。

第七条　劳动者有权依法参加和组织工会。

工会代表和维护劳动者的合法权益，依法独立自主地开展活动。

第八条　劳动者依照法律规定，通过职工大会、职工代表大会或者其他形式，参与民主管理或者就保护劳动者合法权益与用人单位进行平等协商。

第九条　国务院劳动行政部门主管全国劳动工作。

县级以上地方人民政府劳动行政部门主管本行政区域内的劳动工作。

第二章　促进就业

第十条　国家通过促进经济和社会发展，创造就业条件，扩大就业机会。

国家鼓励企业、事业组织、社会团体在法律、行政法规规定的范围内兴办产业或者拓展经营，增加就业。

国家支持劳动者自愿组织起来就业和从事个体经营实现就业。

第十一条　地方各级人民政府应当采取措施，发展多种类型的职业介绍机构，提供就业服务。

第十二条　劳动者就业，不因民族、种族、性别、宗教信仰不同而受歧视。

第十三条　妇女享有与男子平等的就业权利。在录用职工时，除国家规定的不适合妇女的工种或者岗位外，不得以性别为由拒绝录用妇女或者提高对妇女的录用标准。

第十四条　残疾人、少数民族人员、退出现役的军人的就业，法律、法规有特别规定的，从其规定。

第十五条　禁止用人单位招用未满16周岁的未成年人。

文艺、体育和特种工艺单位招用未满16周岁的未成年人，必须依照国家有关规定，履行审批手续，并保障其接受义务教育的权利。

第三章　劳动合同和集体合同

第十六条　劳动合同是劳动者与用人单位确立劳动关系、明确双方权利和义务的协议。

建立劳动关系应当订立劳动合同。

第十七条　订立和变更劳动合同，应当遵循平等自愿、协商一致的原则，不得违反法律、行政法规的规定。

劳动合同依法订立即具有法律约束力，当事人必须履行劳动合同规定的义务。

第十八条　下列劳动合同无效：

（一）违反法律、行政法规的劳动合同；

（二）采取欺诈、威胁等手段订立的劳动合同。

无效的劳动合同，从订立的时候起，就没有法律约束力。确认劳动合同部分无效的，如果不影响其余部分的效力，其余部分仍然有效。

劳动合同的无效，由劳动争议仲裁委员会或者人民法院确认。

第十九条　劳动合同应当以书面形式订立，并具备以下条款：

（一）劳动合同期限；

（二）工作内容；

（三）劳动保护和劳动条件；

（四）劳动报酬；

（五）劳动纪律；

（六）劳动合同终止的条件；

（七）违反劳动合同的责任。

劳动合同除前款规定的必备条款外，当事人可以协商约定其他内容。

第二十条　劳动合同的期限分为有固定期限、无固定期限和以完成一定的工作为期限。

劳动者在同一用人单位连续工作满10年以上，当事人双方同意续延劳动合同的，如果劳动者提出订立无固定限期的劳动合同，应当订立无固定限期的劳动合同。

第二十一条　劳动合同可以约定试用期。试用期最长不得超过6个月。

第二十二条　劳动合同当事人可以在劳动合同中约定保守用人单位商业秘密的有关事项。

第二十三条　劳动合同期满或者当事人约定的劳动合同终止条件出现，劳动合同即行终止。

第二十四条　经劳动合同当事人协商一致，劳动合同可以解除。

第二十五条　劳动者有下列情形之一的，用人单位可以解除劳动合同：

（一）在试用期间被证明不符合录用条件的；

（二）严重违反劳动纪律或者用人单位规章制度的；

（三）严重失职、营私舞弊，对用人单位利益造成重大损害的；

（四）被依法追究刑事责任的。

第二十六条　有下列情形之一的，用人单位可以解除劳动合同，但是应当提前30日以书面形式通知劳动者本人：

（一）劳动者患病或者非因工负伤，医疗期满后，不能从事原工作也不能从事由用人单位另行安排的工作的；

（二）劳动者不能胜任工作，经过培训或者调整工作岗位，仍不能胜任工作的；

（三）劳动合同订立时所依据的客观情况发生重大变化，致使原劳动合同无法履行，经当事人协商不能就变更劳动合同达成协议的。

第二十七条 用人单位濒临破产进行法定整顿期间或者生产经营状况发生严重困难，确需裁减人员的，应当提前30日向工会或者全体员工说明情况，听取工会或者职工的意见，经向劳动行政部门报告后，可以裁减人员。

用人单位依据本条规定裁减人员，在6个月内录用人员的，应当优先录用被裁减的人员。

第二十八条 用人单位依据本法第二十四条、第二十六条、第二十七条的规定解除劳动合同的，应当依照国家有关规定给予经济补偿。

第二十九条 劳动者有下列情形之一的，用人单位不得依据本法第二十六条、第二十七条的规定解除劳动合同：

(一)患职业病或者因工负伤并被确认丧失或者部分丧失劳动能力的；

(二)患病或者负伤，在规定的医疗期内的；

(三)女职工在孕期、产期、哺乳期内的；

(四)法律、行政法规规定的其他情形。

第三十条 用人单位解除劳动合同，工会认为不适当的，有权提出意见。如果用人单位违反法律、法规或者劳动合同，工会有权要求重新处理；劳动者申请仲裁或者提起诉讼的，工会应当依法给予支持和帮助。

第三十一条 劳动者解除劳动合同，应当提前30日以书面形式通知用人单位。

第三十二条 有下列情形之一的，劳动者可以随时通知用人单位解除劳动合同：

(一)在试用期内的；

(二)用人单位以暴力、威胁或者非法限制人身自由的手段强迫劳动的；

(三)用人单位未按照劳动合同约定支付劳动报酬或者提供劳动条件的。

第三十三条 企业职工一方与企业可以就劳动报酬、工作时间、休息休假、劳动安全卫生、保险福利等事项，签订集体合同。集体合同草案应当提交职工代表大会或者全体职工讨论通过。

集体合同由工会代表职工与企业签订；没有建立工会的企业，由职工推举的代表与企业签订。

第三十四条 集体合同签订后应当报送劳动行政部门；劳动行政部门自收到集体合同文本之日起15日内未提出异议的，集体合同即行生效。

第三十五条 依法签订的集体合同对企业和企业全体职工具有约束力。职工个人与企业订立的劳动合同中劳动条件和劳动报酬等标准不得低于集体合同的规定。

第四章 工作时间和休息休假

第三十六条 国家实行劳动者每日工作时间不超过8小时、平均每周工作时间不超过44小时的工时制度。

第三十七条 对实行计件工作的劳动者，用人单位应当根据本法第三十六条规定的工时制度合理确定其劳动定额和计件报酬标准。

第三十八条 用人单位应当保证劳动者每周至少休息1日。

第三十九条 企业因生产特点不能实行本法第三十六条、第三十八条规定的，经劳动行政部门批准，可以实行其他工作和休息办法。

第四十条 用人单位在下列节日期间应当依法安排劳动者休假：

(一)元旦；

(二)春节；

(三)国际劳动节；

(四)国庆节；

(五)法律、法规规定的其他休假节日。

第四十一条 用人单位由于生产经营需要，经与工会和劳动者协商后可以延长工作时间，一般每日不得超过1小时；因特殊原因需要延长工作时间的，在保障劳动者身体健康的条件下延长工作时间每日不得超过3小时，但是每月不得超过36小时。

第四十二条 有下列情形之一的，延长工作时间不受本法第四十一条规定的限制：

（一）发生自然灾害、事故或者因其他原因，威胁劳动者生命健康和财产安全，需要紧急处理的；

（二）生产设备、交通运输线路、公共设施发生故障，影响生产和公众利益，必须及时抢修的；

（三）法律、行政法规规定的其他情形。

第四十三条 用人单位不得违反本法规定延长劳动者的工作时间。

第四十四条 有下列情形之一的，用人单位应当按照下列标准支付高于劳动者正常工作时间工资的工资报酬：

（一）安排劳动者延长工作时间的，支付不低于工资的百分之一百五十的工资报酬；

（二）休息日安排劳动者工作又不能安排补休的，支付不低于工资的百分之二百的工资报酬；

（三）法定休假日安排劳动者工作的，支付不低于工资的百分之三百的工资报酬。

第四十五条 国家实行带薪年休假制度。

劳动者连续工作1年以上的，享受带薪年休假。具体办法由国务院规定。

第五章 工 资

第四十六条 工资分配应当遵循按劳分配原则，实行同工同酬。

工资水平在经济发展的基础上逐步提高。国家对工资总量实行宏观调控。

第四十七条 用人单位根据本单位的生产经营特点和经济效益，依法自主确定本单位的工资分配方式和工资水平。

第四十八条 国家实行最低工资保障制度。最低工资的具体标准由省、自治区、直辖市人民政府规定，报国务院备案。

用人单位支付劳动者的工资不得低于当地最低工资标准。

第四十九条 确定和调整最低工资标准应当综合参考下列因素：

（一）劳动者本人及平均赡养人口的最低生活费用；

（二）社会平均工资水平；

（三）劳动生产率；

（四）就业状况；

（五）地区之间经济发展水平的差异。

第五十条 工资应当以货币形式按月支付给劳动者本人。不得克扣或者无故拖欠劳动者的工资。

第五十一条 劳动者在法定休假日和婚丧假期间以及依法参加社会活动期间，用人单位应当依法支付工资。

第六章 劳动安全卫生

第五十二条 用人单位必须建立、健全劳动安全卫生制度，严格执行国家劳动安全卫生规程和标准，对劳动者进行劳动安全卫生教育，防止劳动过程中的事故，减少职业危害。

第五十三条 劳动安全卫生设施必须符合国家规定的标准。

新建、改建、扩建工程的劳动安全卫生设施必须与主体工程同时设计、同时施工、同时投入生产和使用。

第五十四条 用人单位必须为劳动者提供符合国家规定的劳动安全卫生条件和必要的劳动防护用品，对从事有职业危害作业的劳动者应当定期进行健康检查。

第五十五条 从事特种作业的劳动者必须经过专门培训并取得特种作业资格。

第五十六条 劳动者在劳动过程中必须严格遵守安全操作规程。

劳动者对用人单位管理人员违章指挥、强令冒险作业,有权拒绝执行;对危害生命安全和身体健康的行为,有权提出批评、检举和控告。

第五十七条 国家建立伤亡和职业病统计报告和处理制度。县级以上各级人民政府劳动行政部门、有关部门和用人单位应当依法对劳动者在劳动过程中发生的伤亡事故和劳动者的职业病状况,进行统计、报告和处理。

第七章 女职工和未成年工特殊保护

第五十八条 国家对女职工和未成年工实行特殊劳动保护。

未成年工是指年满16周岁未满18周岁的劳动者。

第五十九条 禁止安排女职工从事矿山井下、国家规定的第四级体力劳动强度的劳动和其他禁忌从事的劳动。

第六十条 不得安排女职工在经期从事高处、低温、冷水作业和国家规定的第三级体力劳动强度的劳动。

第六十一条 不得安排女职工在怀孕期间从事国家国家规定的第三级体力劳动强度的劳动和孕期禁忌从事的劳动。对怀孕7个月以上的女职工,不得安排其延长工作时间和夜班劳动。

第六十二条 女职工生育享受不少于90天的产假。

第六十三条 不得安排女职工在哺乳未满1周岁的婴儿期间从事国家规定的第三级体力劳动强度的劳动和哺乳期禁忌从事的其他劳动,不得安排其延长工作时间和夜班劳动。

第六十四条 不得安排未成年工从事矿山井下、有毒有害、国家规定的第四级体力劳动强度的劳动和其他禁忌从事的劳动。

第六十五条 用人单位应当对未成年工定期进行健康检查。

第八章 职业培训

第六十六条 国家通过各种途径,采取各种措施,发展职业培训事业,开发劳动者的职业技能,提高劳动者素质,增强劳动者的就业能力和工作能力。

第六十七条 各级人民政府应当把发展职业培训纳入社会经济发展的规划,鼓励和支持有条件的企业、事业组织、社会团体和个人进行各种形式的职业培训。

第六十八条 用人单位应当建立职业培训制度,按照国家规定提取和使用职业培训经费,根据本单位实际,有计划地对劳动者进行职业培训。

从事技术工种的劳动者,上岗前必须经过培训。

第六十九条 国家确定职业分类,对规定的职业制度职业技能标准,实行职业资格证书制度,由经过政府批准的考核鉴定机构负责对劳动者实施职业技能考核鉴定。

第九章 社会保险和福利

第七十条 国家发展社会保险事业,建立社会保险制度,设立社会保险基金,使劳动者在年老、患病、工伤、失业、生育等情况下获得帮助和补偿。

第七十一条 社会保险水平应当与社会经济发展水平和社会承受能力相适应。

第七十二条 社会保险基金按照保险类型确定资金来源,逐步实行社会统筹。用人单位和劳动者必须依法参加社会保险,缴纳社会保险费。

第七十三条 劳动者在下列情形下,依法享受社会保险待遇:

(一)退休;

(二)患病、负伤;

(三)因工伤残或者患职业病;

(四)失业;

(五)生育。

劳动者死亡后,其遗属依法享受遗属津贴。

劳动者享受社会保险待遇的条件和标准由法律、法规规定。

劳动者享受的社会保险金必须按时足额支付。

第七十四条　社会保险基金经办机构依照法律规定收支、管理和运营社会保险基金,并负有使社会保险基金保值增值的责任。

社会保险基金监督机构依照法律规定,对社会保险基金的收支、管理和运营实施监督。

社会保险基金经办机构和社会保险基金监督机构的设立和职能由法律规定。

任何组织和个人不得挪用社会保险基金。

第七十五条　国家鼓励用人单位根据本单位实际情况为劳动者建立补充保险。

国家提倡劳动者个人进行储蓄性保险。

第七十六条　国家发展社会福利事业,兴建公共福利设施,为劳动者休息、修养和疗养提供条件。

用人单位应当创造条件,改善集体福利,提高劳动者的福利待遇。

第十章　劳动争议

第七十七条　用人单位与劳动者发生劳动争议,当事人可以依法申请调解、仲裁、提起诉讼,也可以协商解决。

调解原则适用于仲裁和诉讼程序。

第七十八条　解决劳动争议,应当根据合法、公正、及时处理的原则,依法维护劳动争议当事人的合法权益。

第七十九条　劳动争议发生后,当事人可以向本单位劳动争议调解委员会申请调解;调解不成,当事人一方要求仲裁的,可以向劳动争议仲裁委员会申请仲裁。当事人一方也可以直接向劳动争议仲裁委员会申请仲裁。对仲裁裁决不服的,可以向人民法院提起诉讼。

第八十条　在用人单位内,可以设立劳动争议调解委员会。劳动争议调解委员会由职工代表、用人单位代表和工会代表组成。劳动争议调解委员会主任由工会代表担任。

劳动争议经调解达成协议的,当事人应当履行。

第八十一条　劳动争议仲裁委员会由劳动行政部门代表、同级工会代表、用人单位方面的代表组成。劳动争议仲裁委员会主任由劳动行政部门代表担任。

第八十二条　提出仲裁要求的一方应当自劳动争议发生之日起60日内向劳动争议仲裁委员会提出书面申请。仲裁裁决一般应在收到仲裁申请的60日内作出。对仲裁裁决无异议的,当事人必须履行。

第八十三条　劳动争议当事人对仲裁裁决不服的,可以自收到仲裁裁决书之日起15日内向人民法院提起诉讼。一方当事人在法定期限内不起诉又不履行仲裁裁决的,另一方当事人可以申请人民法院强制执行。

第八十四条　因签订集体合同发生争议,当事人协商解决不成的,当地人民政府劳动行政部门可以组织有关各方协调处理。

因履行集体合同发生争议,当事人协商解决不成的,可以向劳动争议仲裁委员会申请仲裁;对仲裁裁决不服的,可以自收到仲裁裁决书之日起15日内向人民法院提起诉讼。

第十一章　监督检查

第八十五条　县级以上各级人民政府劳动行政部门依法对用人单位遵守劳动法律、法规的情况进行监督检查,对违反劳动法律、法规的行为有权制止,并责令改正。

第八十六条　县级以上各级人民政府劳动行政部门监督检查人员执行公务,有权进入用人单位了解执行劳动法律、法规的情况,查阅必要的资料,并对劳动场所进行检查。

县级以上各级人民政府劳动行政部门监督检查人员执行公务,必须出示证件,秉公执法并遵守有关规定。

第八十七条　县级以上各级人民政府有关部门在各自职责范围内,对用人单位遵守劳动法律、法规的情况进行监督。

第八十八条　各级工会依法维护劳动者的合法权益,对用人单位遵守劳动法律、法规的情况进行监督。

任何组织和个人对于违反劳动法律、法规的行为有权检举和控告。

第十二章　法律责任

第八十九条　用人单位制定的劳动规章制度违反法律、法规规定的,由劳动行政部门给予警告,责令改正;对劳动者造成损害的,应当承担赔偿责任。

第九十条　用人单位违反本法律规定,延长劳动者工作时间的,由劳动行政部门给予警告,责令改正,并可以处以罚款。

第九十一条　用人单位有下列侵害劳动者合法权益情形之一的,由劳动行政部门责令支付劳动者的工资报酬、经济补偿,并可以责令支付赔偿金:

(一)克扣或者无故拖欠劳动者工资的;

(二)拒不支付劳动者延长工作时间工资报酬的;

(三)低于当地最低工资标准支付劳动者工资的;

(四)解除劳动合同后,未依照本法规定给予劳动者经济补偿的。

第九十二条　用人单位的劳动安全设施和劳动卫生条件不符合国家规定或者未向劳动者提供必要的劳动防护用品和劳动保护设施的,由劳动行政部门或者有关部门责令改正,可以处以罚款;情节严重的,提请县级以上人民政府决定责令停产整顿;对事故隐患不采取措施,致使发生重大事故,造成劳动者生命和财产损失的,对责任人员依照刑法有关规定追究刑事责任。

第九十三条　用人单位强令劳动者违章冒险作业,发生重大伤亡事故,造成严重后果的,对责任人员依法追究刑事责任。

第九十四条　用人单位非法招用未满16周岁的未成年人的,由劳动行政部门责令改正,处以罚款;情节严重的,由工商行政管理部门吊销营业执照。

第九十五条　用人单位违反本法对女职工和未成年工的保护规定,侵害其合法权益的,由劳动行政部门责令改正,处以罚款;对女职工或者未成年工造成损害的,应当承担赔偿责任。

第九十六条　用人单位有下列行为之一,由公安机关对责任人员处以15日以下拘留、罚款或者警告;构成犯罪的,对责任人员依法追究刑事责任:

(一)以暴力、威胁或者非法限制人身自由的手段强迫劳动的;

(二)侮辱、体罚、殴打、非法搜查和拘禁劳动者的。

第九十七条　由于用人单位的原因订立的无效合同,对劳动者造成损害的,应当承担赔偿责任。

第九十八条　用人单位违反本法规定的条件解除劳动合同或者故意拖延不订立劳动合同的,由劳动行政部门责令改正;对劳动者造成损害的,应当承担赔偿责任。

第九十九条 用人单位招用尚未解除劳动合同的劳动者,对原用人单位造成经济损失的,该用人单位应当依法承担连带赔偿责任。

第一百条 用人单位无故不缴纳社会保险费的,由劳动行政部门责令其限期缴纳;逾期不缴的,可以加收滞纳金。

第一百零一条 用人单位无理阻挠劳动行政部门、有关部门及其工作人员行使监督检查权,打击报复举报人员的,由劳动行政部门或者有关部门处以罚款;构成犯罪的,对责任人员依法追究刑事责任。

第一百零二条 劳动者违反本法规定的条件解除劳动合同或者违反劳动合同中约定的保密事项,对用人单位造成经济损失的,应当依法承担赔偿责任。

第一百零三条 劳动行政部门或者有关部门的工作人员滥用职权、玩忽职守、徇私舞弊,构成犯罪的,依法追究刑事责任;不构成犯罪的,给予行政处分。

第一百零四条 国家工作人员和社会保险基金经办机构的工作人员挪用社会保险基金,构成犯罪的,依法追究刑事责任。

第一百零五条 违反本法规定侵害劳动者合法权益,其他法律、行政法规已规定处罚的,依照该法律、行政法规的规定处罚。

第十三章 附 则

第一百零六条 省、自治区、直辖市人民政府根据本法和本地区的实际情况,规定劳动合同制度的实施步骤,报国务院备案。

第一百零七条 本法自1995年1月1日起施行。

附录5　中华人民共和国劳动合同法

第一章　总　则

第一条　为了完善劳动合同制度，明确劳动合同双方当事人的权利和义务，保护劳动者的合法权益，构建和发展和谐稳定的劳动关系，制定本法。

第二条　中华人民共和国境内的企业、个体经济组织、民办非企业单位等组织（以下称用人单位）与劳动者建立劳动关系，订立、履行、变更、解除或者终止劳动合同，适用本法。

国家机关、事业单位、社会团体和与其建立劳动关系的劳动者，订立、履行、变更、解除或者终止劳动合同，依照本法执行。

第三条　订立劳动合同，应当遵循合法、公平、平等自愿、协商一致、诚实信用的原则。

依法订立的劳动合同具有约束力，用人单位与劳动者应当履行劳动合同约定的义务。

第四条　用人单位应当依法建立和完善劳动规章制度，保障劳动者享有劳动权利、履行劳动义务。

用人单位在制定、修改或者决定有关劳动报酬、工作时间、休息休假、劳动安全卫生、保险福利、职工培训、劳动纪律以及劳动定额管理等直接涉及劳动者切身利益的规章制度或者重大事项时，应当经职工代表大会或者全体职工讨论，提出方案和意见，与工会或者职工代表平等协商确定。

在规章制度和重大事项决定实施过程中，工会或者职工认为不适当的，有权向用人单位提出，通过协商予以修改完善。

用人单位应当将直接涉及劳动者切身利益的规章制度和重大事项决定公示，或者告知劳动者。

第五条　县级以上人民政府劳动行政部门会同工会和企业方面代表，建立健全协调劳动关系三方机制，共同研究解决有关劳动关系的重大问题。

第六条　工会应当帮助、指导劳动者与用人单位依法订立和履行劳动合同，并与用人单位建立集体协商机制，维护劳动者的合法权益。

第二章　劳动合同的订立

第七条　用人单位自用工之日起即与劳动者建立劳动关系。用人单位应当建立职工名册备查。

第八条　用人单位招用劳动者时，应当如实告知劳动者工作内容、工作条件、工作地点、职业危害、安全生产状况、劳动报酬，以及劳动者要求了解的其他情况；用人单位有权了解劳动者与劳动合同直接相关的基本情况，劳动者应当如实说明。

第九条　用人单位招用劳动者，不得扣押劳动者的居民身份证和其他证件，不得要求劳动者提供担保或者以其他名义向劳动者收取财物。

第十条　建立劳动关系，应当订立书面劳动合同。

已建立劳动关系，未同时订立书面劳动合同的，应当自用工之日起一个月内订立书面劳动合同。

用人单位与劳动者在用工前订立劳动合同的，劳动关系自用工之日起建立。

第十一条　用人单位未在用工的同时订立书面劳动合同，与劳动者约定的劳动报酬不明确的，新招用的劳动者的劳动报酬按照集体合同规定的标准执行；没有集体合同或者集体合同未规定的，实行同工同酬。

第十二条 劳动合同分为固定期限劳动合同、无固定期限劳动合同和以完成一定工作任务为期限的劳动合同。

第十三条 固定期限劳动合同,是指用人单位与劳动者约定合同终止时间的劳动合同。

用人单位与劳动者协商一致,可以订立固定期限劳动合同。

第十四条 无固定期限劳动合同,是指用人单位与劳动者约定无确定终止时间的劳动合同。

用人单位与劳动者协商一致,可以订立无固定期限劳动合同。有下列情形之一,劳动者提出或者同意续订、订立劳动合同的,除劳动者提出订立固定期限劳动合同外,应当订立无固定期限劳动合同:

(一)劳动者在该用人单位连续工作满十年的;

(二)用人单位初次实行劳动合同制度或者国有企业改制重新订立劳动合同时,劳动者在该用人单位连续工作满十年且距法定退休年龄不足十年的;

(三)连续订立二次固定期限劳动合同,且劳动者没有本法第三十九条和第四十条第一项、第二项规定的情形,续订劳动合同的。

用人单位自用工之日起满一年不与劳动者订立书面劳动合同的,视为用人单位与劳动者已订立无固定期限劳动合同。

第十五条 以完成一定工作任务为期限的劳动合同,是指用人单位与劳动者约定以某项工作的完成为合同期限的劳动合同。

用人单位与劳动者协商一致,可以订立以完成一定工作任务为期限的劳动合同。

第十六条 劳动合同由用人单位与劳动者协商一致,并经用人单位与劳动者在劳动合同文本上签字或者盖章生效。

劳动合同文本由用人单位和劳动者各执一份。

第十七条 劳动合同应当具备以下条款:

(一)用人单位的名称、住所和法定代表人或者主要负责人;

(二)劳动者的姓名、住址和居民身份证或者其他有效身份证件号码;

(三)劳动合同期限;

(四)工作内容和工作地点;

(五)工作时间和休息休假;

(六)劳动报酬;

(七)社会保险;

(八)劳动保护、劳动条件和职业危害防护;

(九)法律、法规规定应当纳入劳动合同的其他事项。

劳动合同除前款规定的必备条款外,用人单位与劳动者可以约定试用期、培训、保守秘密、补充保险和福利待遇等其他事项。

第十八条 劳动合同对劳动报酬和劳动条件等标准约定不明确,引发争议的,用人单位与劳动者可以重新协商;协商不成的,适用集体合同规定;没有集体合同或者集体合同未规定劳动报酬的,实行同工同酬;没有集体合同或者集体合同未规定劳动条件等标准的,适用国家有关规定。

第十九条 劳动合同期限三个月以上不满一年的,试用期不得超过一个月;劳动合同期限一年以上不满三年的,试用期不得超过二个月;三年以上固定期限和无固定期限的劳动合同,试用期不得超过六个月。

同一用人单位与同一劳动者只能约定一次试用期。

以完成一定工作任务为期限的劳动合同或者劳动合同期限不满三个月的,不得约定试用期。

试用期包含在劳动合同期限内。劳动合同仅约定试用期的,试用期不成立,该期限为劳动合同期限。

第二十条 劳动者在试用期的工资不得低于本单位相同岗位最低档工资或者劳动合同约定工资的百分之八十,并不得低于用人单位所在地的最低工资标准。

第二十一条 在试用期中,除劳动者有本法第三十九条和第四十条第一项、第二项规定的情形外,用人单位不得解除劳动合同。用人单位在试用期解除劳动合同的,应当向劳动者说明理由。

第二十二条 用人单位为劳动者提供专项培训费用,对其进行专业技术培训的,可以与该劳动者订立协议,约定服务期。

劳动者违反服务期约定的,应当按照约定向用人单位支付违约金。违约金的数额不得超过用人单位提供的培训费用。用人单位要求劳动者支付的违约金不得超过服务期尚未履行部分所应分摊的培训费用。

用人单位与劳动者约定服务期的,不影响按照正常的工资调整机制提高劳动者在服务期期间的劳动报酬。

第二十三条 用人单位与劳动者可以在劳动合同中约定保守用人单位的商业秘密和与知识产权相关的保密事项。

对负有保密义务的劳动者,用人单位可以在劳动合同或者保密协议中与劳动者约定竞业限制条款,并约定在解除或者终止劳动合同后,在竞业限制期限内按月给予劳动者经济补偿。劳动者违反竞业限制约定的,应当按照约定向用人单位支付违约金。

第二十四条 竞业限制的人员限于用人单位的高级管理人员、高级技术人员和其他负有保密义务的人员。竞业限制的范围、地域、期限由用人单位与劳动者约定,竞业限制的约定不得违反法律、法规的规定。

在解除或者终止劳动合同后,前款规定的人员到与本单位生产或者经营同类产品、从事同类业务的有竞争关系的其他用人单位,或者自己开业生产或者经营同类产品、从事同类业务的竞业限制期限,不得超过二年。

第二十五条 除本法第二十二条和第二十三条规定的情形外,用人单位不得与劳动者约定由劳动者承担违约金。

第二十六条 下列劳动合同无效或者部分无效:

(一)以欺诈、胁迫的手段或者乘人之危,使对方在违背真实意思的情况下订立或者变更劳动合同的;

(二)用人单位免除自己的法定责任、排除劳动者权利的;

(三)违反法律、行政法规强制性规定的。

对劳动合同的无效或者部分无效有争议的,由劳动争议仲裁机构或者人民法院确认。

第二十七条 劳动合同部分无效,不影响其他部分效力的,其他部分仍然有效。

第二十八条 劳动合同被确认无效,劳动者已付出劳动的,用人单位应当向劳动者支付劳动报酬。劳动报酬的数额,参照本单位相同或者相近岗位劳动者的劳动报酬确定。

第三章 劳动合同的履行和变更

第二十九条 用人单位与劳动者应当按照劳动合同的约定,全面履行各自的义务。

第三十条 用人单位应当按照劳动合同约定和国家规定,向劳动者及时足额支付劳动报酬。

用人单位拖欠或者未足额支付劳动报酬的,劳动者可以依法向当地人民法院申请支付令,人民法院应当依法发出支付令。

第三十一条 用人单位应当严格执行劳动定额标准,不得强迫或者变相强迫劳动者加班。用人单位安排加班的,应当按照国家有关规定向劳动者支付加班费。

第三十二条 劳动者拒绝用人单位管理人员违章指挥、强令冒险作业的,不视为违反劳动合同。

劳动者对危害生命安全和身体健康的劳动条件,有权对用人单位提出批评、检举和控告。

第三十三条　用人单位变更名称、法定代表人、主要负责人或者投资人等事项，不影响劳动合同的履行。

第三十四条　用人单位发生合并或者分立等情况，原劳动合同继续有效，劳动合同由承继其权利和义务的用人单位继续履行。

第三十五条　用人单位与劳动者协商一致，可以变更劳动合同约定的内容。变更劳动合同，应当采用书面形式。

变更后的劳动合同文本由用人单位和劳动者各执一份。

第四章　劳动合同的解除和终止

第三十六条　用人单位与劳动者协商一致，可以解除劳动合同。

第三十七条　劳动者提前三十日以书面形式通知用人单位，可以解除劳动合同。劳动者在试用期内提前三日通知用人单位，可以解除劳动合同。

第三十八条　用人单位有下列情形之一的，劳动者可以解除劳动合同：

（一）未按照劳动合同约定提供劳动保护或者劳动条件的；

（二）未及时足额支付劳动报酬的；

（三）未依法为劳动者缴纳社会保险费的；

（四）用人单位的规章制度违反法律、法规的规定，损害劳动者权益的；

（五）因本法第二十六条第一款规定的情形致使劳动合同无效的；

（六）法律、行政法规规定劳动者可以解除劳动合同的其他情形。

用人单位以暴力、威胁或者非法限制人身自由的手段强迫劳动者劳动的，或者用人单位违章指挥、强令冒险作业危及劳动者人身安全的，劳动者可以立即解除劳动合同，不需事先告知用人单位。

第三十九条　劳动者有下列情形之一的，用人单位可以解除劳动合同：

（一）在试用期间被证明不符合录用条件的；

（二）严重违反用人单位的规章制度的；

（三）严重失职，营私舞弊，给用人单位造成重大损害的；

（四）劳动者同时与其他用人单位建立劳动关系，对完成本单位的工作任务造成严重影响，或者经用人单位提出，拒不改正的；

（五）因本法第二十六条第一款第一项规定的情形致使劳动合同无效的；

（六）被依法追究刑事责任的。

第四十条　有下列情形之一的，用人单位提前三十日以书面形式通知劳动者本人或者额外支付劳动者一个月工资后，可以解除劳动合同：

（一）劳动者患病或者非因工负伤，在规定的医疗期满后不能从事原工作，也不能从事由用人单位另行安排的工作的；

（二）劳动者不能胜任工作，经过培训或者调整工作岗位，仍不能胜任工作的；

（三）劳动合同订立时所依据的客观情况发生重大变化，致使劳动合同无法履行，经用人单位与劳动者协商，未能就变更劳动合同内容达成协议的。

第四十一条　有下列情形之一，需要裁减人员二十人以上或者裁减不足二十人但占企业职工总数百分之十以上的，用人单位提前三十日向工会或者全体职工说明情况，听取工会或者职工的意见后，裁减人员方案经向劳动行政部门报告，可以裁减人员：

（一）依照企业破产法规定进行重整的；

（二）生产经营发生严重困难的；

（三）企业转产、重大技术革新或者经营方式调整，经变更劳动合同后，仍需裁减人员的；

（四）其他因劳动合同订立时所依据的客观经济情况发生重大变化，致使劳动合同无法履行的。

裁减人员时，应当优先留用下列人员：

（一）与本单位订立较长期限的固定期限劳动合同的；

（二）与本单位订立无固定期限劳动合同的；

（三）家庭无其他就业人员，有需要扶养的老人或者未成年人的。

用人单位依照本条第一款规定裁减人员，在六个月内重新招用人员的，应当通知被裁减的人员，并在同等条件下优先招用被裁减的人员。

第四十二条 劳动者有下列情形之一的，用人单位不得依照本法第四十条、第四十一条的规定解除劳动合同：

（一）从事接触职业病危害作业的劳动者未进行离岗前职业健康检查，或者疑似职业病病人在诊断或者医学观察期间的；

（二）在本单位患职业病或者因工负伤并被确认丧失或者部分丧失劳动能力的；

（三）患病或者非因工负伤，在规定的医疗期内的；

（四）女职工在孕期、产期、哺乳期的；

（五）在本单位连续工作满十五年，且距法定退休年龄不足五年的；

（六）法律、行政法规规定的其他情形。

第四十三条 用人单位单方解除劳动合同，应当事先将理由通知工会。用人单位违反法律、行政法规规定或者劳动合同约定的，工会有权要求用人单位纠正。用人单位应当研究工会的意见，并将处理结果书面通知工会。

第四十四条 有下列情形之一的，劳动合同终止：

（一）劳动合同期满的；

（二）劳动者开始依法享受基本养老保险待遇的；

（三）劳动者死亡，或者被人民法院宣告死亡或者宣告失踪的；

（四）用人单位被依法宣告破产的；

（五）用人单位被吊销营业执照、责令关闭、撤销或者用人单位决定提前解散的；

（六）法律、行政法规规定的其他情形。

第四十五条 劳动合同期满，有本法第四十二条规定情形之一的，劳动合同应当续延至相应的情形消失时终止。但是，本法第四十二条第二项规定丧失或者部分丧失劳动能力劳动者的劳动合同的终止，按照国家有关工伤保险的规定执行。

第四十六条 有下列情形之一的，用人单位应当向劳动者支付经济补偿：

（一）劳动者依照本法第三十八条规定解除劳动合同的；

（二）用人单位依照本法第三十六条规定向劳动者提出解除劳动合同并与劳动者协商一致解除劳动合同的；

（三）用人单位依照本法第四十条规定解除劳动合同的；

（四）用人单位依照本法第四十一条第一款规定解除劳动合同的；

（五）除用人单位维持或者提高劳动合同约定条件续订劳动合同，劳动者不同意续订的情形外，依照本法第四十四条第一项规定终止固定期限劳动合同的；

（六）依照本法第四十四条第四项、第五项规定终止劳动合同的；

（七）法律、行政法规规定的其他情形。

第四十七条 经济补偿按劳动者在本单位工作的年限，每满一年支付一个月工资的标准向劳动者支付。六个月以上不满一年的，按一年计算；不满六个月的，向劳动者支付半个月工资的经济补偿。

劳动者月工资高于用人单位所在直辖市、设区的市级人民政府公布的本地区上年度职工月平均工资三倍的，向其支付经济补偿的标准按职工月平均工资三倍的数额支付，向其支付经济补偿的年限最高不超过十二年。

本条所称月工资是指劳动者在劳动合同解除或者终止前十二个月的平均工资。

第四十八条 用人单位违反本法规定解除或者终止劳动合同，劳动者要求继续履行劳动合同的，用人单位应当继续履行；劳动者不要求继续履行劳动合同或者劳动合同已经不能继续履行的，用人单位应当依照本法第八十七条规定支付赔偿金。

第四十九条 国家采取措施，建立健全劳动者社会保险关系跨地区转移接续制度。

第五十条 用人单位应当在解除或者终止劳动合同时出具解除或者终止劳动合同的证明，并在十五日内为劳动者办理档案和社会保险关系转移手续。

劳动者应当按照双方约定，办理工作交接。用人单位依照本法有关规定应当向劳动者支付经济补偿的，在办结工作交接时支付。

用人单位对已经解除或者终止的劳动合同的文本，至少保存二年备查。

第五章 特别规定

第一节 集体合同

第五十一条 企业职工一方与用人单位通过平等协商，可以就劳动报酬、工作时间、休息休假、劳动安全卫生、保险福利等事项订立集体合同。集体合同草案应当提交职工代表大会或者全体职工讨论通过。

集体合同由工会代表企业职工一方与用人单位订立；尚未建立工会的用人单位，由上级工会指导劳动者推举的代表与用人单位订立。

第五十二条 企业职工一方与用人单位可以订立劳动安全卫生、女职工权益保护、工资调整机制等专项集体合同。

第五十三条 在县级以下区域内，建筑业、采矿业、餐饮服务业等行业可以由工会与企业方面代表订立行业性集体合同，或者订立区域性集体合同。

第五十四条 集体合同订立后，应当报送劳动行政部门；劳动行政部门自收到集体合同文本之日起十五日内未提出异议的，集体合同即行生效。

依法订立的集体合同对用人单位和劳动者具有约束力。行业性、区域性集体合同对当地本行业、本区域的用人单位和劳动者具有约束力。

第五十五条 集体合同中劳动报酬和劳动条件等标准不得低于当地人民政府规定的最低标准；用人单位与劳动者订立的劳动合同中劳动报酬和劳动条件等标准不得低于集体合同规定的标准。

第五十六条 用人单位违反集体合同，侵犯职工劳动权益的，工会可以依法要求用人单位承担责任；因履行集体合同发生争议，经协商解决不成的，工会可以依法申请仲裁、提起诉讼。

第二节 劳务派遣

第五十七条 经营劳务派遣业务应当具备下列条件：

（一）注册资本不得少于人民币二百万元；

（二）有与开展业务相适应的固定的经营场所和设施；

（三）有符合法律、行政法规规定的劳务派遣管理制度；

（四）法律、行政法规规定的其他条件。

经营劳务派遣业务，应当向劳动行政部门依法申请行政许可；经许可的，依法办理相应的公司登记。未经许可，任何单位和个人不得经营劳务派遣业务。

第五十八条 劳务派遣单位是本法所称用人单位，应当履行用人单位对劳动者的义务。劳务派遣单位与被派遣劳动者订立的劳动合同，除应当载明本法第十七条规定的事项外，还应当载明被派遣劳动者的用工单位以及派遣期限、工作岗位等情况。

劳务派遣单位应当与被派遣劳动者订立二年以上的固定期限劳动合同，按月支付劳动报酬；被派遣劳动者在无工作期间，劳务派遣单位应当按照所在地人民政府规定的最低工资标准，向其按月支付报酬。

第五十九条 劳务派遣单位派遣劳动者应当与接受以劳务派遣形式用工的单位（以下称用工单位）订立劳务派遣协议。劳务派遣协议应当约定派遣岗位和人员数量、派遣期限、劳动报酬和社会保险费的数额与支付方式以及违反协议的责任。

用工单位应当根据工作岗位的实际需要与劳务派遣单位确定派遣期限，不得将连续用工期限分割订立数个短期劳务派遣协议。

第六十条 劳务派遣单位应当将劳务派遣协议的内容告知被派遣劳动者。

劳务派遣单位不得克扣用工单位按照劳务派遣协议支付给被派遣劳动者的劳动报酬。

劳务派遣单位和用工单位不得向被派遣劳动者收取费用。

第六十一条 劳务派遣单位跨地区派遣劳动者的，被派遣劳动者享有的劳动报酬和劳动条件，按照用工单位所在地的标准执行。

第六十二条 用工单位应当履行下列义务：

（一）执行国家劳动标准，提供相应的劳动条件和劳动保护；

（二）告知被派遣劳动者的工作要求和劳动报酬；

（三）支付加班费、绩效奖金，提供与工作岗位相关的福利待遇；

（四）对在岗被派遣劳动者进行工作岗位所必需的培训；

（五）连续用工的，实行正常的工资调整机制。

用工单位不得将被派遣劳动者再派遣到其他用人单位。

第六十三条 被派遣劳动者享有与用工单位的劳动者同工同酬的权利。用工单位应当按照同工同酬原则，对被派遣劳动者与本单位同类岗位的劳动者实行相同的劳动报酬分配办法。用工单位无同类岗位劳动者的，参照用工单位所在地相同或者相近岗位劳动者的劳动报酬确定。

劳务派遣单位与被派遣劳动者订立的劳动合同和与用工单位订立的劳务派遣协议，载明或者约定的向被派遣劳动者支付的劳动报酬应当符合前款规定。

第六十四条 被派遣劳动者有权在劳务派遣单位或者用工单位依法参加或者组织工会，维护自身的合法权益。

第六十五条 被派遣劳动者可以依照本法第三十六条、第三十八条的规定与劳务派遣单位解除劳动合同。

被派遣劳动者有本法第三十九条和第四十条第一项、第二项规定情形的，用工单位可以将劳动者退回劳务派遣单位，劳务派遣单位依照本法有关规定，可以与劳动者解除劳动合同。

第六十六条 劳动合同用工是我国的企业基本用工形式。劳务派遣用工是补充形式，只能在临时性、辅助性或者替代性的工作岗位上实施。

前款规定的临时性工作岗位是指存续时间不超过六个月的岗位；辅助性工作岗位是指为主营业务岗位提供服务的非主营业务岗位；替代性工作岗位是指用工单位的劳动者因脱产学习、休假等原因无法工作的一定期间内，可以由其他劳动者替代工作的岗位。

用工单位应当严格控制劳务派遣用工数量，不得超过其用工总量的一定比例，具体比例由国务院劳动行政部门规定。

第六十七条 用人单位不得设立劳务派遣单位向本单位或者所属单位派遣劳动者。

第三节 非全日制用工

第六十八条 非全日制用工，是指以小时计酬为主，劳动者在同一用人单位一般平均每日工作时间不超过四小时，每周工作时间累计不超过二十四小时的用工形式。

第六十九条 非全日制用工双方当事人可以订立口头协议。

从事非全日制用工的劳动者可以与一个或者一个以上用人单位订立劳动合同；但是，后订立的劳动合同不得影响先订立的劳动合同的履行。

第七十条 非全日制用工双方当事人不得约定试用期。

第七十一条 非全日制用工双方当事人任何一方都可以随时通知对方终止用工。终止用工，用人单位不向劳动者支付经济补偿。

第七十二条 非全日制用工小时计酬标准不得低于用人单位所在地人民政府规定的最低小时工资标准。

非全日制用工劳动报酬结算支付周期最长不得超过十五日。

第六章 监督检查

第七十三条 国务院劳动行政部门负责全国劳动合同制度实施的监督管理。

县级以上地方人民政府劳动行政部门负责本行政区域内劳动合同制度实施的监督管理。

县级以上各级人民政府劳动行政部门在劳动合同制度实施的监督管理工作中，应当听取工会、企业方面代表以及有关行业主管部门的意见。

第七十四条 县级以上地方人民政府劳动行政部门依法对下列实施劳动合同制度的情况进行监督检查：

（一）用人单位制定直接涉及劳动者切身利益的规章制度及其执行的情况；

（二）用人单位与劳动者订立和解除劳动合同的情况；

（三）劳务派遣单位和用工单位遵守劳务派遣有关规定的情况；

（四）用人单位遵守国家关于劳动者工作时间和休息休假规定的情况；

（五）用人单位支付劳动合同约定的劳动报酬和执行最低工资标准的情况；

（六）用人单位参加各项社会保险和缴纳社会保险费的情况；

（七）法律、法规规定的其他劳动监察事项。

第七十五条 县级以上地方人民政府劳动行政部门实施监督检查时，有权查阅与劳动合同、集体合同有关的材料，有权对劳动场所进行实地检查，用人单位和劳动者都应当如实提供有关情况和材料。

劳动行政部门的工作人员进行监督检查，应当出示证件，依法行使职权，文明执法。

第七十六条 县级以上人民政府建设、卫生、安全生产监督管理等有关主管部门在各自职责范围内，对用人单位执行劳动合同制度的情况进行监督管理。

第七十七条 劳动者合法权益受到侵害的，有权要求有关部门依法处理，或者依法申请仲裁、提起诉讼。

第七十八条 工会依法维护劳动者的合法权益，对用人单位履行劳动合同、集体合同的情况进行监督。用人单位违反劳动法律、法规和劳动合同、集体合同的，工会有权提出意见或者要求纠正；劳动者申请仲裁、提起诉讼的，工会依法给予支持和帮助。

第七十九条 任何组织或者个人对违反本法的行为都有权举报，县级以上人民政府劳动行政部门应当及时核实、处理，并对举报有功人员给予奖励。

第七章 法律责任

第八十条 用人单位直接涉及劳动者切身利益的规章制度违反法律、法规规定的，由劳动行政部门责令改正，给予警告；给劳动者造成损害的，应当承担赔偿责任。

第八十一条 用人单位提供的劳动合同文本未载明本法规定的劳动合同必备条款或者用人单位未将劳动合同文本交付劳动者的，由劳动行政部门责令改正；给劳动者造成损害的，应当承担赔偿责任。

第八十二条 用人单位自用工之日起超过一个月不满一年未与劳动者订立书面劳动合同的，应当向劳动者每月支付二倍的工资。

用人单位违反本法规定不与劳动者订立无固定期限劳动合同的，自应当订立无固定期限劳动合同之日起向劳动者每月支付二倍的工资。

第八十三条 用人单位违反本法规定与劳动者约定试用期的，由劳动行政部门责令改正；违法约定的试用期已经履行的，由用人单位以劳动者试用期满月工资为标准，按已经履行的超过法定试用期的期间向劳动者支付赔偿金。

第八十四条 用人单位违反本法规定，扣押劳动者居民身份证等证件的，由劳动行政部门责令限期退还劳动者本人，并依照有关法律规定给予处罚。

用人单位违反本法规定，以担保或者其他名义向劳动者收取财物的，由劳动行政部门责令限期退还劳动者本人，并以每人五百元以上二千元以下的标准处以罚款；给劳动者造成损害的，应当承担赔偿责任。

劳动者依法解除或者终止劳动合同，用人单位扣押劳动者档案或者其他物品的，依照前款规定处罚。

第八十五条 用人单位有下列情形之一的，由劳动行政部门责令限期支付劳动报酬、加班费或者经济补偿；劳动报酬低于当地最低工资标准的，应当支付其差额部分；逾期不支付的，责令用人单位按应付金额百分之五十以上百分之一百以下的标准向劳动者加付赔偿金：

（一）未按照劳动合同的约定或者国家规定及时足额支付劳动者劳动报酬的；

（二）低于当地最低工资标准支付劳动者工资的；

（三）安排加班不支付加班费的；

（四）解除或者终止劳动合同，未依照本法规定向劳动者支付经济补偿的。

第八十六条 劳动合同依照本法第二十六条规定被确认无效，给对方造成损害的，有过错的一方应当承担赔偿责任。

第八十七条 用人单位违反本法规定解除或者终止劳动合同的，应当依照本法第四十七条规定的经济补偿标准的二倍向劳动者支付赔偿金。

第八十八条 用人单位有下列情形之一的，依法给予行政处罚；构成犯罪的，依法追究刑事责任；给劳动者造成损害的，应当承担赔偿责任：

（一）以暴力、威胁或者非法限制人身自由的手段强迫劳动的；

（二）违章指挥或者强令冒险作业危及劳动者人身安全的；

（三）侮辱、体罚、殴打、非法搜查或者拘禁劳动者的；

（四）劳动条件恶劣、环境污染严重，给劳动者身心健康造成严重损害的。

第八十九条 用人单位违反本法规定未向劳动者出具解除或者终止劳动合同的书面证明，由劳动行政部门责令改正；给劳动者造成损害的，应当承担赔偿责任。

第九十条 劳动者违反本法规定解除劳动合同，或者违反劳动合同中约定的保密义务或者竞业限制，给用人单位造成损失的，应当承担赔偿责任。

第九十一条 用人单位招用与其他用人单位尚未解除或者终止劳动合同的劳动者，给其他用人单位造成损失的，应当承担连带赔偿责任。

第九十二条 违反本法规定，未经许可，擅自经营劳务派遣业务的，由劳动行政部门责令停止违法行为，没收违法所得，并处违法所得一倍以上五倍以下的罚款；没有违法所得的，可以处五万元以下的罚款。

劳务派遣单位、用工单位违反本法有关劳务派遣规定的，由劳动行政部门责令限期改正；逾期不改正的，以每人五千元以上一万元以下的标准处以罚款，对劳务派遣单位，吊销其劳务派遣业务经营许可证。用工单位给被派遣劳动者造成损害的，劳务派遣单位与用工单位承担连带赔偿责任。

第九十三条 对不具备合法经营资格的用人单位的违法犯罪行为，依法追究法律责任；劳动者已经付出劳动的，该单位或者其出资人应当依照本法有关规定向劳动者支付劳动报酬、经济补偿、赔偿金；给劳动者造成损害的，应当承担赔偿责任。

第九十四条 个人承包经营违反本法规定招用劳动者，给劳动者造成损害的，发包的组织与个人承包经营者承担连带赔偿责任。

第九十五条 劳动行政部门和其他有关主管部门及其工作人员玩忽职守、不履行法定职责，或者违法行使职权，给劳动者或者用人单位造成损害的，应当承担赔偿责任；对直接负责的主管人员和其他直接责任人员，依法给予行政处分；构成犯罪的，依法追究刑事责任。

第八章 附 则

第九十六条 事业单位与实行聘用制的工作人员订立、履行、变更、解除或者终止劳动合同，法律、行政法规或者国务院另有规定的，依照其规定；未作规定的，依照本法有关规定执行。

第九十七条 本法施行前已依法订立且在本法施行之日存续的劳动合同，继续履行；本法第十四条第二款第三项规定连续订立固定期限劳动合同的次数，自本法施行后续订固定期限劳动合同时开始计算。

本法施行前已建立劳动关系，尚未订立书面劳动合同的，应当自本法施行之日起一个月内订立。

本法施行之日存续的劳动合同在本法施行后解除或者终止，依照本法第四十六条规定应当支付经济补偿的，经济补偿年限自本法施行之日起计算；本法施行前按照当时有关规定，用人单位应当向劳动者支付经济补偿的，按照当时有关规定执行。

第九十八条 本法自2008年1月1日起施行。

附录6 中华人民共和国就业促进法

第一章 总 则

第一条 为了促进就业,促进经济发展与扩大就业相协调,促进社会和谐稳定,制定本法。

第二条 国家把扩大就业放在经济社会发展的突出位置,实施积极的就业政策,坚持劳动者自主择业、市场调节就业、政府促进就业的方针,多渠道扩大就业。

第三条 劳动者依法享有平等就业和自主择业的权利。

劳动者就业,不因民族、种族、性别、宗教信仰等不同而受歧视。

第四条 县级以上人民政府把扩大就业作为经济和社会发展的重要目标,纳入国民经济和社会发展规划,并制定促进就业的中长期规划和年度工作计划。

第五条 县级以上人民政府通过发展经济和调整产业结构、规范人力资源市场、完善就业服务、加强职业教育和培训、提供就业援助等措施,创造就业条件,扩大就业。

第六条 国务院建立全国促进就业工作协调机制,研究就业工作中的重大问题,协调推动全国的促进就业工作。国务院劳动行政部门具体负责全国的促进就业工作。

省、自治区、直辖市人民政府根据促进就业工作的需要,建立促进就业工作协调机制,协调解决本行政区域就业工作中的重大问题。

县级以上人民政府有关部门按照各自的职责分工,共同做好促进就业工作。

第七条 国家倡导劳动者树立正确的择业观念,提高就业能力和创业能力;鼓励劳动者自主创业、自谋职业。

各级人民政府和有关部门应当简化程序,提高效率,为劳动者自主创业、自谋职业提供便利。

第八条 用人单位依法享有自主用人的权利。

用人单位应当依照本法以及其他法律、法规的规定,保障劳动者的合法权益。

第九条 工会、共产主义青年团、妇女联合会、残疾人联合会以及其他社会组织,协助人民政府开展促进就业工作,依法维护劳动者的劳动权利。

第十条 各级人民政府和有关部门对在促进就业工作中作出显著成绩的单位和个人,给予表彰和奖励。

第二章 政策支持

第十一条 县级以上人民政府应当把扩大就业作为重要职责,统筹协调产业政策与就业政策。

第十二条 国家鼓励各类企业在法律、法规规定的范围内,通过兴办产业或者拓展经营,增加就业岗位。

国家鼓励发展劳动密集型产业、服务业,扶持中小企业,多渠道、多方式增加就业岗位。

国家鼓励、支持、引导非公有制经济发展,扩大就业,增加就业岗位。

第十三条 国家发展国内外贸易和国际经济合作,拓宽就业渠道。

第十四条 县级以上人民政府在安排政府投资和确定重大建设项目时,应当发挥投资和重大建设项目带动就业的作用,增加就业岗位。

第十五条 国家实行有利于促进就业的财政政策,加大资金投入,改善就业环境,扩大就业。

县级以上人民政府应当根据就业状况和就业工作目标,在财政预算中安排就业专项资金用于促进就业工作。

就业专项资金用于职业介绍、职业培训、公益性岗位、职业技能鉴定、特定就业政策和社会保险等的补贴,小额贷款担保基金和微利项目的小额担保贷款贴息,以及扶持公共就业服务等。就业专项资金的使用管理办法由国务院财政部门和劳动行政部门规定。

第十六条 国家建立健全失业保险制度,依法确保失业人员的基本生活,并促进其实现就业。

第十七条 国家鼓励企业增加就业岗位,扶持失业人员和残疾人就业,对下列企业、人员依法给予税收优惠:

(一)吸纳符合国家规定条件的失业人员达到规定要求的企业;

(二)失业人员创办的中小企业;

(三)安置残疾人员达到规定比例或者集中使用残疾人的企业;

(四)从事个体经营的符合国家规定条件的失业人员;

(五)从事个体经营的残疾人;

(六)国务院规定给予税收优惠的其他企业、人员。

第十八条 对本法第十七条第四项、第五项规定的人员,有关部门应当在经营场地等方面给予照顾,免除行政事业性收费。

第十九条 国家实行有利于促进就业的金融政策,增加中小企业的融资渠道;鼓励金融机构改进金融服务,加大对中小企业的信贷支持,并对自主创业人员在一定期限内给予小额信贷等扶持。

第二十条 国家实行城乡统筹的就业政策,建立健全城乡劳动者平等就业的制度,引导农业富余劳动力有序转移就业。

县级以上地方人民政府推进小城镇建设和加快县域经济发展,引导农业富余劳动力就地就近转移就业;在制定小城镇规划时,将本地区农业富余劳动力转移就业作为重要内容。

县级以上地方人民政府引导农业富余劳动力有序向城市异地转移就业;劳动力输出地和输入地人民政府应当互相配合,改善农村劳动者进城就业的环境和条件。

第二十一条 国家支持区域经济发展,鼓励区域协作,统筹协调不同地区就业的均衡增长。

国家支持民族地区发展经济,扩大就业。

第二十二条 各级人民政府统筹做好城镇新增劳动力就业、农业富余劳动力转移就业和失业人员就业工作。

第二十三条 各级人民政府采取措施,逐步完善和实施与非全日制用工等灵活就业相适应的劳动和社会保险政策,为灵活就业人员提供帮助和服务。

第二十四条 地方各级人民政府和有关部门应当加强对失业人员从事个体经营的指导,提供政策咨询、就业培训和开业指导等服务。

第三章 公平就业

第二十五条 各级人民政府创造公平就业的环境,消除就业歧视,制定政策并采取措施对就业困难人员给予扶持和援助。

第二十六条 用人单位招用人员、职业中介机构从事职业中介活动,应当向劳动者提供平等的就业机会和公平的就业条件,不得实施就业歧视。

第二十七条 国家保障妇女享有与男子平等的劳动权利。

用人单位招用人员,除国家规定的不适合妇女的工种或者岗位外,不得以性别为由拒绝录用妇女或者提高对妇女的录用标准。

用人单位录用女职工,不得在劳动合同中规定限制女职工结婚、生育的内容。

第二十八条 各民族劳动者享有平等的劳动权利。

用人单位招用人员,应当依法对少数民族劳动者给予适当照顾。

第二十九条 国家保障残疾人的劳动权利。

各级人民政府应当对残疾人就业统筹规划,为残疾人创造就业条件。

用人单位招用人员,不得歧视残疾人。

第三十条 用人单位招用人员,不得以是传染病病原携带者为由拒绝录用。但是,经医学鉴定传染病病原携带者在治愈前或者排除传染嫌疑前,不得从事法律、行政法规和国务院卫生行政部门规定禁止从事的易使传染病扩散的工作。

第三十一条 农村劳动者进城就业享有与城镇劳动者平等的劳动权利,不得对农村劳动者进城就业设置歧视性限制。

第四章 就业服务和管理

第三十二条 县级以上人民政府培育和完善统一开放、竞争有序的人力资源市场,为劳动者就业提供服务。

第三十三条 县级以上人民政府鼓励社会各方面依法开展就业服务活动,加强对公共就业服务和职业中介服务的指导和监督,逐步完善覆盖城乡的就业服务体系。

第三十四条 县级以上人民政府加强人力资源市场信息网络及相关设施建设,建立健全人力资源市场信息服务体系,完善市场信息发布制度。

第三十五条 县级以上人民政府建立健全公共就业服务体系,设立公共就业服务机构,为劳动者免费提供下列服务:

(一)就业政策法规咨询;

(二)职业供求信息、市场工资指导价位信息和职业培训信息发布;

(三)职业指导和职业介绍;

(四)对就业困难人员实施就业援助;

(五)办理就业登记、失业登记等事务;

(六)其他公共就业服务。

公共就业服务机构应当不断提高服务的质量和效率,不得从事经营性活动。

公共就业服务经费纳入同级财政预算。

第三十六条 县级以上地方人民政府对职业中介机构提供公益性就业服务的,按照规定给予补贴。

国家鼓励社会各界为公益性就业服务提供捐赠、资助。

第三十七条 地方各级人民政府和有关部门不得举办或者与他人联合举办经营性的职业中介机构。

地方各级人民政府和有关部门、公共就业服务机构举办的招聘会,不得向劳动者收取费用。

第三十八条 县级以上人民政府和有关部门加强对职业中介机构的管理,鼓励其提高服务质量,发挥其在促进就业中的作用。

第三十九条 从事职业中介活动,应当遵循合法、诚实信用、公平、公开的原则。

用人单位通过职业中介机构招用人员,应当如实向职业中介机构提供岗位需求信息。禁止任何组织或者个人利用职业中介活动侵害劳动者的合法权益。

第四十条 设立职业中介机构应当具备下列条件:

(一)有明确的章程和管理制度;

(二)有开展业务必备的固定场所、办公设施和一定数额的开办资金;

(三)有一定数量具备相应职业资格的专职工作人员;

(四)法律、法规规定的其他条件。

设立职业中介机构,应当依法办理行政许可。经许可的职业中介机构,应当向工商行政部门办理登记。

未经依法许可和登记的机构,不得从事职业中介活动。

国家对外商投资职业中介机构和向劳动者提供境外就业服务的职业中介机构另有规定的,依照其规定。

第四十一条 职业中介机构不得有下列行为:

(一)提供虚假就业信息;

(二)为无合法证照的用人单位提供职业中介服务;

(三)伪造、涂改、转让职业中介许可证;

(四)扣押劳动者的居民身份证和其他证件,或者向劳动者收取押金;

(五)其他违反法律、法规规定的行为。

第四十二条 县级以上人民政府建立失业预警制度,对可能出现的较大规模的失业,实施预防、调节和控制。

第四十三条 国家建立劳动力调查统计制度和就业登记、失业登记制度,开展劳动力资源和就业、失业状况调查统计,并公布调查统计结果。

统计部门和劳动行政部门进行劳动力调查统计和就业、失业登记时,用人单位和个人应当如实提供调查统计和登记所需要的情况。

第五章 职业教育和培训

第四十四条 国家依法发展职业教育,鼓励开展职业培训,促进劳动者提高职业技能,增强就业能力和创业能力。

第四十五条 县级以上人民政府根据经济社会发展和市场需求,制定并实施职业能力开发计划。

第四十六条 县级以上人民政府加强统筹协调,鼓励和支持各类职业院校、职业技能培训机构和用人单位依法开展就业前培训、在职培训、再就业培训和创业培训;鼓励劳动者参加各种形式的培训。

第四十七条 县级以上地方人民政府和有关部门根据市场需求和产业发展方向,鼓励、指导企业加强职业教育和培训。

职业院校、职业技能培训机构与企业应当密切联系,实行产教结合,为经济建设服务,培养实用人才和熟练劳动者。

企业应当按照国家有关规定提取职工教育经费,对劳动者进行职业技能培训和继续教育培训。

第四十八条 国家采取措施建立健全劳动预备制度,县级以上地方人民政府对有就业要求的初高中毕业生实行一定期限的职业教育和培训,使其取得相应的职业资格或者掌握一定的职业技能。

第四十九条 地方各级人民政府鼓励和支持开展就业培训,帮助失业人员提高职业技能,增强其就业能力和创业能力。失业人员参加就业培训的,按照有关规定享受政府培训补贴。

第五十条 地方各级人民政府采取有效措施,组织和引导进城就业的农村劳动者参加技能培训,鼓励各类培训机构为进城就业的农村劳动者提供技能培训,增强其就业能力和创业能力。

第五十一条 国家对从事涉及公共安全、人身健康、生命财产安全等特殊工种的劳动者,实行职业资格证书制度,具体办法由国务院规定。

第六章 就业援助

第五十二条 各级人民政府建立健全就业援助制度,采取税费减免、贷款贴息、社会保险补贴、岗位补贴等办法，通过公益性岗位安置等途径，对就业困难人员实行优先扶持和重点帮助。

就业困难人员是指因身体状况、技能水平、家庭因素、失去土地等原因难以实现就业，以及连续失业一定时间仍未能实现就业的人员。就业困难人员的具体范围，由省、自治区、直辖市人民政府根据本行政区域的实际情况规定。

第五十三条 政府投资开发的公益性岗位，应当优先安排符合岗位要求的就业困难人员。被安排在公益性岗位工作的，按照国家规定给予岗位补贴。

第五十四条 地方各级人民政府加强基层就业援助服务工作，对就业困难人员实施重点帮助，提供有针对性的就业服务和公益性岗位援助。

地方各级人民政府鼓励和支持社会各方面为就业困难人员提供技能培训、岗位信息等服务。

第五十五条 各级人民政府采取特别扶助措施，促进残疾人就业。

用人单位应当按照国家规定安排残疾人就业，具体办法由国务院规定。

第五十六条 县级以上地方人民政府采取多种就业形式，拓宽公益性岗位范围，开发就业岗位，确保城市有就业需求的家庭至少有一人实现就业。

法定劳动年龄内的家庭人员均处于失业状况的城市居民家庭，可以向住所地街道、社区公共就业服务机构申请就业援助。街道、社区公共就业服务机构经确认属实的，应当为该家庭中至少一人提供适当的就业岗位。

第五十七条 国家鼓励资源开采型城市和独立工矿区发展与市场需求相适应的产业，引导劳动者转移就业。

对因资源枯竭或者经济结构调整等原因造成就业困难人员集中的地区，上级人民政府应当给予必要的扶持和帮助。

第七章 监督检查

第五十八条 各级人民政府和有关部门应当建立促进就业的目标责任制度。县级以上人民政府按照促进就业目标责任制的要求，对所属的有关部门和下一级人民政府进行考核和监督。

第五十九条 审计机关、财政部门应当依法对就业专项资金的管理和使用情况进行监督检查。

第六十条 劳动行政部门应当对本法实施情况进行监督检查，建立举报制度，受理对违反本法行为的举报，并及时予以核实处理。

第八章 法律责任

第六十一条 违反本法规定，劳动行政等有关部门及其工作人员滥用职权、玩忽职守、徇私舞弊的，对直接负责的主管人员和其他直接责任人员依法给予处分。

第六十二条 违反本法规定，实施就业歧视的，劳动者可以向人民法院提起诉讼。

第六十三条 违反本法规定，地方各级人民政府和有关部门、公共就业服务机构举办经营性的职业中介机构，从事经营性职业中介活动，向劳动者收取费用的，由上级主管机关责令限期改正，将违法收取的费用退还劳动者，并对直接负责的主管人员和其他直接责任人员依法给予处分。

第六十四条 违反本法规定，未经许可和登记，擅自从事职业中介活动的，由劳动行政部门或者其他主管部门依法予以关闭；有违法所得的，没收违法所得，并处一万元以上五万元以下的罚款。

第六十五条 违反本法规定，职业中介机构提供虚假就业信息，为无合法证照的用人单位提供职业中介服务，伪造、涂改、转让职业中介许可证的，由劳动行政部门或者其他主管部门责令改正；有违法所得的，没收违法所得，并处一万元以上五万元以下的罚款；情节严重的，吊销职业中介许可证。

第六十六条 违反本法规定，职业中介机构扣押劳动者居民身份证等证件的，由劳动行政部门责令限期退还劳动者，并依照有关法律规定给予处罚。

违反本法规定，职业中介机构向劳动者收取押金的，由劳动行政部门责令限期退还劳动者，并以每人五百元以上二千元以下的标准处以罚款。

第六十七条　违反本法规定，企业未按照国家规定提取职工教育经费，或者挪用职工教育经费的，由劳动行政部门责令改正，并依法给予处罚。

第六十八条　违反本法规定，侵害劳动者合法权益，造成财产损失或者其他损害的，依法承担民事责任；构成犯罪的，依法追究刑事责任。

第九章　附　则

第六十九条　本法自2008年1月1日起施行。

参考文献

[1] 孙权,王滨. 高职大学生就业指导[M]. 北京:北京邮电大学出版社,2008.
[2] 张洪霖. 职业学教程[M]. 北京:北京工业大学出版社,2008.
[3] 吴二利,李丁. 大学生职业生涯规划[M]. 北京:中国经济出版社,2009.
[4] 高桥,葛海燕. 大学生就业指导[M]. 北京:清华大学出版社,2009.
[5] 万清祥,张烈文,刘世勇. 大学生职业发展[M]. 武汉:中国地质大学出版社,2007.
[6] 韩洪建. 高职大学生职业发展与指导教程[M]. 北京:中国水利水电出版社,2008.
[7] 韩洪建,王武宁,甘齐顺. 大学生入学导论[M]. 武汉:武汉理工大学出版社,2008.
[8] 邓长青,李斌成,王燕. 大学生就业指导概论[M]. 武汉:华中科技大学出版社,2005.
[9] 陆红,索桂芝. 大学生职业生涯规划指南[M]. 沈阳:东北财经大学出版社,2009.
[10] 夏光. 大学生职业发展与就业指导[M]. 北京:机械工业出版社,2009.
[11] 仝广东. 大学生职业生涯指导[M]. 南京:东南大学出版社,2009.
[12] 初明利,于俊如. 创业学导论[M]. 北京:经济科学出版社,2009.
[13] 韩国文. 创业学[M]. 武汉:武汉大学出版社,2007.
[14] 罗天虎. 创业学教程[M]. 西安:西北工业大学出版社,2004.
[15] 杨艳萍. 创业学[M]. 长沙:湖南大学出版社,2004.
[16] 唐晓林. 大学生职业生涯规划与就业指导[M]. 北京:中国言实出版社,2006.
[17] 赵北平. 大学生职业生涯规划教程[M]. 武汉:武汉理工大学出版社,2007.
[18] 何祥林,谢守成. 大学生职业生涯规划与就业指导[M]. 武汉:华中师范大学出版社,2006.
[19] 高桂娟. 职业与生涯及规划[J]. 淮阴工学院学报,2006(12).
[20] 夏建尧. 创业教育:高职教育发展的新方向[J]. 教育与职业,2005(25).
[21] 王文. 构建完整的创业教育课程体系[J]. 中国大学生就业,2008(12).
[22] 韦进. 适应与超越之间:大学生创业教育[J]. 中国高教研究,2004(4).
[23] 马晓慧. 高职学生职业生涯规划与就业创业指导[M]. 郑州:黄河水利出版社,2013.